L'École buissonnière

La collection « L'enjeu scolaire » est dirigée par Jean-Pierre Terrail.

DÉJÀ PARUS

Jérôme Deauvieau et Jean-Pierre Terrail, *Les Sociologues, l'école et la transmission des savoirs. Présentation et choix de textes*, 2007.

Stéphane Bonnéry, *Comprendre l'échec scolaire. Élèves en difficulté et dispositifs pédagogiques*, 2007.

Jérôme Deauvieau, *Enseigner dans le secondaire. Les nouveaux professeurs face aux difficultés du métier*, 2009.

Jean-Pierre Terrail, *De l'oralité*, 2009.

Isabelle Harlé, *La Fabrique des savoirs scolaires*, 2010.

Gaële Henri-Panabière, *Des « héritiers » en échec scolaire*, 2010.

Tristan Poullaouec, *Le Diplôme, arme des faibles*, 2010.

À PARAÎTRE EN 2011

Ken Jones (sous la direction de), *L'École en Europe*.

Illustration de couverture : Jean-Claude Da Silva, sans titre.
Maquette d'après François Féret

L'ÉCOLE BUISSONNIÈRE

Étienne Douat

« L'enjeu scolaire »

La Dispute

ISBN : 978-2-84303-203-5

À ma mère

Introduction

Si l'école buissonnière n'est pas une pratique nouvelle, ce n'est que très récemment que l'« absentéisme scolaire » est devenu une question digne d'intérêt sur la scène politico-médiatique, un problème social exigeant une mobilisation collective. Depuis la fin des années 1990, et plus encore depuis 2002, « absentéisme » rime en effet avec risques, déshérence, manques et inaptitudes de l'élève, carences familiales, etc. L'approche dominante qui s'est ainsi cristallisée se caractérise par un renoncement à toute entreprise sérieuse de connaissance du phénomène dans sa *consistance*, au profit d'une logique essentiellement gestionnaire, axée sur le comptage et la répression. Dans cette introduction, un retour sur la manière spécifique dont s'est construite cette approche déficitaire permettra de comprendre l'échec des principaux dispositifs de « lutte » contre l'absentéisme qu'elle a inspirés. Chemin faisant, le lecteur sera invité à entrer dans une autre lecture du phénomène s'appuyant sur les apports de la sociologie de l'éducation et de la socialisation, centrée sur ce qui définit « en plein » les parcours des élèves concernés. L'approche théorique qui sera alors proposée dans la suite de l'ouvrage se présente comme une contribution à une connaissance de l'absentéisme, susceptible de nourrir des axes de travail pour les acteurs éducatifs et politiques désireux d'agir sur la question.

La fabrique d'un problème social

Ce soudain intérêt, à la fin des années 1990, des politiques et des médias pour un phénomène jusqu'ici largement ignoré ne doit rien au hasard. Le contexte général est d'abord celui de l'extension récente de la dynamique séculaire de « scolarisation de la France »[1]. Être hors l'école, c'est alors rompre avec le statut d'élève ou d'apprenti qu'il est aujourd'hui normal d'avoir lorsqu'on est jeune, c'est courir le risque d'une déscolarisation prématurée sans avoir obtenu une qualification, laquelle n'a jamais été aussi indispensable pour s'insérer professionnellement. Ce contexte, rappelons-le, est aussi celui du maintien effectif au collège de tous les élèves. Depuis le milieu des années 1990, la possibilité d'orienter vers l'apprentissage professionnel les élèves les plus en difficulté à l'issue de leur cinquième est en effet supprimée. La part des élèves qui semble *a priori* la plus éloignée de la culture scolaire augmente donc dans certains établissements du secondaire, en particulier dans les collèges de quartiers populaires. Cette contradiction culturelle (hypothèse qui sera discutée dans l'ouvrage) s'accompagne d'une augmentation, ou d'une sensation d'augmentation, de pratiques contraires aux normes scolaires : l'école, qui exige des enfants présents, calmes et attentifs, se heurterait aujourd'hui de plus en plus à différentes formes de résistance, dont l'école buissonnière est l'une des modalités.

Mais cette contradiction culturelle au sein des établissements ne détermine pas à elle seule la transformation en problème social de ce qu'on appelle aujourd'hui l'absentéisme scolaire. Ce qui est décisif, c'est que ces pratiques semblent prendre des formes plus inacceptables qu'auparavant, et surtout font l'objet d'une nouvelle appréciation, dans le contexte idéologique des années 1990, marqué par une préoccupation croissante autour des émeutes urbaines[2]. La

1. *Cf.* Jean-Pierre Terrail (sous la direction de), *La Scolarisation de la France*, La Dispute, Paris, 1997.

2. *Cf.* Laurent Mucchielli, *Violences et insécurité. Fantasmes et réalités dans le débat français*, La Découverte, Paris, 2002.

question des manquements à l'assiduité scolaire ne devient en effet digne d'intérêt qu'à partir du moment où elle est intégrée à la problématique de la gestion des « populations à risque », en l'occurrence une certaine jeunesse de banlieue populaire, perçue comme « sans repères » et encline à la délinquance. Ce processus collectif de socialisation au cours duquel le phénomène se thématise sous un angle essentiellement sécuritaire s'opère dans un laps de temps très court.

Il s'opère en deux phases. Une première peut être repérée autour de la période où les socialistes s'approprient officiellement le thème de l'insécurité. La nouvelle équipe qui s'installe au pouvoir en 1997 affirme, sous la houlette de Jean-Pierre Chevènement alors ministre de l'Intérieur, son approche de la délinquance juvénile : c'est avant tout un « effacement délétère du sentiment d'appartenance à la nation » et une « crise morale »[3], produits d'une série de déficits au niveau familial, qui expliqueraient les troubles à l'ordre public. Certains jeunes adopteraient des conduites à risque (pour eux-mêmes et pour les autres) en occupant de manière intempestive et prolongée l'espace public, parce que leurs parents seraient incapables de les éduquer et d'exercer sur eux une surveillance. Si des mesures répressives sont prévues, l'ancien ministre de l'Éducation nationale désormais à l'Intérieur insiste sur la place centrale que doit prendre l'école dans cette lutte contre la délinquance[4]. Les différents intervenants se rejoignent autour de l'idée que l'« acceptation des règles » ou la « capacité à distinguer le bien et le mal » passent d'abord par une soumission sans faille à la loi d'obligation scolaire. L'objectif alors affiché rappelle la philosophie de la gauche républicaine qu'incarnait Jules Ferry : « civiliser » les « jeunes barbares » en les soumettant aux exigences scolaires et à l'apprentissage de la morale dont leurs parents seraient dépourvus. C'est dans cette période qu'est produite une première série de textes exhortant l'institution scolaire à renforcer son activité de lutte contre l'absentéisme, en particulier dans les quartiers où se concentrent

3. *Cf.* Jean-Pierre Chevènement, actes du colloque « Des villes sûres pour des citoyens libres », Villepinte, 24 et 25 octobre 1997, ministère de l'Intérieur, Paris, p. 5 *sq.*

4. Jean-Pierre Chevènement précise que « pour faire pleinement respecter le droit à la sûreté, les policiers, les gendarmes et les tribunaux seront toujours insuffisants si les jeunes ne sont pas dès le plus jeune âge instruits de ce qu'est la loi », *ibid.*

les adolescents de milieux populaires supposés enclins à l'errance et aux incivilités. Émanant de l'Éducation nationale et prioritairement orientés sur l'obligation scolaire, ou bien à l'initiative de l'Intérieur et d'abord axés sur la délinquance, ces textes, cosignés par les différents ministères, traduisent bien cette association délinquance-absentéisme qui commence à s'imposer, et que les analyses de cet ouvrage pourront contribuer à déconstruire.

L'installation de Nicolas Sarkozy au ministère de l'Intérieur en 2002 correspond ensuite à une phase de cristallisation et de généralisation de cette association. Parmi les moyens à mettre en œuvre pour faire reculer l'insécurité, la lutte contre l'absentéisme scolaire, tenu pour « première étape de la délinquance », est présentée comme une priorité. Remarquons-le : si, dans la période précédente, l'absentéisme était déjà relié à la question de la dangerosité des jeunes, il demeurait en même temps associé à l'idée du danger encouru par ces jeunes eux-mêmes, s'extrayant de l'espace scolaire perçu comme garant de leur instruction civique et de leur insertion sociale. Mais, désormais, c'est le pôle sécurité qui va largement l'emporter dans le questionnement et le traitement politique de la question. Et confirmant bien cette *déscolarisation* du phénomène, c'est maintenant avant tout le ministre de l'Intérieur qui va piloter le dossier. Du décret de 2004 relatif au contrôle de la fréquentation et de l'assiduité scolaires (directement inspiré par le ministère de l'Intérieur) au dispositif interministériel de prévention du décrochage de 2009, en passant par la loi de prévention de la délinquance de 2007, ces textes déclinent ainsi les priorités : aggraver les sanctions pour les parents d'élèves absentéistes, systématiser l'activité de repérage dans les établissements, renforcer le partenariat école-police-justice, notamment autour du maire – désormais acteur central de la lutte contre la délinquance –, qui doit pouvoir recenser les situations de manquement à l'obligation scolaire dans sa commune. Dernière loi en date, présentée comme une nouveauté : la suspension des allocations familiales pour les parents d'élèves absentéistes adoptée en septembre 2010. À l'initiative d'Éric Ciotti, député UMP chargé des questions de sécurité, ce texte réactualise en fait une mesure très ancienne, mise en place en 1959 et abrogée en 2004, au profit d'une amende parentale jugée plus juste et efficace, suivant le vœu de... Nicolas Sarkozy.

Selon cette approche sécuritaire, les questions des conditions de scolarisation, du sens des apprentissages et des conflits de socialisation entre école et famille deviennent secondaires par rapport au souci d'ordre public que pose l'indocilité corporelle des jeunes concernés. Il semble que si l'absentéisme interpelle aujourd'hui, ce n'est pas tant parce qu'il annonce une exclusion des savoirs « indispensables pour s'en sortir », mais plutôt parce qu'il révèle une résistance par rapport au contrôle des corps qui s'exerce en principe à travers l'impératif d'assiduité scolaire. Et l'enjeu est certainement d'autant plus fort s'agissant des jeunes de milieux populaires, traditionnellement suspectés d'être livrés à eux-mêmes ou à l'influence néfaste de la rue lorsqu'ils ne sont pas encadrés régulièrement[5]. Au regard des politiques actuelles, les absentéistes posent donc problème essentiellement parce qu'ils contrarient une organisation qui assigne en principe aux jeunes une place particulière, variable selon l'emploi du temps, mais suivant une économie rationalisée et stabilisée. En faisant le mur, et en se déplaçant de manière impromptue dans les différents espaces (école, quartier, domicile, etc.), ces élèves résistent de fait à leur inscription dans une position visible et définie, soumise à l'autorité institutionnelle, l'une des logiques fondatrices de l'école obligatoire en lien avec une entreprise d'ordre public et de lutte contre le vagabondage. La transgression de la règle cardinale de l'école réclamant l'assiduité inspire la crainte que toutes les autres règles, et l'ensemble des pouvoirs, puissent alors être mises en cause. N'étant pas « déscolarisés » (et donc éventuellement justiciables de dispositifs particuliers), les élèves dits « fantômes », qui oscillent entre présence et absence, inquiètent une société de dépistage qui entend pouvoir anticiper les événements indésirables au sein des « populations à risque »[6]. Manquant à l'appel de façon intermittente, ils obèrent leur classement selon un mode binaire présent/absent, ainsi que l'intervention de l'institution qui se voit ainsi privée de « savoir où sont les corps »[7].

« Peu ou pas socialisés, sans structure mentale et affective, ces jeunes adolescents n'ont souvent pour seul réflexe que la violence. N'ayant plus de repères et de normes, ils ne savent

5. *Cf.* notamment Francine Muel-Dreyfus, « L'école obligatoire et l'invention de l'enfance anormale », *Actes de la recherche en sciences sociales*, n° 1, 1975, p. 61-74.

6. Robert Castel, « De la dangerosité au risque », *Actes de la recherche en sciences sociales*, n° 47-48, 1983, p. 119-127.

7. *Cf.* Michel Foucault, *Surveiller et punir*, Gallimard, Paris, 1975.

pas ce que signifie le passage à l'acte, qu'entre le désir et le passage à l'acte, il doit y avoir une barrière »[8] : suivant ce type d'approche décliné à l'envi ces dernières années, les transgressions à l'ordre (social et scolaire) révéleraient un déficit d'incorporation des dispositions considérées comme indispensables pour être intégré socialement. Si les délinquants potentiels que sont les absentéistes peuvent être qualifiés de « sauvageons » – terme polémique introduit par Jean-Pierre Chevènement en 1998 –, c'est parce qu'ils sont incapables de maîtriser leurs penchants naturels. La résistance à l'obligation scolaire présente ainsi un risque pour la société puisqu'elle révèle ou renforce une absence d'autocontrainte, un état primitif, synonymes de dispersion ou de volatilité, mais aussi de violence. Et si la vigilance doit prioritairement concerner « les jeunes de banlieue », c'est qu'ils sont généralement issus de milieux que certaines voix considèrent comme *a priori* enclins à l'oisiveté, la déchéance et l'indiscipline[9].

Dès lors, la lutte contre l'absentéisme devient l'une des missions centrales de l'institution scolaire. En conformité avec les nouveaux textes, les chefs d'établissement doivent intégrer le principe de « tolérance zéro » et réagir dès les premières absences non justifiées, en réaffirmant avec fermeté la règle d'assiduité aux élèves et à leurs parents, et les sanctions qu'ils encourent. La capacité institutionnelle à faire intérioriser un rapport de soumission aux règles scolaires semble constituer une fin en soi. Le fait que l'assiduité facilite les apprentissages scolaires apparaît comme secondaire. Ensuite, et c'est le cœur de l'activité scolaire de prévention de l'absentéisme, il incombe aux acteurs éducatifs d'effectuer de manière stricte et rigoureuse le contrôle, l'enregistrement et le comptage de tous les manquements à l'assiduité des élèves. Tout autant que la prévention, c'est la capacité à repérer ces manquements qui constitue l'enjeu majeur, si bien que, dans cette perspective, la méconnaissance des absences semble à certains égards

8. Extrait du discours de Martine Aubry au colloque de Villepinte, *op. cit.*, p. 41.

9. « [...] si le temps libre est appréciable pour aller dans le Lubéron, autant pour les couches populaires les plus modestes, le temps libre, c'est l'alcoolisme, le développement de la violence, la délinquance », estime par exemple l'essayiste Nicolas Baverez concernant les effets variables supposés d'une réduction du temps de travail en fonction du milieu social (propos repris dans *Le Monde* du 9 octobre 2003).

plus grave que les absences elles-mêmes. Suivant une logique de gestion des flux, typique de la prise en charge de la délinquance[10], les opérations doivent se faire « en temps réel », « le plus rapidement possible », afin de pouvoir mettre en œuvre un « traitement immédiat » (selon les termes des textes officiels). Pour ce faire, les établissements sont invités à s'équiper des nouveaux outils que le marché développe aujourd'hui : le système des codes-barres permettant l'enregistrement immédiat des absents au bureau de la vie scolaire[11], ou encore les logiciels permettant d'envoyer en quelques clics un message sur le téléphone mobile des parents d'élèves concernés, comme : « Votre enfant est absent, veuillez nous joindre SVP. » Autre mission centrale : l'institution scolaire doit « informer » l'inspection académique ou le maire des situations d'absentéisme et, plus largement, de toute une série de données sur les élèves concernés, suivant le nouveau paradigme du « secret professionnel partagé ». À partir des éléments ainsi recueillis, l'élu ou l'inspection peuvent déclencher différents types de mesures « éducatives » (telles que le contrat de responsabilité parentale) et/ou répressives (sanction pénale, suspension des allocations familiales). Et pour « améliorer le travail de suivi d'obligation d'assiduité scolaire », le maire dépositaire de ces données peut les enregistrer dans un « fichier élèves » (susceptible d'être croisé avec celui des prestations familiales), contribuant ainsi à allonger la liste des autres fichiers déjà mis en place dans les années 2000 au nom de la gestion des « populations à risque ».

Certes, durant la même période, des pistes d'action alternatives à ce registre sécuritaire ont pu être parallèlement proposées et valorisées. À l'échelle nationale, par exemple, on peut évoquer les dispositifs relais qui, depuis la fin des années 1990, prennent en charge temporairement, et le plus souvent à l'extérieur de leur établissement, des collégiens entrés dans un processus de « rejet de l'institution scolaire (absentéisme chronique, démotivation profonde dans les apprentissages, voire

10. *Cf.* notamment Laurent Mucchielli, « Regard sociologique sur l'évolution des délinquances juvéniles, leur genèse et leur prévention », *Comprendre*, nº 5, 2004, p. 199-220.

11. L'équipe de la vie scolaire est dirigée par le conseiller principal d'éducation (CPE) et comporte des assistants d'éducation et parfois d'autres acteurs éducatifs tels que les médiateurs de réussite scolaire, récemment mis en place.

déscolarisation) »[12], avec l'objectif principal de les « rescolariser ». À l'échelle locale, on peut également citer l'exemple de l'expérimentation récente de la « cagnotte scolaire », récompense financière promise aux classes les plus assidues[13]. Mais, il faut d'abord le souligner, ce type de mesures, *a priori* plus centrées sur l'éducation, la remédiation ou l'incitation, occupe une place secondaire dans l'ordre des priorités à suivre par l'institution scolaire. Le triptyque contrôle, rappel à la loi et sanction s'est bien imposé comme étant « la meilleure des préventions » de l'absentéisme. En outre, il n'est pas certain que ces dispositifs éducatifs de « remotivation » ou d'incitation encouragés ces dernières années soient strictement opposables aux mesures clairement sécuritaires. Parfois, avec les meilleures intentions, les dispositifs relais, par exemple, participent bien aussi d'une logique gestionnaire de « traitement » des « inenseignables »[14], contribuent à renforcer leur quadrillage institutionnel (à travers la mise en œuvre de partenariats avec des acteurs tels que la protection judiciaire de la jeunesse, etc.), et fonctionnent finalement davantage comme un sas vers une « déscolarisation encadrée »[15] que comme un moyen de réintégration avec succès d'une classe ordinaire. Si bien que, à la manière du mode de gestion dominant des absences qui tend systématiquement à rechercher à l'extérieur de l'institution les causes et les remèdes, le recours aux dispositifs relais se présente comme une externalisation des difficultés considérées comme n'étant plus du ressort de l'établissement. Quant au dispositif de la cagnotte scolaire expérimenté en 2009, il mobilise finalement le même présupposé que celui présidant aux mesures répressives : le comportement des élèves serait guidé par un calcul rationnel de type coût/avantage ou risque/gain, réalisé en fonction des contraintes extérieures qui pèseraient sur eux, ou des opportunités qui leur seraient offertes.

12. *Cf.* présentation des dispositifs relais sur le site Eduscol : http://eduscol.education.fr/cid45657/accueil.html.

13. *Cf.* Étienne Douat, « De l'amende à la cagnotte. "Innovations" et lieux communs autour de l'absentéisme scolaire », *Savoir/Agir*, nº 10, décembre 2009.

14. Mathias Millet et Daniel Thin, « Une déscolarisation encadrée. Le traitement institutionnel du "désordre scolaire" dans les dispositifs relais », *Actes de la recherche en sciences sociales*, nº 149, 2003, p. 46-58.

15. *Ibid.*

La carotte ou le bâton seraient de nature à provoquer un électrochoc chez les élèves en voie de décrochage, déclenchant une prise de conscience et une modification de leur comportement, si bien qu'ils pourraient alors retrouver le chemin de l'assiduité et des apprentissages.

Construire une autre lecture

Dans l'ensemble, eu égard à leur objectif initial affiché de raccrochage scolaire, toutes ces mesures constituent plutôt un échec. Certes, l'absentéisme et les différentes manifestations de décrochage n'ont certainement pas explosé ces dix dernières années, comme certains l'affirment un peu vite lorsqu'il s'agit de justifier la mise en place d'une nouvelle mesure, mais rien n'indique non plus qu'elles ont baissé, et surtout pas à la faveur de l'application de l'une de ces « nouveautés » (on aura l'occasion de revenir sur cette question des chiffres dans le premier chapitre).

On le verra, entre les orientations officielles déclinées ces dernières années pour lutter contre le phénomène et les modalités effectives de leur appropriation par les acteurs dans les établissements, on observe souvent un hiatus. À travers leurs pratiques, et parfois dans l'ordre du discours, les acteurs éducatifs ne se conforment pas mécaniquement aux injonctions officielles qui leur sont adressées. Si l'approche dominante, plutôt sécuritaire, a bien sûr affecté le champ éducatif, en renforçant par exemple la logique de gestion des flux dans l'activité de certains professionnels, elle s'est en même temps heurtée à leurs résistances, suivant la logique propre de leur champ qui, malgré les offensives récemment initiées par le ministère de l'Intérieur, conserve néanmoins une certaine autonomie.

Les raisons de l'échec de ces mesures ne résident pourtant pas, selon nous, dans le simple décalage entre les orientations officielles et les pratiques des acteurs de l'institution. C'est une autre hypothèse que nous proposons ici : ces mesures constituent globalement un échec parce que la problématique de l'absentéisme qui les a inspirées charrie un *refus de penser les causes* du phénomène (comme pour bien d'autres problèmes « brûlants » d'ailleurs). Sous couvert de pragmatisme et de réactivité, dans l'urgence, et suivant la vulgate opposant théorie et pratique, tout se passe comme si la définition d'une action politique en matière d'absentéisme pouvait effectivement faire l'économie de la recherche de ses causes. Celles proposées par l'approche dominante sont en fait réduites au déficit (de repères, de valeurs, de surveillance, etc.), suivant une approche misérabiliste qui « [décompte] d'un air navré toutes les différences comme autant de manques, toutes les altérités comme autant de moindre-être »[16].

Au contraire, cet ouvrage propose au lecteur de prendre le temps, à partir d'une série de matériaux empiriques[17], de revenir de manière approfondie sur quelques-uns des traits dominants de cette approche de l'absentéisme, pour identifier ses principales zones d'ombre, afin de (contribuer à) considérer autrement le phénomène. Sur cette base, il devient alors possible de le penser *en plein*, comme une pratique liée à la consistance des socialisations multiples et contradictoires auxquelles sont soumis les élèves concernés. « De l'art pour l'art » diront peut-être celles et ceux qui veulent *avant tout* des solutions ? Pas sûr. Faire l'impasse sur la connaissance des ressorts complexes d'un phénomène sur lequel on souhaite agir, n'est-ce pas *a priori* se priver d'un levier indispensable pour mettre en œuvre, avec quelque chance de succès, de nouvelles pistes d'action ?

Un premier chapitre permettra au lecteur d'entrer dans le cœur du sujet en revisitant les grands thèmes de cette approche à la lumière des apports récents de la recherche sur le décrochage scolaire. L'absentéisme, un phénomène nouveau ? En augmentation ? À l'origine de cette pratique : le manque de motivation de l'élève ? La démission des parents ? L'opposition des milieux populaires à l'école ? Les absences répétées : l'expression d'un « gouffre » entre les élèves et l'école ? Un « gouffre » culturel ? Ethnique ? Une autre problématique pourra alors progressivement se construire sur le phénomène spécifiquement étudié dans ce livre : l'absentéisme scolaire au collège. Celui-ci n'est ni un état, ni un accident, ni un simple caprice individuel (qu'une sanction pourrait alors faire dispa-

16. Claude Grignon et Jean-Claude Passeron, *Le Savant et le Populaire*, Gallimard-Le Seuil, « Hautes Études », Paris, 1989, p. 36 et 37.

17. Je remercie tous mes proches, amis, collègues enseignants-chercheurs pour l'aide et les encouragements qu'ils m'ont prodigués à différentes étapes de la réalisation de ces recherches depuis dix ans. Ce livre s'est construit grâce au soutien sans faille d'Amélie Jeammet, Rémi Douat et Agnès Josselin. Merci enfin à tous les conseillers principaux d'éducation en poste ou en formation qui ont joué un grand rôle dans la poursuite de mes enquêtes sur l'école buissonnière.

raître), mais le fruit d'un parcours, d'une pluralité d'expériences socialisatrices vécues par les élèves, dans leur famille, certes, mais aussi dans l'école, dans leur quartier, dans les associations, etc. Pluralité d'expériences dont on peut tout de suite préciser qu'elles se combinent de manière relativement *singulière* en fonction des élèves, mais dont les conditions de production sont souvent *partagées* par une majorité d'entre eux[18]. La suite de l'ouvrage restituera une enquête ethnographique menée au milieu des années 2000 pendant près de trois ans dans deux collèges en ZEP (zone d'éducation prioritaire) de la banlieue parisienne.

Le deuxième chapitre présentera ces espaces scolaires au cœur de quartiers particulièrement défavorisés, et les collégiens étiquetés « absentéistes » par l'institution que nous avons pu y rencontrer. Nous le constatons lors des premiers mois de l'enquête : des élèves effectivement absents, plusieurs demi-journées par mois, mais aussi encore très présents, régulièrement visibles au collège. L'idée de ne pas reléguer au rang d'épiphénomène ce « présentéisme » persistant (comme si alors, au-delà des moments d'absence, il n'y avait plus rien à chercher pour celui qui souhaitait « enquêter sur l'absentéisme ») nous conduira à orienter notre recherche sur cette oscillation entre accrochage et décrochage des élèves.

Le troisième chapitre se centrera sur la prise en compte et l'analyse de ce qui peut permettre de comprendre cette ambivalence en actes des élèves rencontrés : les contradictions de leur socialisation. Contradictions entre la socialisation scolaire et la socialisation familiale, bien sûr, cela a déjà bien été étudié. Mais contradictions aussi au sein de ces univers. La culture des familles populaires dont sont issus les jeunes enquêtés ne se réduit nullement à une logique antiscolaire. Pas plus d'ailleurs que la sociabilité juvénile de quartier. Et de son côté l'école n'est pas non plus un bloc lisse et homogène, uniquement tendu vers l'accrochage de tous les élèves, en toutes circonstances, mais contribue, paradoxalement, à la formation de dispositions antiscolaires. C'est à l'école que se construisent difficultés et malentendus dans les apprentissages. Et si l'on s'y approprie toujours des savoirs, on peut aussi y apprendre le découragement, intérioriser le sentiment d'être

18. Nous reprenons ici les réflexions développées par Mathias Millet et Daniel Thin dans *Ruptures scolaires. L'école à l'épreuve de la question sociale*, PUF, « Le Lien social », Paris, 2005.

« irrécupérable », « indésirable » ou simplement toléré, faute de pouvoir être orienté. Dans une perspective qui s'inspire des travaux de Bernard Lahire[19], la question qui se pose alors est de savoir ce qui, dans les différentes situations auxquelles sont confrontés les élèves, joue dans le sens d'une actualisation-redéfinition de leurs dispositions les plus défavorables à un accrochage et à une soumission à l'impératif d'assiduité ou, au contraire, dans le sens de leur inhibition. Plutôt que d'essentialiser le comportement des élèves en le décontextualisant comme si celui-ci était propre à l'élève, exprimant son « caractère » singulier, la démarche consistera donc à préciser autant que possible son inscription dans une réalité relationnelle qui ne s'observe qu'à certains moments, dans un certain univers de relations, ou dans certaines circonstances particulières.

Largement illustrés par des fragments de portraits d'élèves, les chapitres suivants présenteront quelques-unes des grandes étapes de parcours d'absentéistes : depuis le primaire, où malentendus et difficultés dans les apprentissages se construisent de manière plus ou moins silencieuse, jusqu'au collège, où ces difficultés se révèlent et se renforcent plus ou moins brutalement (chapitre IV). La focale se resserrera ensuite sur l'étude plus précise du déclenchement des absences, et sur la manière dont s'incorpore progressivement une « habitude absentéiste » chez les collégiens rencontrés (chapitre V). Les dernières sections permettront de préciser en quoi ces absentéistes ne sont pas justiciables d'une approche centrée sur la seule perspective (possible) de leur déscolarisation prématurée. Si l'absentéisme est pour eux devenu une routine, leurs pratiques ordinaires demeurent fortement ambivalentes. En décrochage dans certaines situations scolaires, les élèves suivis pendant près de trois ans demeurent néanmoins très présents au collège, maintenant un fort investissement pour l'école, une partie des apprentissages et des relations qui peuvent s'y nouer. C'est peut-être ici que s'ouvrent certaines pistes pour l'action.

19. *Cf.* Bernard Lahire, *L'Homme pluriel. Les ressorts de l'action*, Nathan, Paris, 1998.

CHAPITRE PREMIER
L'ABSENTÉISME EN QUESTION

DE QUELQUES LIEUX COMMUNS

L'absentéisme scolaire, un phénomène nouveau ?

À la lecture des textes officiels, des déclarations publiques ou des nombreux articles de presse relatifs à l'absentéisme, une évidence semble s'imposer : à l'instar de la violence ou de la délinquance juvénile, le phénomène augmenterait de « manière préoccupante »[1], notamment chez les plus jeunes, au niveau du collège. En creux, c'est l'antienne du « c'était mieux avant » qui affleure dans ces discours et le rêve de renouer avec un présupposé âge d'or (plus pacifié, moins conflictuel, plus respectueux des « règles », etc.). Cette logique récurrente de

1. *Cf.* notamment la circulaire n° 96-247 du 25 octobre 1996 relative à la prévention de l'absentéisme, puis les discours politiques ou textes médiatiques relatifs au phénomène, qui se sont multipliés dans les années 2000 et ont réactualisé à maintes reprises cette approche alarmiste en termes de « nouveau fléau ».

dramatisation a certainement permis d'étayer le processus de légitimation de la constitution de l'absentéisme en problème social, digne d'intérêt, exigeant une mobilisation collective et des « réponses fermes », à la hauteur de l'« explosion » ainsi mise en scène ces dernières années.

Rappelons cependant que, sous la IIIe République (qui correspond d'ailleurs peu ou prou à l'époque pour laquelle certains semblent aujourd'hui éprouver de la nostalgie), en même temps qu'elle est instituée, la loi Ferry sur l'obligation scolaire fait l'objet de nombreuses et récurrentes transgressions. Une partie des agriculteurs en particulier – ils constituent une part importante de la population jusque dans les années 1950 – résiste fréquemment à cette obligation en arguant notamment de la nécessité de pouvoir disposer de leurs enfants pour les travaux des champs. C'est d'ailleurs dans ce contexte que les « grandes vacances » sont instaurées, afin de permettre aux enfants de travailler avec leurs parents au moment des récoltes, et que la limite des quatre demi-journées d'absence par mois « sans justification » (limite qui constitue toujours une référence dans les établissements) est décidée. Comme le souligne Jean Peneff[2] dans son étude sur le rapport à l'école dans des communes de l'Ouest entre 1880 et 1950, de nombreux enfants dans la période qui suit les lois Ferry échappent sinon complètement du moins partiellement à l'obligation scolaire[3]. Et en milieu urbain, certaines familles comptent encore également sur le salaire d'appoint que peut leur apporter le travail de leurs enfants. En recoupant différentes sources historiques, sociologiques ou institutionnelles, Maryse Hedibel conforte ces constats : entre la fin du XIXe siècle et toute la première partie du XXe, le problème de faire entrer tous les enfants à l'école et de les y maintenir jusqu'à 13 ans se pose avec acuité[4]. La non-scolarisation des élèves en âge de l'être et

2. *Cf.* Jean Peneff, *Écoles publiques, écoles privées dans l'Ouest, 1880-1950*, L'Harmattan, Paris, 1987.

3. *Cf.* également Françoise Mayeur, *Histoire générale de l'enseignement et de l'éducation en France*, tome III : *1789-1930*, Perrin, Paris, 2004, ou Jean-Michel Chapoulie, *L'École d'État conquiert la France. Deux siècles de politiques scolaires*, PUR, Rennes, 2010

4. *Cf.* Maryse Esterle-Hedibel, *Les Élèves transparents. Les arrêts de scolarité avant 16 ans*, Presses universitaires du Septentrion, Villeneuve-d'Ascq, 2007.

surtout, précise Guy Brucy[5], la « non-fréquentation régulière » ou la sortie prématurée sans certification sont des phénomènes sociaux importants, en particulier dans les classes populaires.

La mise en œuvre de l'obligation scolaire laisse ainsi persister des comportements « réfractaires » à l'institution. Et globalement, à l'échelle historique du XXe siècle, ce n'est certainement pas à une augmentation de ces comportements à laquelle on assiste, mais à leur diminution. Ce siècle est assurément celui de la « scolarisation de la France »[6]. La dynamique s'amorce d'abord avec le parachèvement de la primarisation de masse jusqu'à la Seconde Guerre mondiale. Elle se poursuit dans le contexte de la mise en place progressive de l'« école unique » (de la réforme Berthoin de 1959, avec notamment la scolarité obligatoire jusqu'à 16 ans puis la suppression de l'examen d'entrée en sixième, à la réforme Habby de 1975 instituant le collège unique) et se cristallise au tournant des années 1980-1990 suivant, notamment, la célèbre consigne des « 80 % d'une classe d'âge au niveau bac », avec la suppression du palier d'orientation en fin de cinquième ou encore la création de nouveaux bacs professionnels[7]. Ce mouvement de secondarisation de masse a notamment provoqué un allongement spectaculaire du temps moyen de scolarisation (il a été multiplié par trois entre 1900 et 2000), un accès pour une majorité au baccalauréat (1 % d'une classe d'âge en 1900 contre 65 % environ aujourd'hui), une montée générale du niveau avec en principe un accès à tous des savoirs savants transmis par l'école (autrefois réservés à une toute petite minorité) et une raréfaction de la sortie du système éducatif sans qualification (environ 8 % d'une classe d'âge aujourd'hui) : « De la maternelle à l'université, le temps de la jeunesse est maintenant absorbé, dans tous les milieux sociaux, et pour les deux sexes,

5. *Cf.* Guy Brucy, « Désertion scolaire et absentéisme dans l'école de Jules Ferry », *Cahiers de la recherche sur l'éducation et les savoirs*, n° 2, 2003, p. 145-168.

6. *Cf.* Jean-Pierre Terrail (sous la direction de), *La Scolarisation de la France, op. cit.*

7. Pour avoir une idée plus précise de ce processus de massification scolaire, *cf.* notamment Jean-Pierre Terrail (sous la direction de), *La Scolarisation de la France, op. cit.*, ou, du même auteur, *École, l'enjeu démocratique*, La Dispute, Paris, 2004.

par l'institution scolaire.»[8] L'école est devenue incontournable et, au-delà de ses murs, le mode scolaire de socialisation prédomine aujourd'hui largement, s'actualisant dans de nombreux espaces sociaux où la transmission se met en œuvre suivant une partie de ses principes (apprentissages séparés de la pratique, suivant des règles impersonnelles et codifiées, etc.).[9]

L'objectif historique de soumettre tous les enfants à la socialisation scolaire, contre l'errance ou le vagabondage, d'assurer leur inscription, leur *présence physique* régulière et prolongée au sein de l'école en les maintenant (de plus en plus durablement, depuis les années 1960) à distance de la famille et du travail productif a largement été atteint. L'entreprise d'ordre public (indissociable des projets d'instruction, d'éducation ou de formation de la main-d'œuvre) qui participe de la mise en place de l'obligation scolaire, visant à fixer les corps dans des espaces clos selon un emploi du temps déterminé, s'est bel et bien réalisée.

La question historique décisive ne se situe donc pas là. Elle réside principalement dans le développement de processus de ségrégation interne ou d'exclusion à l'intérieur du système éducatif désormais massifié (les classes populaires sont largement surreprésentées dans les filières courtes et professionnelles les moins valorisées créées ces dernières décennies); autrement dit, le problème consiste dans la persistance des inégalités de parcours et d'appropriation avec succès des savoirs de la culture écrite en fonction du milieu d'origine: «En devenant unique, l'école n'a en aucune façon rendu l'accès aux études plus égalitaire. En quarante ans, les chances d'un enfant d'ouvrier d'accéder à un bac général ont doublé. Mais celles d'un enfant de cadre ont augmenté elles aussi. Au point que l'écart entre les uns et les autres n'a pas changé, d'environ 50 points (à la fin des années 1990, 22 % des enfants d'ouvriers et 72 % des enfants de cadres ont décroché un bac général).»[10]

Cette difficulté qu'a l'école unique à faire rimer massification avec démocratisation retient l'attention de nombreux

8. *Ibid.*, p. 14.

9. *Cf.* Guy Vincent, Bernard Lahire et Daniel Thin, «Sur l'histoire et la théorie de la forme scolaire», *in* Guy Vincent (sous la direction de), *L'Éducation prisonnière de la forme scolaire? Scolarisation et socialisation dans les sociétés industrielles*, PUL, Lyon, 1994, p. 11-48.

10. *Cf.* Jean-Pierre Terrail, *École, l'enjeu démocratique*, *op. cit.*, p. 8.

chercheurs depuis des décennies, mais demeure une question de second plan pour une majorité d'acteurs politiques et médiatiques ayant investi la question scolaire ces dernières années. Tout se passe pour eux comme si les phénomènes de résistance aux impératifs scolaires (l'absentéisme, mais aussi la « violence scolaire », par exemple) n'avaient pas grand-chose à voir avec cette question de la démocratisation scolaire inaccomplie. Les discours politiques et médiatiques insistant sur l'inflation historique supposée des transgressions à l'ordre scolaire sont donc loin d'être anodins : ils contribuent à capter l'essentiel de l'attention sur la *gestion* de ce phénomène ainsi dramatisé, au détriment d'une réflexion d'ensemble sur les conditions de réalisation de bons parcours scolaires pour tous ; ils peuvent ainsi en creux conforter une logique de *renoncement* à tout projet de démocratisation scolaire et alimenter, par exemple, l'idée d'en finir avec le collège unique ou l'obligation scolaire jusqu'à 16 ans (« puisqu'il y a tant d'élèves réfractaires à l'école, revenons à des réseaux scolaires différenciés ou à la possibilité d'orienter les collégiens dès 14 ans », etc.) ; ils peuvent enfin contribuer à justifier la réactualisation de modes de régulation « musclés » d'une fraction des classes populaires supposée dangereuse ou à la dérive dans une France devenue soudainement « trop laxiste ».

Une explosion du phénomène ces dernières années ?

Si l'on resserre la focale sur la période de la seconde vague de massification et que l'on considère maintenant les discours sur l'augmentation de l'absentéisme dans ce contexte relativement stabilisé (depuis le milieu des années 1990), on pourrait *a priori* faire l'hypothèse que les comportements de résistance à l'école ont augmenté puisque l'on y a introduit de nouveaux publics, porteurs d'une culture parfois très éloignée des attentes de l'institution, sans que l'essentiel de la forme de socialisation scolaire ait évolué sur le fond[11]. Cette hypothèse va dans le sens

11. Certes, le recours à certaines pédagogies nouvelles (douces, ludiques, valorisant le concret, etc.) s'est développé dans le contexte de la massification. Mais certaines recherches attestent que ces transformations dans les manières d'enseigner, avec les meilleures intentions, peuvent créer des obstacles et des malentendus dans les apprentissages, particulièrement en milieu populaire. *Cf.*, par exemple, Élisabeth Bautier, « Décrochage scolaire : genèse et logique des parcours »,

des intuitions des acteurs éducatifs qui disent couramment constater une inflation des comportements antiscolaires : « le public a changé » ; « les élèves sont plus durs qu'autrefois, plus rebelles, etc. »[12].

Mais il reste que cette hypothèse, à certains égards vraisemblable, d'une augmentation globale de l'absentéisme ces quinze dernières années (la résistance à l'obligation scolaire augmenterait ainsi en même temps que l'obligation de rester à l'école) ne peut de toute façon pas être solidement étayée par des chiffres. Le rapport du groupe de travail sur les manquements à l'assiduité, pourtant mis en place au nom de cette supposée augmentation du phénomène dans les années 1990-2000, le soulignait déjà clairement en 2003 : qu'ils émanent de l'institution scolaire elle-même ou des travaux de recherche, les chiffres de l'absentéisme scolaire résultent d'un travail de repérage et de comptage obéissant à des critères trop hétérogènes historiquement et géographiquement pour restituer de manière fiable l'évolution du phénomène dans le contexte de la seconde vague de massification. En fonction des enquêtes (réalisées ponctuellement et non selon une périodicité régulière), ce ne sont pas les mêmes catégories d'élèves qui sont étudiées ni les mêmes définitions de l'absentéisme qui sont mobilisées. Suivant la tranche d'âge, le territoire enquêté, le mode d'administration des questionnaires ou le seuil retenu à partir duquel on considère qu'il y a « absentéisme », la population d'élèves concernés oscille entre 1 % et 8 % au long des années 1990-2000, et les pourcentages les plus élevés ne correspondent pas nécessairement à la période la plus récemment enquêtée. Les discours publics ou les textes officiels, qui se sont multipliés à l'époque, affirmant une « augmentation inquiétante du phénomène » dans les années 1990-2000, ne peuvent ainsi en aucun cas être confirmés à partir de ces quelques études.

Ville-École-Intégration, n° 132, mars 2003, p. 30-45 ; Jean-Pierre Terrail et Jérôme Deauvieau (sous la direction de), *Les Sociologues, l'école et la transmission des savoirs*, La Dispute, Paris, 2007, ou Stéphane Bonnéry, *Comprendre l'échec scolaire*, La Dispute, Paris, 2007. Nous y reviendrons plus loin.

12. Il y a presque cinquante ans, les enseignants confrontés à l'arrivée des classes populaires dans le secondaire pouvaient tenir le même type de propos : *cf.* Jacques Testanière, « Chahut traditionnel, chahut anomique dans l'enseignement du second degré », *Revue française de sociologie*, vol. VIII, numéro spécial, 1967, p. 17-33.

Si l'on se tourne maintenant du côté des conseillers principaux d'éducation et des enseignants – ayant un minimum d'ancienneté – rencontrés au cours de nos enquêtes ces dix dernières années, il faut reconnaître que les constats qu'ils établissent vont tous dans le même sens. Le nombre de demi-journées d'absence repérées aurait augmenté dans le contexte des années 1990-2000. Faute d'enquêtes ou de récits attestant un diagnostic inverse, il n'y a aucune raison de disqualifier par principe ces constats répétés et souvent convergents.

Néanmoins, à l'égard de toute généralisation, la même prudence s'impose, pour de multiples raisons, d'ailleurs souvent évoquées par les acteurs de terrain eux-mêmes.

D'abord, ces constats ont été faits dans des établissements où se concentre tendanciellement un public toujours plus fréquemment issu des classes populaires pour qui la soumission à l'impératif d'assiduité peut être moins évidente (nous y reviendrons largement ci-après). Première réserve donc, le sentiment d'augmentation du phénomène d'absentéisme chez ces acteurs est lié au fait qu'ils ont affaire à un public de moins en moins mixte socialement (les classes moyennes, on le sait, ayant tendance à contourner la carte scolaire ou à se diriger vers le privé). Ensuite, et c'est important, dans certains établissements, ce ne sont pas tant les absences qui ont augmenté que le nombre d'élèves concernés. Autrement dit, dans une période antérieure, il pouvait y avoir un taux d'absentéisme aussi élevé qu'aujourd'hui, mais qui était le fait d'un plus petit groupe d'élèves. Le flou artistique qui caractérise certaines affirmations alarmistes concernant l'évolution de l'absentéisme est ainsi certainement en partie lié à la confusion fréquente entre le taux d'absentéisme tel qu'il est enregistré et calculé par les logiciels (nombre de demi-journées d'absence/nombre de demi-journées de présence théorique) et le pourcentage d'élèves concernés par des absences répétées. Le sentiment d'« explosion » du phénomène correspond à l'*expérience* d'une gestion d'un plus grand nombre de cas différents d'absentéisme au cours d'une année scolaire. Ainsi, à certaines périodes (à la fin du premier – long – trimestre ou au printemps, lorsque la météo devient plus favorable et que les verdicts scolaires « sans appel » tombent pour certains élèves), c'est plus d'un quart des effectifs de certains établissements qui s'est absenté au moins une heure par jour.

L'étonnement ou l'inquiétude par rapport à l'évolution de l'absentéisme sont aussi certainement associés autant à une montée en puissance de la pratique qu'aux nouvelles modalités selon lesquelles elle s'actualise aujourd'hui (rappelant une logique de zapping particulièrement décriée dans le monde enseignant).

Enfin, si l'on veut essayer de mieux comprendre cette augmentation du phénomène évoquée par les acteurs, on ne peut évacuer les transformations des formes de gestion institutionnelles des transgressions aux règles scolaires. Dans le contexte de la massification, les établissements les plus confrontés aux nouveaux publics issus des classes populaires ont souvent durci leur règlement intérieur, intensifié leur activité gestionnaire de contrôle, de repérage et d'enregistrement des transgressions et, parfois, permis la banalisation de l'exclusion de cours ou de l'établissement comme mode de régulation des conflits élèves-enseignants. Un exemple sur lequel nous aurons l'occasion de revenir : la règle adoptée par de nombreux établissements enquêtés consistant à refuser tout retardataire en cours le matin transforme tout manquement à la ponctualité en une heure d'absence (souvent comptabilisée comme une demi-journée). Pour certains établissements, plus d'un quart des absences enregistrées correspondent en fait à des retards matinaux de quelques minutes.

Par ailleurs, les nombreux renvois de cours observés dans tous les établissements enquêtés ces dernières années, outre qu'ils contribuent à socialiser les élèves dans le sens d'un éloignement de l'école (nous reviendrons également sur ce point décisif tout au long de l'ouvrage), peuvent être agrégés aux absences dites « volontaires » des élèves, contribuant ainsi à faire grimper le taux d'absentéisme. Le fait de privilégier le travail de surveillance et de quantification (via notamment les nouveaux équipements informatiques dont se sont dotés tous les établissements depuis la fin des années 1990) au détriment d'une approche relationnelle autorisant le dialogue collectif, la recherche des causes réelles[13] a certainement contribué à

13. La plupart des CPE rencontrés déplorent d'ailleurs d'être ainsi exhortés (par les textes, mais aussi par certains enseignants) à se centrer sur une activité de contrôle, de surveillance et de comptabilisation, et d'être ainsi davantage associés à des « surgés ». Appellation qui a disparu en 1970 avec la mise en avant de la mission éducative des conseillers principaux d'éducation (*cf.* notamment Régis Rémy, Pierre Sérazin et Christian Vitali, *Les Conseillers principaux d'éducation. Éducation et formation*, PUF, Paris, 2000).

encoder comme des *absences* des pratiques qui auraient autrefois été tolérées ou simplement ignorées.

On l'aura compris, l'augmentation récente possible de l'absentéisme scolaire, du moins dans certains quartiers, n'est donc pas le simple résultat de l'importation dans l'école d'une culture antiscolaire par les élèves de milieux populaires. Elle est indissociable de la montée en puissance d'une préoccupation sociale pour le phénomène et de la valorisation d'une approche gestionnaire axée sur son contrôle et sa mesure.

Nous l'analyserons de manière plus approfondie au cours des prochains chapitres, l'institution scolaire semble finalement œuvrer de manière paradoxale s'agissant du problème social de l'absentéisme tel qu'il s'est cristallisé politiquement et médiatiquement depuis une quinzaine d'années. D'un certain point de vue, elle semble s'être conformée aux injonctions politiques en développant une activité de contrôle et de traitement des absences, reléguant souvent au second plan la réflexion collective sur un raccrochage axé sur les apprentissages (fidèle à cet égard à l'ordre de priorité des actions déclinées dans les textes). D'un autre point de vue, en se conformant justement à ces injonctions (faire du chiffre, réagir dès la première absence, refuser tout retard, renforcer la surveillance) ou en transformant le principe de *tolérance zéro* prôné au niveau politique en *intolérance* par rapport à la présence de certains élèves, elle a largement contribué à faire augmenter le phénomène qu'elle est censée combattre.

La fabrique des chiffres

Aujourd'hui, la Direction de l'évaluation, de la prospective et de la performance (DEPP)[14] réalise régulièrement une enquête quantitative sur l'absentéisme auprès d'un échantillon d'établissements du second degré. L'activité de comptage, encore rare il y a dix ans et obéissant à des critères peu stabilisés, s'est renforcée et standardisée à la faveur de la construction du phénomène en problème social et d'un paradigme aujourd'hui dominant valorisant la *mesure* (qui semble à de multiples égards s'imposer comme une fin en soi...). Les enquêtes calculent la proportion d'élèves « absents non régularisés quatre demi-journées ou plus par mois ». Au cours de l'année scolaire 2005-2006, par exemple, la proportion d'élèves

14. Rattachée au ministère de l'Éducation nationale.

absentéistes dans le secondaire croît en moyenne de 2 % à 6,5 % entre septembre et février, avec un pic de 19 % en mars. C'est dans les collèges en ZEP que cette proportion est la plus forte (entre 6 et 10 % environ) et dans les lycées professionnels (entre 5 % et 33 %). L'absentéisme dit « lourd » (plus de dix demi-journées d'absence par mois) concernerait environ 1 % des élèves. L'enquête souligne bien que, derrière ces moyennes, se cachent de fortes disparités et que certains établissements particulièrement touchés (notamment dans les ZEP) « tirent vers le haut ».

Pour rigoureuses qu'elles soient, ces enquêtes ne peuvent néanmoins pas être considérées comme de simples « collectes de données ». À l'instar de celles qui concernent le chômage ou la délinquance, rappelons qu'elles sont des constructions statistiques et non le fidèle reflet d'une réalité objective. Sans prétendre ici épuiser la question des multiples problèmes que posent ces résultats chiffrés sur l'absentéisme, on peut néanmoins en donner un aperçu, pour les apprécier un peu mieux en « connaissance de cause ».

Le premier est celui de la définition du phénomène. Officiellement, un élève est absentéiste lorsqu'il a été absent quatre demi-journées dans le mois sans « excuses valables ». La DEPP comptabilise les demi-journées d'absence non régularisées. Autant dire que les résultats ainsi construits ne traduisent nullement toutes les absences de cours, mais certaines absences, celles-là mêmes que les parents d'élèves n'ont pas pu ou su justifier dans les temps, et de manière suffisamment convaincante au regard des acteurs de l'institution scolaire. Or, selon quels critères ces derniers apprécient-ils la justification donnée par les parents (dans la mesure où ils ont pu avoir connaissance de l'absence, ce qui est loin d'être évident)[15] ? Nous l'avons directement observé, certains élèves, du fait de leur « casier scolaire », leur mauvaise réputation, l'invisibilité ou la résistance trop frontale de leurs parents, se retrouvent ainsi surexposés au processus d'étiquetage de leur absence comme illégitime, et surreprésentés dans l'ensemble des absences finalement non régularisées.

Autre biais possible à prendre en compte : le fait que certains établissements (ne souhaitant pas trop faire des vagues ou figurer en mauvaise place dans quelque palmarès) organisent

15. Notons que, depuis 1991, les établissements ne sont plus autorisés à demander un certificat médical.

une « régularisation massive » des absences, quand la « liste devient trop longue », de manière à toiletter ou rafraîchir un peu leur comptabilité.

En enquêtant de manière prolongée dans les établissements, c'est finalement toute une série de biais plus ou moins avouables officiellement qui apparaissent dans la chaîne de fabrication des chiffres de l'absentéisme – du repérage au signalement, en passant par le codage et l'enregistrement. Toutes ces distorsions ne sont pas des « erreurs », mais doivent être mises en relation avec le fonctionnement et les contraintes propres aux espaces scolaires concernés (marqués par une logique de l'urgence et de gestion des flux, le manque de personnels titulaires, etc.), l'ethos des acteurs impliqués, les catégories de jugement et de classement qu'ils peuvent mettre en œuvre dans l'exercice ordinaire de leur métier. Certains enseignants peuvent ainsi « oublier » de faire l'appel (estimant parfois l'opération trop chronophage), des feuilles d'appel peuvent être subtilisées par les élèves, quelques absences peuvent être supprimées par des assistants d'éducation entretenant une certaine connivence avec tel élève concerné. Dans certains cas, c'est toute une partie de l'équipe de la vie scolaire qui abandonne temporairement la tâche de gestion de l'absentéisme pour se consacrer à d'autres priorités : un mouvement social, une bagarre, des conflits entre bandes rivales à la sortie de l'établissement, etc. À l'inverse, dans d'autres contextes, l'absentéisme peut devenir une priorité et mobilisera l'essentiel des énergies de la vie scolaire (les occasions d'échapper au contrôle et à l'enregistrement se faisant alors plus rares).

Le discours explicatif dominant

Suivant l'approche dominante de l'absentéisme scolaire, les ressorts et les causes du phénomène sont à chercher du seul côté de l'élève et de sa famille. Quand elle n'est pas simplement évacuée, l'implication de l'institution scolaire est toujours présentée comme secondaire, et se borne le plus souvent à des problèmes d'ordre technique ou organisationnel (rythme, emploi du temps, mesure et contrôle).

Lorsque ce sont les élèves qui sont plus particulièrement considérés, c'est souvent un « défaut de motivation » qui est allégué pour expliquer leur démobilisation ou leur retrait physique de l'établissement. Cette démotivation présentée comme plus ou moins naturelle, solidaire d'un manque de volonté (associé à un trait négatif du caractère), serait la principale source de leur rejet de l'école. D'autres formulations concernant surtout l'« absentéisme perlé » laissent penser qu'on aurait affaire à un calcul stratégique. L'absentéisme de « consumérisme scolaire » ou de « confort » en serait les modalités les plus typiques : « Ce type d'absentéisme est gouverné par les stratégies de productivité et de rentabilité et apparaît comme assez récent. Dans ce cas, les élèves utilisent l'enseignement dispensé [...] comme un enseignement à la carte et non plus au menu imposé. »[16] Les élèves sont ici considérés comme des acteurs choisissant leur matière comme on choisit un placement financier, en opérant un calcul de type coût/avantage. Dans une optique utilitariste, ils seraient animés par une logique de rentabilité semblable à celle que les économistes peuvent prêter au producteur ou au consommateur : « ça ne vaut pas le coup de se déranger pour trois heures de cours », « j'ai intérêt à ne pas faire ce contrôle », etc.

Lorsque c'est la famille qui est incriminée, c'est un « défaut d'éducation » ou une « panne de socialisation » qui sont invoqués pour expliquer les manquements à l'assiduité. En cohérence avec le modèle explicatif de la délinquance des mineurs, qui semble de plus en plus s'imposer comme la référence incontournable pour « penser » l'absentéisme (« première étape d'un parcours délinquant »), si certains élèves sont absents, c'est d'abord parce que leurs parents sont incapables de les éduquer convenablement, d'exercer sur eux une surveillance, de leur rappeler l'obligation d'assiduité. C'est leur « démission », leur « manque de valeurs » ou de « repères » qui permettent de comprendre les transgressions de leurs enfants. Selon cette approche qui se veut explicative, les parents sont donc les premiers responsables – coupables – de l'absentéisme. Pour lutter contre le phénomène, il faut donc les interpeller « le plus vite possible », les « convoquer », leur adresser un avertissement, les signaler à l'inspection académique ou au procureur et, le cas échéant, les exhorter à s'inscrire à des stages parentaux et les sanctionner financièrement.

Qu'elle prête aux acteurs une intention calculatrice, une mauvaise volonté ou des carences familiales, la conception dominante de l'absentéisme relie finalement toujours la

16. *Cf.* Bernard Toulemonde, *L'Absentéisme des lycéens*, rapport de l'inspection générale de l'Éducation nationale, CNDP, Hachette Éducation, Paris, 1998, p. 28.

pratique à un « problème » ou à un « manque » qui trouve son origine à l'extérieur de l'institution scolaire. Ignorant l'essentiel des acquis de la recherche en sociologie de l'éducation et de la socialisation, cette approche essentialiste, déficitaire et largement décontextualisée relève plus du jugement moral que de l'explication et soulève finalement plus de questions qu'elle n'en résout. Et cela, non seulement du point de vue du sociologue, mais plus largement pour les acteurs éducatifs eux-mêmes, qui ne peuvent qu'observer l'échec patent de la plupart des actions de lutte contre l'absentéisme reposant sur ce type d'approche.

Produit de problèmes propres aux familles et aux élèves, l'absentéisme et le décrochage *scolaires* n'auraient donc rien à voir, ou presque, avec les pratiques… *scolaires* ? À moins de vouloir coûte que coûte préserver l'institution de tout questionnement, l'hypothèse n'est en réalité pas tenable. L'absentéisme a nécessairement un lien avec les contextes scolaires particuliers dans lesquels il s'est forgé et se réactualise régulièrement, et ne peut être réduit à une propriété consubstantielle aux élèves et à leur milieu d'origine. C'est forcément dans leur rapport à l'école, aux enseignants, aux savoirs dispensés et aux méthodes mobilisées que les élèves construisent progressivement leurs difficultés et leur inclination à décrocher ou à s'absenter. Le « manque de motivation », présenté par le sens commun comme un trait explicatif plus ou moins naturel, typique de certains profils familiaux ou personnels, ne peut pas être dissocié de l'histoire de leur confrontation au monde scolaire ; c'est un produit qui reste *à expliquer*, comme le souligne Jean-Pierre Terrail[17], une conséquence et non la cause, le fruit d'un processus qu'il faut reconstituer, et non un facteur explicatif. La grande majorité des recherches aujourd'hui disponibles sur la construction de l'échec scolaire, dont l'absentéisme et le décrochage sont des modalités possibles, attestent la pertinence de cette piste de travail. Nous y reviendrons dans les prochaines sections.

Le raisonnement selon lequel l'absentéisme résulte d'un calcul coût/avantage est lui aussi éminemment problématique. D'abord, parce qu'il présuppose une intentionnalité de la part des élèves « sécheurs » (et de leurs parents, qui passent ici du statut de « dépassés » à celui de « complices »), laquelle n'a rien d'évident, même si elle peut être séduisante pour le sens

17. Jean-Pierre Terrail, *École, l'enjeu démocratique*, *op. cit.*

commun. Comme le souligne Pierre Bourdieu, les individus ont des stratégies qui n'ont que très rarement pour principe une véritable intention stratégique.[18] Sans entrer ici plus avant dans une critique de la théorie de l'action rationnelle, gardons au moins à l'esprit avec Bernard Lahire[19] qu'un rapport réflexif ou anticipé à la pratique exige certaines conditions, et ne peut être appliqué *a priori*, et de manière systématique, à tous les individus quelle que soit la situation. Ensuite et surtout, parce que ce raisonnement individualiste, et délesté de toute prise en compte sérieuse de la mémoire et de la socialisation, évacue une fois de plus le rôle de l'école et des expériences qui y sont vécues dans la genèse du décrochage. Il suffirait alors de proposer aux décrocheurs une offre attractive (un bon emploi du temps, des activités sportives ou ludiques, une cagnotte, etc.) pour qu'ils corrigent leur comportement et renouent stratégiquement avec l'école parce qu'ils y voient soudainement un intérêt...

L'idée qu'une panne de socialisation ou une démission parentale explique en dernière instance l'essentiel du décrochage scolaire, inlassablement répétée ces dernières années, mérite également un examen critique. Sans fondement scientifique, cette antienne moralisante obère sérieusement toute réflexion sur les ressorts du décrochage et sur ce qui se joue aujourd'hui entre les milieux populaires et l'école.

Avec Daniel Thin, rappelons d'abord que tous les êtres sont par définition des êtres sociaux, c'est-à-dire toujours déjà inscrits dans des relations d'interdépendance : « La socialisation n'est [...] pas réductible à l'intériorisation des normes sociales ou à la production d'un être capable de vivre en conformité avec les lois ou les normes propres à une formation sociale à un moment donné de son histoire. [...] Il n'y a pas [...] pour le sociologue d'individu bien ou mal socialisé mais des individus socialisés différemment en fonction de leur propre histoire et de leur appartenance à tel ou tel groupe social et des relations de ce groupe social avec d'autres groupes sociaux. Dire qu'un individu est "mal socialisé" ou "a-social", c'est toujours en fait le mesurer à des normes, à un modèle d'être social dominant à un moment donné dans une formation sociale. »[20]

18. *Cf.* notamment Pierre Bourdieu, *Raisons pratiques*, Le Seuil, Paris, 1996.

19. *Cf.* Bernard Lahire, *L'Homme pluriel...*, *op. cit.*

20. *Cf.* Daniel Thin, *Quartiers populaires. L'école et les familles*, PUL, Lyon, 1998.

C'est donc « en plein » qu'il convient de penser la socialisation à l'œuvre dans les familles populaires *a priori* plus concernées que les autres par le décrochage scolaire, et non en creux, comme s'il n'y avait au fond qu'une seule forme de socialisation possible (qui correspondrait peu ou prou à la socialisation scolaire). Quelles que soient les difficultés de leurs enfants, les familles populaires ne peuvent être réduites à une série de déficits. La socialisation qu'elles mettent en œuvre a une consistance qu'il faut pouvoir appréhender. Cette consistance, d'ailleurs, les éducateurs l'éprouvent certainement douloureusement lorsqu'ils disent avoir le sentiment de se « heurter à un mur » en essayant d'entrer en relation avec une « famille à problèmes ». Pressentie, elle n'est cependant pas véritablement *prise en compte* et retenue comme digne d'intérêt. La logique *pratique*, profondément ancrée dans l'institution scolaire, de ne pas envisager autrement que sous un angle déficitaire les milieux populaires incline alors les éducateurs le plus souvent à déplorer « un manque de volonté » ou à simplement « jeter l'éponge » face à ce qu'ils considèrent comme un obstacle insurmontable.

En rompant avec cette hypothèse déficitaire, plusieurs enquêtes non seulement ont montré que les pratiques socialisatrices des familles populaires étaient justiciables d'une analyse « en plein », mais aussi qu'elles ne rimaient pas avec un désintérêt ou une démobilisation par rapport aux exigences scolaires. Comme le souligne par exemple Bernard Lahire[21], loin d'avoir démissionné, les familles populaires qu'il a enquêtées investissent et suivent la scolarité de leurs enfants, autant que leurs ressources et leurs conditions matérielles d'existence le permettent. Que cet investissement ne se traduise pas mécaniquement par une réussite scolaire et demeure souvent invisible pour l'institution ne signifie pas qu'il est absent. Les travaux de Tristan Poullaouec[22], sur lesquels nous reviendrons dans les prochains chapitres, confirment d'ailleurs ces observations.

La logique d'externalisation et d'individualisation des difficultés qui laisse dans l'ombre l'implication des enseignants et le rôle de l'école n'est pas nouvelle. Elle est au cœur du discours

21. *Cf.* Bernard Lahire, *Tableaux de familles. Heurs et malheurs scolaires en milieux populaires*, Gallimard-Le Seuil, « Hautes Études », Paris, 1995.

22. *Cf.* notamment Tristan Poullaouec, *Le Diplôme, arme des faibles*, La Dispute, Paris, 2010.

explicatif dominant de l'échec scolaire depuis des décennies. Mais compte tenu de la vulgarisation de travaux critiques par rapport à cette approche, on peut être étonné de la retrouver encore si souvent mobilisée parmi les enseignants lorsqu'on enquête aujourd'hui dans les établissements. Trois hypothèses au moins peuvent être faites. D'abord, on peut considérer que cette approche rejetant en dehors de leur champ d'action la responsabilité du décrochage contribue à « rendre un peu plus vivable un métier particulièrement difficile ».[23] Ensuite, parce que, dans le contexte de « scolarisation de la France », la socialisation scolaire s'impose et domine, déborde les frontières de l'institution, informe largement les jugements ou classements sociaux et s'est finalement imposée comme la socialisation cardinale. Les enseignants (déjà tendanciellement bien socialisés à l'évidence de l'école) peuvent alors être particulièrement enclins à considérer que les difficultés de leurs élèves renvoient forcément à des éléments extérieurs à l'école (des dysfonctionnements familiaux, une déficience du milieu, une pathologie, etc.). La forme scolaire de socialisation peut leur apparaître en effet comme la seule socialisation possible, *la* socialisation *normale* qu'on ne peut donc sur le fond pas interroger. Enfin, on ne peut éluder le fait que le service public de l'éducation et le personnel enseignant ont subi de nombreuses régressions ces dernières années (*cf.* notamment la réduction du nombre de postes, l'augmentation des effectifs par classe – qui rend les conditions de travail de plus en plus pénibles –, l'inflation des statuts précaires, la baisse du pouvoir d'achat, l'association lancinante fonctionnaire-profiteur-nanti, etc.) On peut comprendre que nombre d'enseignants qui se sentent en danger et tendanciellement dévalorisés socialement ne sont pas dans les meilleures conditions pour mettre collectivement en œuvre un travail réflexif et critique sur leur rôle et celui de l'institution scolaire dans les difficultés ou le décrochage de certains de leurs élèves... Régulièrement mis en cause, il leur est peut-être particulièrement difficile aujourd'hui de se remettre eux-mêmes en cause.

Les absentéistes : tous de milieu populaire ?

La plupart des travaux qui abordent le décrochage portent exclusivement sur les élèves issus des milieux populaires, au point qu'on peut avoir l'impression que le phénomène est

23. *Cf.* Jean-Pierre Terrail, *École, l'enjeu démocratique*, *op. cit.*, p. 66.

exclusivement leur affaire. L'enquête de Sylvain Broccolichi[24] tendrait plutôt à conforter cette impression, au moins s'agissant de la déscolarisation : « Le risque d'interruption est dix fois plus élevé pour les enfants d'ouvriers que pour les enfants de cadres. » L'enquête souligne aussi, et c'est important, que ce risque est cent fois plus élevé pour les enfants qui se situent parmi les 10 % les plus faibles en termes de performances à l'entrée en sixième que pour ceux qui se situent au-dessus de la moyenne. Si la classe sociale d'appartenance joue un rôle déterminant, ce rôle est en même temps *médiatisé* par le degré de réussite des apprentissages. Concernant plus précisément l'absentéisme, les chiffres de la DEPP évoqués plus haut vont tendanciellement dans le même sens et font écho aux travaux qualitatifs produits ces dernières années. Le phénomène concerne plus les enfants de milieux populaires, en difficulté dans les apprentissages scolaires et inscrits en ZEP ou en lycée professionnel, que les autres élèves.

Pourtant, d'après la recherche de Catherine Blaya et suivant les hypothèses de Dominique Glasman[25], on repère aussi des processus de déscolarisation dans les classes moyennes et supérieures. Il en va de même pour l'absentéisme, en atteste mon propre parcours comme celui de nombreux cas rencontrés issus des classes moyennes et supérieures, ou encore les témoignages de l'ancien proviseur Gilbert Longhi[26]. Alors, pourquoi cette population, qui peut également résister à l'obligation scolaire, est-elle le plus souvent ignorée et donc pour ainsi dire rendue invisible ?

C'est certainement d'abord parce que la préoccupation sociale pour le phénomène s'est essentiellement construite et thématisée en lien avec ses effets réels ou supposés dans les quartiers populaires : délinquance, incivilités, exclusions. Médiatiquement et politiquement, ce n'est pas tant l'absentéisme ou le décrochage « en soi » qui posent problème que ce

24. *Cf.* notamment son article « Désagrégation des liens pédagogiques et situations de rupture », *Ville-École-Intégration*, n° 122, 2000, p. 36-47.

25. *Cf.* Catherine Blaya et Carol Hayden, « Décrochages scolaires et absentéisme en France et en Angleterre », *in* Dominique Glasman et Françoise Œuvrard, *La Déscolarisation*, La Dispute, Paris, 2004, p. 279-290. *Cf.* également l'introduction de cet ouvrage par Dominique Glasman.

26. *Ibid.*

avec quoi ils sont censés rimer lorsqu'ils sont le fait des milieux populaires. Un autre élément est à prendre en compte ici. Nous l'avons déjà évoqué plus haut: tendanciellement, les décrocheurs de classes moyennes et supérieures sont certainement moins l'objet d'un contrôle social, d'une activité institutionnelle d'enregistrement et de signalement que ceux issus des milieux populaires. Leur prise en charge interviendrait de manière plus silencieuse, à travers l'intervention plus précoce ou plus efficace de leurs parents et de professionnels extérieurs (psy, médecins, etc.). Puis leur retour vers l'assiduité et la reprise du fil des apprentissages se feraient plus facilement, sans avoir été précédés par de multiples convocations, interpellations dont on sait qu'elles sont susceptibles d'attiser les résistances des élèves et de leur famille, qui peuvent se sentir disqualifiées, invalidées ou étiquetées comme « hors jeu » vis-à-vis de l'école.

Par ailleurs, si la plupart des chercheurs ayant participé à l'appel d'offres sur la déscolarisation lancé en 1999 ont construit leur objet de manière indépendante par rapport à la problématique institutionnelle et politique (en revisitant, par exemple, de manière critique la question du lien entre absentéisme et délinquance), on ne peut cependant pas exclure qu'ils aient à l'époque orienté leur réponse en envisageant des enquêtes sur les enfants de milieux populaires, en sorte de cadrer avec les priorités de ceux-là mêmes qui étaient en charge de les évaluer pour un éventuel soutien financier. Souvent en rupture avec l'approche dominante du phénomène s'agissant des modes de construction qu'ils ont élaborés, ces chercheurs s'y seraient néanmoins conformés au niveau du ciblage des populations étudiées, contribuant à conforter une logique de surexposition de certains publics décrocheurs à l'attention politico-médiatique[27].

Le regard des chercheurs

Hormis quelques travaux relevant davantage de l'expertise que de la recherche, la plupart des enquêtes centrées sur l'absentéisme, le décrochage ou la déscolarisation procèdent d'une construction de l'objet qui rompt avec les présupposés du discours explicatif dominant évoqués plus haut. Reprenant une bonne part des acquis de la recherche sur l'échec scolaire, les enquêtes spécifiquement axées sur l'auto-exclusion de

27. Pour plus de développements sur cette question, *idem*.

certains élèves récusent l'approche substantialiste et déficitaire du phénomène au profit d'une perspective relationnelle : les difficultés à s'accrocher et les manquements à l'assiduité sont appréhendés comme le produit d'un rapport spécifique entre l'élève, sa famille et l'école, et non comme le résultat d'une déficience individuelle. Ces difficultés ne traduisent donc pas un état, une propriété consubstantielle à l'élève qui préexisterait à sa scolarisation, mais se construisent indissociablement dans l'école et dans les autres univers de socialisation au sein desquels évoluent les élèves, leur famille et le groupe de pairs en particulier.

Avant de présenter notre propre enquête, nous évoquons ici quelques-uns des travaux qui nous ont paru particulièrement féconds. Aucune de ces recherches n'épuise bien sûr la problématique du décrochage. Produites dans des contextes différents et privilégiant des angles d'attaque spécifiques, elles partagent néanmoins le refus de tout essentialisme et le souci d'éclairer les processus à l'œuvre.

L'approche fondatrice de la culture antiscolaire...

Dans son enquête ethnographique sur les adolescents en milieu ouvrier du Nord-Ouest de l'Angleterre (1978), Paul Willis[28] analyse l'absentéisme dans le secondaire (mais aussi la dérision, la désobéissance, etc.) comme l'expression d'une résistance collective aux valeurs et à l'autorité scolaires, et l'interprète ainsi comme une forme de socialisation anticipée à l'univers ouvrier de leurs pères. Les jeunes enquêtés ne sont pas perçus ici comme étant en situation de handicap ou de manque, mais participent d'une culture antiscolaire en affinité avec la culture d'atelier qui leur est familière. Cette culture antiscolaire est essentiellement masculine et valorise la force, la virilité, les travaux physiques ou l'aptitude pratique (« la pratique vaut mieux que la théorie »), contrastant ainsi avec les valeurs privilégiées dans la culture scolaire.

Loin de se considérer comme « vaincus », ils estiment faire partie des « durs », en opposition aux « fayots ». Leurs pratiques d'opposition à l'école s'appuient sur l'existence de groupes de pairs informels, « les gars », au sein desquels « s'élaborent et se diffusent les stratégies de prise de contrôle [...] au

28. Paul Willis, « L'école des ouvriers », *Actes de la recherche en sciences sociales*, nº 24, 1978, p. 50-61.

détriment de l'autorité officielle». Ces adolescents peuvent ainsi tenter de «prendre en main leur classe» en «pieutant» ou jouant au lieu de travailler, ou en «remplaçant les emplois du temps officiels par les leurs». Ces pratiques de résistance font écho à celles de leurs pères, ouvriers, lorsqu'ils essaient de détourner l'organisation et le rythme du travail, par rapport aux directives du contremaître. Outre leurs conduites à l'atelier qui peuvent ainsi inspirer les pratiques antiscolaires de leurs enfants, les parents peuvent explicitement les approuver ou leur apporter un soutien face à l'école.

Les formes d'opposition de ces adolescents ne conduisent pourtant nullement à une subversion de l'ordre social établi. Au contraire: «en dépit de sa résistance symbolique, l'esprit de la culture ouvrière anglaise jusqu'à maintenant a été et demeure de s'accommoder d'une réalité préétablie, plutôt que de tenter activement de la modifier». À travers leur pratique de résistance, ces enfants d'ouvriers assurent paradoxalement la reproduction de leur position sociale d'origine dont ils savent, au fond, qu'il est difficile de sortir. La culture anti-école, affiliée à une culture d'atelier indissociable d'une acceptation d'un destin ouvrier, contribue à «faire advenir un futur que d'autres avaient conçu pour eux».

L'enquête de Paul Willis sur les pratiques d'opposition à l'école en termes de dispositions antiscolaires intériorisées appréhende l'absentéisme (et les autres formes de transgressions à l'ordre scolaire) comme une forme de résistance construite, liée à la contradiction des formes de socialisation au sein desquelles évoluent ces jeunes, et non comme une absence de socialisation. Elle invite à envisager la *diversité* des rapports aux impératifs scolaires, et les conflits de valeurs entre le monde des éducateurs et celui de certains élèves. Quelques décennies plus tard, dans un contexte où les jeunes de milieux populaires sont toujours appréhendés tendanciellement sous un angle déficitaire, ce mode de raisonnement en termes de *résistance* déployé par Willis semble encore heuristique et mérite d'être rappelé. Quant à l'idée que les élèves de classes populaires sont particulièrement concernés par les pratiques d'opposition à l'école, elle n'est guère contestable. Elle est en tout cas cohérente avec le constat établi par nombre de monographies réalisées récemment dans le secondaire.

... à l'épreuve des transformations du rapport des classes populaires à l'école

Néanmoins, la question est de savoir si aujourd'hui ces pratiques de résistance toujours observables dans le contexte actuel revêtent la même signification que celles analysées par Willis il y a plus de trente ans. Est-il pertinent de les considérer à la manière de l'auteur comme étant avant tout le produit d'une culture antiscolaire, que les élèves introduiraient en quelque sorte dans l'école ?

À la lecture des travaux de Tristan Poullaouec[29] et dans le sillage de nombreuses autres enquêtes récentes, la réponse est plutôt négative. La culture ouvrière s'est profondément transformée ces dernières décennies et notamment dans son rapport à l'école. Loin de s'opposer *a priori* à l'école, les parents des classes populaires en attendent au contraire de plus en plus, l'investissent fortement comme un moyen incontournable pour assurer à leurs enfants une meilleure trajectoire professionnelle que celle qu'ils ont eux-mêmes connue : « Tout se passe comme si les ouvriers en étaient venus à considérer la prolongation de la scolarité comme étant la principale alternative individuelle à la reproduction des destins de classe. »[30] Si l'on constate encore un différentiel d'ambition scolaire en fonction du milieu social d'origine, celui-ci s'est affaibli ces dernières années. Les familles populaires semblent avoir intériorisé le principe officiel d'égalité des chances proclamé depuis les années 1960, et souhaitent de plus en plus que leurs enfants poursuivent une scolarité au lycée, se rapprochant ainsi des vœux exprimés dans les classes moyennes et supérieures. Suivant les récentes analyses proposées par Tristan Poullaouec et Jean-Pierre Terrail, si les attentes et la mobilisation des parents peuvent être effectivement revues à la baisse, et ce qu'on appelle la « démotivation » gagner les élèves, en particulier dans les milieux populaires, c'est de plus en plus *a posteriori*, après plusieurs années de scolarisation. Mais lorsqu'ils parviennent à des résultats moyens et *a fortiori* de bons résultats, ils souhaitent d'abord une poursuite de la scolarité, le plus longtemps possible, et souvent dans une filière générale dont ils ont bien compris aujourd'hui qu'elle ouvre davantage de portes sur le plan professionnel que les filières

29. *Cf. Le Diplôme, arme des faibles, op. cit.*

30. *Ibid.*, p. 138.

courtes spécialisées. Le découragement, le désistement ou les comportements de retrait n'interviennent donc pas en début de parcours mais progressivement, à la faveur de verdicts scolaires négatifs plus ou moins disqualifiants, d'une accumulation de mauvaises notes, de l'expérience répétée de difficultés dans les apprentissages, parfois sanctionnée par des redoublements ou l'inscription dans des dispositifs de remédiation. Le propre des élèves tendanciellement décrocheurs des milieux populaires, ce n'est donc pas une opposition de principe à l'école et aux parcours longs, mais une vulnérabilité prononcée par rapport aux verdicts scolaires. À résultats médiocres comparables, les enquêtes montrent effectivement qu'ils sont plus disposés à s'incliner par rapport à ces verdicts prononcés par l'institution que les familles de classes moyennes et supérieures, mieux armées pour y résister de manière convaincante, pour maintenir le cap d'une scolarisation longue dans une filière générale. Ces stratégies de lutte contre les verdicts scolaires ont d'autant plus de chances de réussir que le monde enseignant socialement proche de ces familles est *a priori* disposé à considérer comme crédible la poursuite d'une scolarité de leurs enfants malgré la médiocrité de leurs performances (dont on fait alors collectivement l'hypothèse qu'elles pourront s'améliorer).

Décrochage scolaire et difficultés dans les apprentissages scolaires

Contrastant largement avec l'approche aujourd'hui dominante selon laquelle ce qu'on appelle le rejet de l'école (l'absentéisme et le décrochage, mais aussi les autres formes de transgressions telles que le chahut ou la violence scolaire) s'expliquerait d'abord par des difficultés sociales, un manque d'encadrement des enfants ou des adolescents, et de manière très secondaire par un échec scolaire, les travaux de Jean-Pierre Terrail et d'Amandine Bebi soutiennent l'hypothèse que les processus de déscolarisation procèdent d'abord d'un décrochage cognitif, ou d'une absence perpétuée d'accroche cognitive.[31] Si, incontestablement, ces processus ont

31. *Cf.* la contribution de Jean-Pierre Terrail et d'Amandine Bebi dans le rapport sur le décrochage scolaire pour la DPD/MEN, novembre 2002, p. 13-33. Consultable sur: http://www.etab.ac-caen.fr/preventiondudecrochage/documents/Bautier_Terrail.pdf

un caractère de classe, ils sont en même temps fortement médiatisés par une situation d'échec scolaire. Les élèves qui développent des comportements de résistance à l'école sont prioritairement ceux qui n'ont pas eu la possibilité d'entrer véritablement dans le processus d'appropriation des savoirs scolaires dont ils se sont progressivement sentis exclus. Ce décrochage cognitif ou, dans certains cas, cette absence perpétuée d'accrochage s'opèrent le plus souvent de manière silencieuse, « indépendamment de tout rejet ostensible de l'institution »[32] dans le cadre des premiers apprentissages à l'école primaire. Et c'est le plus souvent dans le cadre du collège (alors que les exigences scolaires s'accentuent et que les difficultés ne sont plus pondérées par un lien personnalisé avec l'enseignant) que celui-ci peut s'actualiser sous une forme plus manifeste de résistance aux impératifs scolaires.

Ces difficultés, au cœur de la problématique du décrochage telle que la définissent Jean-Pierre Terrail et Amandine Bebi, de nombreux travaux ont contribué à les expliquer ces quarante dernières années. Elles peuvent globalement être analysées comme le produit d'une contradiction entre les attentes spécifiques de l'école et certaines dimensions de la socialisation familiale en milieu populaire. Autrement dit, l'échec ou la réussite scolaire sont liés au plus ou moins grand degré de connivence entre une culture scolaire (socialement dominante, légitime, et considérée comme *la* culture) et une culture familiale (dévalorisée symboliquement, illégitime, et souvent appréhendée comme une non-culture). Dans la perspective de Pierre Bourdieu et Jean-Claude Passeron, l'échec scolaire des élèves de milieu populaire peut ainsi s'expliquer par l'incorporation d'habitudes, d'un ethos de classe, de valeurs ou de styles de vie en opposition avec les exigences particulières (largement implicites) de la socialisation scolaire. Plus que le volume de capital économique, c'est le niveau de capital culturel transmis par les parents (espèce de capital objectivé par leur diplôme) qui expliquerait une bonne part des inégalités face aux épreuves scolaires entre les enfants de classes populaires et les « héritiers ». Dans leurs travaux, les auteurs insistent en même temps sur « l'inégale répartition

32. *Cf.* Élisabeth Bautier, « Décrochage scolaire : genèse et logique des parcours », article cité, p. 31.

du capital linguistique scolairement rentable »[33] pour expliquer les inégalités en matière de performances scolaires entre les élèves. La plus ou moins grande distance avec « la norme linguistique que l'école parvient à imposer dans la définition des critères socialement reconnus de la correction linguistique »[34] serait ainsi une clef aussi décisive pour comprendre la variation des parcours scolaires. Cette importance accordée aux habitudes langagières différenciées en fonction du type de socialisation familiale afin de comprendre la plus ou moins grande difficulté des élèves pour répondre aux demandes de l'école est également au centre des travaux de Basil Bernstein publiés dans les années 1960-1970[35].

Plus récemment, Bernard Lahire propose de rendre compte de « l'échec scolaire » comme le fruit d'une « contradiction entre deux formes de relations sociales qui, de par l'histoire, n'ont pas le même poids social : les formes sociales orales (dominées) et les formes sociales scripturales (dominantes) ».[36] Cet échec dans les premiers apprentissages scolaires, qui touche prioritairement les enfants de classes populaires, serait d'abord lié au fait que ces derniers peinent souvent à se départir d'un rapport oral-pratique au langage, « indépendant de l'expérience qu'il structure et dans lequel il trouve tout son sens et sa fonction », et à s'installer dans un rapport scripturaire au langage permettant de le considérer « comme un objet étudiable pour lui-même, comme objet et moyen de la pensée réflexive »[37]. La formation d'un rapport lettré au langage constitue l'objectif central de l'école, lieu de culture écrite par excellence. Ceux qui réussissent le mieux sont ceux dont la prime socialisation est la plus marquée par une familiarité avec l'écrit, « tendant à contaminer les codes du langage oral, à formater le beau parler inculqué au fil des générations familiales. Favorisant ainsi, en retour, la réussite scolaire des

33. *Cf.* Pierre Bourdieu et Jean-Claude Passeron, *La Reproduction*, Éditions de Minuit, « Le sens commun », Paris, 1970, p. 144.

34. *Ibid.*

35. *Cf.* Basil Bernstein, *Langage et classes sociales. Codes sociolinguistiques et contrôle social*, Éditions de Minuit, « Le sens commun », Paris, 1975.

36. *Cf.* Bernard Lahire, *Culture écrite et inégalités scolaires. Sociologie de « l'échec scolaire » à l'école primaire*, PUL, Lyon, 1993.

37. *Ibid.*, p. 102 et 103.

héritiers que leurs usages langagiers prédisposent à l'appropriation de la culture écrite »[38].

Dans la plupart des enquêtes sociologiques sur l'échec scolaire, la question n'est donc pas celle d'identifier des déficits, mais des manières de faire et d'agir, un rapport au langage particulier, des ressources familiales qui ne permettent souvent pas de répondre de façon pertinente aux exigences de l'école. Comme le souligne Bernard Lahire[39], les élèves en grande difficulté dans les apprentissages rentrent chez eux avec des problèmes scolaires que leur famille ne peut guère les aider à résoudre. Malgré l'intérêt qu'ils peuvent porter à la scolarité de leurs enfants, l'aide qu'ils tentent de leur apporter s'avère souvent peu efficace (et donc invisible, ce qui renforce leur exposition à l'étiquetage de parents « démissionnaires »).

Tourner le regard vers l'école

Mais ces ressorts culturels de la difficulté scolaire explorés du côté de la socialisation familiale constituent-ils des obstacles en soi, indépendamment de l'école ? Rompant avec une approche déficitaire et substantialiste, la réponse des chercheurs est largement négative[40]. Ces ressorts tirent l'essentiel de leur force des pratiques de scolarisation et d'enseignement qui se sont imposées dans l'école unique telle qu'elle fonctionne aujourd'hui, des habitudes pratiques fortement ancrées dans le monde enseignant. C'est bien sûr dans la confrontation à une certaine école, à travers leur relation avec des enseignants privilégiant certaines pratiques et mobilisant certains présupposés, que les élèves de milieux populaires tendent plus souvent que les autres à échouer.

Pour comprendre cela, il faut revenir sur les conditions de mise en place de la première vague de massification scolaire amorcée il y a un demi-siècle. Jean-Pierre Terrail le rappelle, en même temps que les portes du collège se sont ouvertes à tous, s'est mis en place un dispositif d'évaluation, de sélection

38. *Cf.* Jean-Pierre Terrail et Jérôme Deauvieau, *Les Sociologues, l'école et la transmission des savoirs, op. cit.*, p. 310.

39. *Cf.* Bernard Lahire, *Tableaux de familles..., op. cit.*

40. Même si une certaine lecture des travaux de Bernstein insiste sur l'idée que ce qu'il appelle le code restreint en vigueur dans les pratiques langagières populaires constituerait un déficit par rapport au code élaboré...

et d'orientation vers un enseignement en filières hiérarchisées. La mise en place de l'école unique dans les années 1960 s'est traduite par *la mise en concurrence des élèves*, processus assignant de fait à l'enseignant une mission de gestion de cette concurrence. Dans ce contexte, celui-ci ne doit plus simplement enseigner, mais aussi classer, promouvoir, éliminer. De manière assez cohérente avec une logique d'État donnant tendanciellement moins à ceux qui ont moins[41], les enseignants ont incorporé l'habitude de traiter de manière différenciée le public désormais socialement mixte auquel ils ont affaire. Comme l'attestent nombre d'enquêtes, à valeur scolaire moyenne identique, ceux-ci ont tendance à pénaliser davantage les élèves de milieux populaires (dont la réussite leur apparaît peu crédible) que les enfants de classes moyennes et supérieures (dont l'échec leur semble, à terme, moins probable). Cette logique d'étiquetage très liée à l'origine sociale des élèves contribue largement à la fabrication et au renforcement des difficultés scolaires et au maintien des inégalités : la manifestation de difficultés d'apprentissage sera d'autant plus facilement imputée à un manque de ressources intellectuelles et de motivation, et l'intéressé sera d'autant plus rapidement affecté à une procédure de remédiation (redoublement, enseignement spécialisé, classe de niveau ou pratique de consolation) qu'il s'agit d'élèves de milieu populaire.[42]

D'autre part, cette logique d'étiquetage peut avoir des effets sur les manières d'enseigner. Toujours à partir de cette *doxa* selon laquelle les élèves de milieux populaires sont *a priori* moins dotés intellectuellement que les autres, les enseignants qui y sont confrontés tendent à revoir à la baisse leurs ambitions éducatives, et privilégient peut-être plus qu'ailleurs encore des formes de pédagogies concrètes, douces, ludiques, dont plusieurs travaux ont montré qu'elles

41. Par exemple par le jeu des ressources affectées à l'institution scolaire selon la qualité sociale de ses publics ou encore à travers les procédures de traitement des difficultés par la remédiation, l'externalisation et l'orientation. Pour plus de développement sur ce point, *cf.* notamment Jean-Pierre Terrail, *École, l'enjeu démocratique*, *op. cit.*

42. Le redoublement ou les dispositifs de remédiation peuvent rimer avec cristallisation des difficultés, scolarité courte et décrochage plus qu'avec raccrochage à une scolarité réussie (*cf.* Jean-Pierre Terrail, *École, l'enjeu démocratique*, *op. cit.*, p. 125).

étaient souvent contre-productives, en particulier pour les élèves culturellement les plus éloignés de la culture scolaire. Conçues et mobilisées pour rendre plus attractives les situations d'apprentissage, pour aider les élèves à affronter les difficultés, ces méthodes présentent l'inconvénient de ne pas véritablement mettre les élèves en activité intellectuelle, de les induire en erreur sur ce que l'institution scolaire attend véritablement d'eux, sur les enjeux de la transmission et les contraintes de l'entrée dans la culture de l'écrit. À trop vouloir contourner les difficultés qu'implique tout apprentissage, ces méthodes tendent à installer une partie des élèves dans des malentendus par rapport au sens de l'école et des apprentissages. En dépit des bonnes intentions initiales, le recours à ces formes de pédagogies actives contribuerait ainsi au maintien des inégalités entre groupes sociaux face aux apprentissages scolaires : parce qu'elles sont prioritairement mises en œuvre auprès des publics populaires ; et parce que les parents des classes moyennes et supérieures ont les ressources et les habitudes socialisatrices qui permettent de toute façon d'accompagner leurs enfants vers une entrée réussie dans les apprentissages scolaires fondamentaux, palliant ainsi les risques d'échec que comportent ces pédagogies nouvelles qui se sont imposées à l'école depuis une trentaine d'années.

On le comprend, les différences socioculturelles entre les élèves évoquées plus haut se transforment et se cristallisent *au cours de l'expérience scolaire* en difficultés avérées pour une bonne part des élèves de milieux populaires. Ces difficultés renvoient donc à la fois au traitement inégalitaire dont ils font l'objet et à l'acceptation plus ou moins explicite que la compréhension d'aspects essentiels des savoirs scolaires à transmettre doit se faire en grande partie de manière extrascolaire avec l'aide de leurs parents. L'école telle qu'elle fonctionne aujourd'hui délègue finalement une partie du travail qu'elle ne parvient pas à assurer, ignorant alors l'inégalité des ressources familiales pour la réaliser avec succès. Si les ressources de l'environnement familial jouent un rôle toujours fondamental dans la détermination des parcours, ce n'est pas parce qu'elles seraient en soi indispensables pour parvenir à entrer dans la culture écrite et surmonter les difficultés inhérentes aux apprentissages scolaires, mais parce que l'école ne parvient pas, en interne, à fournir à tous les élèves les moyens de satisfaire à toutes ses exigences.

Une approche combinatoire

Dans la perspective que nous proposons ici, les difficultés vécues dans les premiers apprentissages scolaires, en lien avec les conditions de scolarisation actuelles qui se sont imposées dans le cadre de l'école massifiée, sont au cœur de la problématique explicative du décrochage scolaire, de l'absentéisme ou de la déscolarisation. Si des élèves finissent par décrocher, c'est d'abord parce qu'ils ont finalement été *mis en échec* dans le processus d'appropriation des savoirs scolaires, particulièrement de la culture écrite, et que leur présence à l'école finit par perdre de son sens. La question des conditions matérielles d'existence des familles des élèves concernés et de leur socialisation extrascolaire plus ou moins contradictoire avec les attentes institutionnelles est évoquée comme l'une des dimensions à prendre en compte pour comprendre les processus de décrochage. Mais sa force explicative tient au fonctionnement actuel de l'école unique, qui échoue à assurer à tous un bon déroulement des apprentissages élémentaires. Dans un autre type d'école, suivant d'autres méthodes et présupposés propices à assurer la réussite de tous dans les apprentissages élémentaires, cette variable deviendrait largement secondaire.

Dans leur enquête sur les *ruptures scolaires* de collégiens, Mathias Millet et Daniel Thin[43] construisent leur objet différemment. Ils rejoignent l'idée selon laquelle ce qui se construit au cours de l'expérience scolaire est décisif pour comprendre ces ruptures et constatent également que les difficultés dans les apprentissages constituent une dimension essentielle des vingt parcours qu'ils étudient. Mais ils s'en distinguent en considérant que les expériences socialisatrices vécues dans le cadre familial (mais aussi dans l'univers de la sociabilité juvénile) ne peuvent être considérées comme des dimensions secondaires, ou qui pourraient le devenir dans le contexte d'une école réformée. La précarité économique, les difficultés matérielles, les modes de vie marqués par l'urgence pratique dans lesquels sont prises les familles où grandissent les élèves en « rupture scolaire » constituent un terreau favorable à l'intériorisation de dispositions contradictoires avec celles attendues par l'école[44]. Instabilité professionnelle, expérience

43. Mathias Millet et Daniel Thin, *Ruptures scolaires...*, *op. cit.*

44. Si l'on se situe dans une perspective de lutte contre le décrochage scolaire, il s'agit alors à la fois de transformer l'école et de

du chômage et du déclassement, problème de logement, incertitude ou inquiétude quant à l'avenir, situation de relégation et dévalorisation collective, etc., sont autant de caractéristiques partagées, à des degrés divers, par les familles des milieux populaires qui rendent difficile, sinon obèrent, un accrochage aux exercices scolaires d'apprentissage. Exercices dont on peut rappeler ici, dans le sillage des travaux de Pierre Bourdieu, qu'ils sont le « produit de la *skholè*, c'est-à-dire par définition gratuité, finalité sans fin [...], détaché des enjeux (économiques) réels ; bref, un univers de pratiques qui présuppose le pouvoir de prendre son temps [...] donc la mise entre parenthèses des urgences pratiques et temporelles les plus pressantes, à commencer par celles qui résultent des nécessités économiques »[45]. Les conditions sociales dans lesquelles évoluent les élèves enquêtés tendent à les éloigner d'une « disposition scolastique » qui incline à se libérer des préoccupations immédiates et permet d'entrer dans le monde de la « spéculation intellectuelle », du « loisir studieux », d'une forme de détachement par rapport à des fins pratiques où le « langage est traité non comme un instrument mais comme un objet de contemplation »[46].

Dans cette perspective, la possibilité de donner du sens aux apprentissages scolaires ou de convertir avec succès son « parler populaire » en pratiques langagières et structures sociocognitives scolairement adéquates tient au fonctionnement de l'institution scolaire. Elle dépend indissociablement des conditions sociales d'existence des élèves qui ne les préparent pas tous de manière identique à se plier à la *forme scolaire d'apprentissage* qui exige des postures corporelles, une temporalité spécifique, un rapport particulier aux règles. L'histoire de la forme scolaire de socialisation rappelle en effet qu'« apprendre *scolairement* » suppose certaines manières, une autodiscipline[47] : se concentrer sur une tâche durablement, surseoir, isoler le temps scolaire des autres temps, adopter une posture

s'attaquer à ce qui installe dans la précarité nombre de familles de milieu populaire.

45. Mathias Millet et Daniel Thin, *Ruptures scolaires..., op. cit.*, p. 38.

46. Pierre Bourdieu, *Méditations pascaliennes*, Le Seuil, Paris, 1997, p. 24 et 25.

47. *Cf.* Guy Vincent, Bernard Lahire et Daniel Thin, « Sur l'histoire et la théorie de la forme scolaire », *in* Guy Vincent (sous la direction de), *L'Éducation prisonnière de la forme scolaire ?..., op. cit.*

d'écoute et d'immobilité, adopter un « certain emploi du corps selon un certain emploi du temps » pour reprendre la formule de Foucault[48], dans un lieu clos spécifique, se soumettre à un ensemble de règles impersonnelles, etc. Les questions de difficulté dans les apprentissages ne peuvent alors plus être ici séparées des questions de comportement puisque la « forme scolaire d'apprentissage exige à la fois des dispositions indissociablement cognitives et comportementales »[49].

Suivant l'approche de Mathias Millet et Daniel Thin, les *ruptures scolaires* s'inscrivent donc avant tout dans une contradiction liée à la confrontation entre la forme de socialisation scolaire aujourd'hui dominante et les logiques familiales et juvéniles dans lesquelles les élèves de quartiers populaires grandissent, logiques socialement dominées et couramment appréhendées sous l'angle du déficit. Cette tension entre les univers de socialisation – celui des dispositions intériorisées dans la famille et le groupe de pairs, et celui des dispositions réclamées par l'école – ne détermine pas mécaniquement ces ruptures mais constitue un « terreau favorable » dans lequel elles peuvent se nouer : « l'intelligibilité des parcours réside dans la combinaison toujours spécifique (mais jamais idiographique) de ces conditions sociales de possibilité [...] dont l'ordre d'importance peut varier d'une situation de collégien à l'autre mais dont les effets ne sont jamais produits que dans l'interdépendance et le renforcement mutuel »[50]. Pour comprendre ces parcours, il convient donc de reconstituer autant que possible la manière dont s'enchaînent et s'articulent (à chaque fois de manière relativement *singulière*) des dimensions de la vie familiale, scolaire et juvénile (souvent *partagées* par les collégiens de milieux populaires), des événements biographiques ou des décisions institutionnelles.

En lisant les différents fragments des parcours des élèves enquêtés (formes de « portraits sociologiques » permettant de montrer l'imbrication concrète de différentes dimensions de leur existence), on découvre effectivement que des conditions de socialisation familiale défavorables à un accrochage scolaire (faible capital culturel, mode d'autorité mis en œuvre, rapport

48. Michel Foucault, *Surveiller et punir*, *op. cit.*

49. Mathias Millet et Daniel Thin, *Ruptures scolaires...*, *op. cit.*, p. 155.

50. *Ibid.*, p. 296.

à la culture écrite, etc.), des drames (le décès d'un proche, le divorce des parents, etc.) ne suffisent jamais à rendre compte des processus de rupture scolaire. Pas plus d'ailleurs que les exclusions répétées, les difficultés et les malentendus dans les premiers apprentissages ou l'influence du groupe de pairs. C'est bien toujours dans leur conditionnement et leur renforcement mutuels que ces différentes dimensions opèrent et forment un processus susceptible de conduire à une déscolarisation.

En utilisant la catégorie de *ruptures scolaires* au pluriel, les auteurs prennent leur distance par rapport à celle de la *déscolarisation* qui présente, notamment, le risque de réifier la situation des élèves concernés. Il n'y a pas un *avant* puis un *après* homogène, un accrochage scolaire brutalement suivi d'un décrochage, d'un rejet en bloc de l'école. Le plus souvent, les collégiens enquêtés multiplient tout au long de leur parcours des petites ruptures (avec les apprentissages, les acteurs scolaires, les règles ou les normes institutionnelles, etc.) et peuvent effectivement se retrouver *in fine* hors les murs de l'école. Mais rien ne permet d'affirmer qu'ils en ont totalement terminé avec l'institution scolaire et sa forme de socialisation. Mathias Millet et Daniel Thin le soulignent, les élèves inscrits dans les processus qu'ils analysent demeurent profondément ambivalents.

* * *

L'enquête sur laquelle s'appuient nos analyses porte sur plus d'une trentaine de collégiens absentéistes réguliers, suivis pendant près de trois ans. Elle reprend les principaux apports des recherches présentés dans ce premier chapitre tout en s'inscrivant particulièrement dans la perspective combinatoire de Mathias Millet et Daniel Thin. Elle conjugue une sensibilité à la *résistance* des élèves et à la *consistance* de leur socialisation familiale (contre une approche essentialiste qui ne retient que des handicaps, des déficits ou du dysfonctionnement); une approche en termes de *processus*, la place centrale des difficultés scolaires dans les parcours présentés, le souci de resituer les différentes expériences socialisatrices défavorables à un accrochage scolaire dans leur enchaînement et leur conjugaison; le rôle décisif de l'école dans les processus de décrochage. Toutefois, et c'est l'originalité du travail présenté ici, la perspective proposée intègre pleinement la question de la variation des pratiques des élèves enquêtés, qui oscillent durablement entre absence et présence, accrochage et décrochage. L'hypothèse de l'ambivalence des décrocheurs évoquée par Mathias Millet et Daniel Thin se retrouve désormais au cœur de la problématique. Ainsi, plutôt que de considérer comme des épiphénomènes la présence persistante des absentéistes durant les trois années d'enquête (pour ne retenir finalement que les comportements traduisant une rupture scolaire annoncée), nous analysons les contradictions du comportement des élèves en fonction des contextes qu'ils traversent Ce faisant, nous proposons un regard sur les situations d'absentéisme en rupture avec une *habitude pratique* très répandue dans l'institution scolaire qui tend à ignorer la variation du comportement des élèves et à surestimer le « gouffre » (parfois qualifié d'« ethnique ») censé les séparer de l'école (« il n'y aurait donc plus rien à faire ? »).

Pour amener le lecteur à mieux comprendre l'ambivalence des dispositions ou inclinations des collégiens enquêtés par rapport aux impératifs scolaires, nous reviendrons d'abord sur les conditions de leur socialisation (au sein de l'école, de leur famille, d'associations, de leur quartier), puis nous étudierons la manière dont s'actualise et se redéfinit leur rapport à l'école suivant les situations (scolaires, familiales, etc.) auxquelles ils sont confrontés.

Chapitre II
Les collèges et les élèves enquêtés

Des collèges classés ZEP dans un contexte socio-économique défavorisé

Villiers-le-Bel et Sarcelles, deux villes à une quinzaine de kilomètres au nord de Paris, dans le Sud-Est du Val-d'Oise, où se situent les collèges de l'enquête présentée ici, font partie des communes les plus pauvres de France. Constituées essentiellement de cités HLM où logent une majorité d'habitants économiquement défavorisés, chacune possède néanmoins un petit village historique et quelques zones pavillonnaires où se concentrent la minorité des habitants issus des classes moyennes et parfois devenus propriétaires.

Comme dans beaucoup de villes de la banlieue du Nord parisien, on trouve à Villiers-le-Bel et à Sarcelles une population majoritairement issue de l'immigration (en particulier en provenance du Maghreb, de l'Afrique de l'Ouest, d'Europe de l'Est, du Pakistan et d'Inde). De nombreux habitants ne maîtrisent pas bien la langue française. Certains sont arrivés en France récemment (il y a moins de quinze ans) dans l'espoir de trouver une situation économique ou politique meilleure que dans leur pays d'origine. Les familles nombreuses sont surreprésentées. Étant donné la précarité matérielle de certaines et la relative fréquence des pratiques polygames, il n'est pas exceptionnel de trouver des configurations familiales à plusieurs adultes et une dizaine d'enfants, distribuées sur deux appartements de trois ou quatre pièces. Quelle que soit leur configuration, ces familles sont souvent dans l'impossibilité d'offrir une chambre à chaque enfant, ni, bien souvent, pour deux.

Le nombre élevé d'expulsions à Sarcelles en 2004 constitue un indice de la précarité matérielle de ces territoires. En matière d'emploi, en effet, les données du recensement laissent apparaître une augmentation du taux de chômage, déjà traditionnellement élevé dans cette partie du Val-d'Oise (ce taux a ainsi dépassé les 20 % de la population active au début des années 2000 à Sarcelles). En outre, on observe une augmentation très nette des emplois à temps partiel. Parmi ceux qui travaillent, employés et ouvriers sont surreprésentés, tandis que la part des cadres est particulièrement réduite (ils représentent environ 4 % de la population active contre 14 % au niveau national).

Étant donné les emplois auxquels les habitants de ces villes accèdent le plus souvent (technicien de surface, agent d'entretien, caissier, plongeur, etc.), leurs horaires sont fréquemment décalés par rapport à l'organisation dominante du temps (qui pourrait être : lever vers 7 ou 8 heures, travail, repas entre midi et deux, fin du travail entre 17 et 19 heures, repas et coucher vers 23 heures). Les nombreux agents d'entretien de l'aéroport de Roissy (à proximité de Sarcelles et de Villiers-le-Bel) peuvent ainsi travailler, par exemple, de 5 heures du matin à 14 heures, ou les plongeurs de restaurant de 11 heures à 15 heures et de 19 heures à 23 heures, et avoir leur jour de repos dans la semaine au détriment du week-end habituel. Dans ces situations, les familles doivent faire face à la contrainte de temporalités de la part de l'entreprise pour laquelle ils travaillent d'une part, et à celle de l'institution scolaire d'autre part, qui sont, sinon contradictoires, du moins largement incohérentes.

C'est dans ce contexte socio-économique défavorisé que s'insèrent les deux collèges, Mermoz et Rousseau, où nous avons réalisé l'essentiel de cette enquête.[1]

1. Notre propos se centre désormais sur les deux établissements principalement enquêtés. Le troisième collège (Monet), où nous

Ces deux collèges sont géographiquement et socialement proches. Le premier, à Villiers-le-Bel, et le second, à Sarcelles, ne sont séparés que par 4 kilomètres. Ces deux établissements ont été construits entre la fin des années 1960 et le début des années 1970. Au milieu des années 2000, on y compte entre 500 et 600 élèves, de 40 à 60 enseignants, 1 ou 2 conseillers principaux d'éducation, et 6 ou 7 aides-éducateurs. Ils sont alors classés en zone d'éducation prioritaire (ZEP). Mermoz est également classé en zone prévention violence (ZPV) et Rousseau a le statut PEP 4 (poste à exigence particulière). Les deux premiers classements (ZEP et ZPV) permettent l'obtention de moyens et d'heures supplémentaires par rapport aux établissements classiques (pour des dispositifs de soutien scolaire, des actions éducatives ponctuelles, et la constitution de classes à effectifs réduits, entre 20 et 25 élèves en moyenne). Le classement en PEP 4 permet aux enseignants de réduire leur nombre d'heures de cours à 15 heures hebdomadaires et de bénéficier de formations supplémentaires.

À l'image de la population des villes de Sarcelles ou de Villiers-le-Bel, les élèves de ces deux collèges sont très massivement issus des milieux populaires et de l'immigration récente. La grande majorité des parents d'élèves – les deux tiers environ – sont ouvriers ou employés, peu qualifiés, et connaissent, ou ont connu récemment, le chômage. À Mermoz, la part des boursiers parmi les élèves dépassait 40 % au milieu des années 2000. Une part non négligeable de cette population est arrivée en France dans les années 1980 ou 1990 (notamment en provenance du Mali, du Sénégal, de Turquie ou d'Inde) dans l'espoir de trouver du travail. Parmi les parents, beaucoup n'écrivent pas, ou très mal, le français, et le parlent difficilement. Ces dernières années, le collège Mermoz comptait environ 20 % d'élèves n'ayant pas la nationalité française (proportion évidemment bien inférieure à celle de la

avons notamment réalisé des entretiens avec une absentéiste qui seront exploités plus loin, s'inscrit dans le même contexte socio-économique que celui de Mermoz et de Rousseau. Comme ces établissements, Monet est un collège classé ZEP du Val-d'Oise (Saint-Ouen-l'Aumône) dans un quartier très défavorisé. Sans être ici restituées de manière détaillée, les enquêtes que nous avons réalisées dans d'autres établissements du secondaire ces trois dernières années nous ont permis de développer, d'enrichir ou de nuancer les résultats présentés tout au long de l'ouvrage.

population issue de l'immigration). Dans ces configurations familiales, ce sont donc parfois les aînés des élèves qui servent d'interprètes aux parents lorsque ceux-ci ont affaire aux différentes institutions, dont le collège.

Au cours des années 1990, dans ces établissements, la proportion de classes populaires a augmenté sous l'effet conjoint de l'arrivée à Sarcelles et à Villiers-le-Bel d'une population précaire reléguée hors de la petite couronne parisienne (Saint-Ouen, Saint-Denis, Pantin ou Les Lilas, par exemple) du fait d'une forte augmentation des loyers et du départ d'une partie des classes moyennes vers des villes moins pauvres. Qui plus est, une partie des parents de classe moyenne de ces villes populaires (résidant généralement dans le vieux village) déploient des stratégies pour éviter les collèges Mermoz ou Rousseau et envoyer leurs enfants dans des établissements privés ou dans des collèges considérés comme meilleurs dans une ville voisine plus privilégiée (Saint-Brice ou Montmorency, par exemple).

Si, globalement, ces deux collèges sont donc loin d'être mixtes socialement, on y retrouve néanmoins une minorité d'élèves issus des classes moyennes. Cette persistance d'une (très relative) hétérogénéité sociale est en partie le fruit d'une politique volontariste de partenariat entre les collèges et les écoles primaires situées dans le village où se concentrent justement les élèves des classes moyennes de Sarcelles. Néanmoins, les élèves issus des quartiers les moins défavorisés de Sarcelles ou de Villiers-le-Bel se retrouvent pour beaucoup concentrés dans les classes de germanistes, considérées comme les meilleures.

De manière prévisible, ces deux établissements sont donc caractérisés par des taux d'échec au brevet des collèges plus élevés que la moyenne nationale. À Rousseau, par exemple, le taux de réussite en 2003 s'élève à 54 % contre presque 79 % en moyenne nationale et 75 % dans le Val-d'Oise.[2] Alors que le passage au lycée en seconde générale concerne aujourd'hui en France la majorité des élèves de troisième, il ne s'applique que pour la moitié ou moins des élèves de ces collèges. Mermoz et Rousseau font partie des collèges où sont surreprésentés des élèves qui auraient été orientés au-delà de la cinquième dans

2. D'après les CPE et les principaux des deux établissements, sans la prise en compte du contrôle continu dans les résultats du brevet (comme cela était le cas autrefois), les taux de réussite seraient largement inférieurs au taux actuel voisin de 50 %.

des filières courtes d'enseignement professionnel, lorsque ce palier d'orientation – supprimé en 1996 – existait encore. Entre la moitié et les deux tiers des élèves de ces collèges sont donc massivement orientés vers une seconde professionnelle ou un CAP après la troisième. Parmi eux, nombreux sont ceux qui se voient refuser leur dossier dans la spécialité qu'ils souhaitaient intégrer, et se retrouvent inscrits par défaut dans un apprentissage parfois très éloigné de leurs vœux de départ.

Les collèges : des espaces de contradiction

Composés à 90 % environ d'habitants des cités avoisinantes, les collèges enquêtés sont caractérisés par un haut degré de contradiction entre le monde des éducateurs et celui des élèves, même si cette contradiction peut s'atténuer dans certaines configurations.

La grande majorité des enseignants des deux collèges habitent effectivement à Paris ou dans le centre d'une ville plus favorisée que Sarcelles ou Villiers-le-Bel (la petite couronne ou des villes du Val-d'Oise moins défavorisées telles que Saint-Brice, Louvres, Viarmes ou Presles). À Mermoz, par exemple, trois enseignants seulement sur une quarantaine habitent à Villiers-le-Bel. En se garant à proximité des voitures appartenant aux enseignants, on remarque les nombreuses voitures immatriculées dans d'autres départements. En même temps qu'elles signalent l'extranéité de beaucoup d'enseignants par rapport au quartier des établissements, ces plaques de la région dont ils sont originaires semblent exprimer leur résistance à une mutation non désirée, et leur refus de pérenniser leur installation professionnelle dans les lieux.

Lorsque les enseignants évoquent le quartier du collège, c'est en effet essentiellement à travers le prisme de l'insécurité, du trafic, du danger ou de la laideur architecturale. Espaces familiers des élèves, véritables centres de leur vie, les quartiers où sont implantés les établissements demeurent effectivement le plus souvent inconnus de la plupart de leurs enseignants, mais font néanmoins l'objet de nombreux discours plus ou moins fantasmatiques de leur part.[3] Les codant *a priori*

3. À cet égard, le principal d'un établissement implanté dans un quartier populaire d'Argenteuil a pris l'habitude, à chaque début d'année, d'organiser une visite du quartier de recrutement du collège pour les enseignants fraîchement nommés dans l'établissement.

comme sans intérêt, hostiles, mortels (c'est-à-dire à la fois sans vie et potentiellement dangereux), ces derniers ne s'y aventurent quasiment jamais. L'absence de brasserie ou de restaurant susceptibles de les attirer (il y a surtout des bars populaires essentiellement fréquentés par des hommes, ouvriers ou chômeurs, souvent occupés à jouer au PMU) les soutient dans cette méconnaissance et cette absence d'investissement des quartiers autour de leur établissement.

Les enseignants de Mermoz ou de Rousseau demeurent donc le plus souvent enfermés dans l'établissement toute la journée. Et comme s'ils voulaient faire contrepoids à l'image négative des quartiers jouxtant leur établissement, une partie des enseignants occupent une grande partie de leur temps de pause au collège à une mise en scène régulière de pratiques et repères culturels les plus typiques des classes bourgeoises (sorties entre amis le soir, week-end à la campagne, etc.). L'évocation de manifestations culturelles parisiennes (une pièce de théâtre ou une exposition, par exemple) semble également fonctionner comme une manière d'entretenir au sein même du collège une distinction entre une culture légitime de centre-ville et ce qui apparaît à certains comme une « crasse culturelle » propre aux banlieues les plus populaires comme Sarcelles et Villiers-le-Bel. Dans les termes d'Erving Goffman, il s'agit de *tenir à distance* le stigmate que représente l'exercice du métier d'enseignant en banlieue populaire.

La mise en scène de cette opposition est également valable pour les personnes. Plusieurs discours enseignants insistent sur la différence quasi naturelle ou la distinction fondamentale entre les élèves et eux-mêmes, comme s'il s'agissait à tout prix de ne pas être confondu au public auquel on est obligé, dans le cadre du collège unique, de s'affronter en classe : « on n'est pas du même monde », me dit un enseignant de SVT à propos d'un élève qu'il vient d'évoquer. D'autres suggèrent le caractère infamant d'être mêlé ou associé à certains élèves.

Dans les discours tendanciellement hégémoniques des acteurs éducatifs que nous avons pu recueillir lors de notre enquête, les élèves les plus distants des exigences scolaires (et souvent leur famille) sont décrits dans un langage déficitaire, voire catastrophiste. Lorsqu'ils évoquent les élèves dont les résultats et le comportement ne sont pas en adéquation avec les normes scolaires, enseignants et conseillers principaux d'éducation mobilisent tacitement une théorie psychologisante, qui fait abstraction des configurations sociales dans lesquelles les élèves se construisent et suppose une carence de socialisation ou d'éducation (la formule « famille déstructurée » est souvent mobilisée par les conseillers principaux d'éducation ou les assistantes sociales). À partir du constat des difficultés d'appropriation de la culture scolaire par les élèves, ces acteurs font l'hypothèse d'une absence de culture, consacrant ainsi au passage la culture scolaire comme la seule envisageable, référence unique à l'aune de laquelle la plupart des acteurs éducatifs, généralement issus des classes moyennes et supérieures, considèrent les élèves. Tout se passe, selon cette vision dominante, comme si les élèves étaient dans un état préculturel ou présocial. En d'autres termes, les élèves les plus en difficulté avec l'ordre scolaire ne seraient pas encore civilisés, c'est-à-dire dans une phase encore plus ou moins sauvage. Conformément à la construction sociale de l'« exclusion », qui suppose la possibilité d'être exclu du social et ignore le plus souvent les formes d'insertion alternatives sous prétexte qu'elles sont illégitimes, ces élèves sont en quelque sorte relégués hors de l'espace social. Dans cette approche, il n'y a guère de place pour l'idée d'une contradiction plus ou moins variable ou d'un conflit entre différentes formes de socialisation ou de repères culturels. Et l'évocation qui est faite parfois de la culture de rue est indissociable d'une négation de cette culture en tant que culture à part entière. Aussitôt évoquée, elle est en quelque sorte niée.

Globalement, à Mermoz et à Rousseau, les enseignants semblent souffrir de leur situation professionnelle. Comme François Dubet et Danilo Martuccelli[4] l'ont par ailleurs souligné, c'est le discours de la souffrance, de la difficulté et du désenchantement qui, même s'il n'est pas exclusif, domine chez les enseignants que nous avons fréquentés. Les paroles recueillies dans le contexte scolaire – il en serait peut-être autrement dans un autre contexte – mêlent souvent la doléance, le constat d'échec et l'amertume.

Chaque année, des enseignants s'absentent ainsi pour raisons médicales pendant plusieurs semaines (avec des pics durant l'hiver). Selon les conseillers principaux d'éducation de Rousseau, il est fréquent que cinq ou six professeurs soient absents le même jour : « ils n'en peuvent plus », « ils sont crevés », « fatigués » ; après un problème quelconque, « ils appréhendent

4. *Cf.* François Dubet et Danilo Martuccelli, *À l'école. Sociologie de l'expérience scolaire*, Le Seuil, Paris, 1996.

leur retour en classe »[5]. En voyant partir certains enseignants de la salle des professeurs vers leur salle de cours, on a très fortement l'impression qu'ils s'apprêtent à vivre une épreuve douloureuse, indissociablement physique et psychique. Les mots qui sortent au moment de la sonnerie évoquent la lassitude (« le ras-le-bol »), tandis que le corps exprime souvent la fatigue (les traits du visage tirés, les bâillements, les soupirs, etc.). Il semble que certains d'entre eux partent livrer un combat, qu'ils sont à la fois obligés de mener et presque sûrs de perdre. Ils paraissent appréhender leur entrée en classe parce qu'ils anticipent qu'ils ne parviendront pas à la « conquérir ». Face à un public culturellement très éloigné de l'institution, les enseignants ne peuvent pas compter sur un respect *a priori* que leur statut inspirerait (certes, le problème se pose de toute façon, mais de façon variable en fonction des publics). Ils doivent effectivement tenter de gagner le respect durable des élèves, tout en parvenant à protéger leur personne, exposée à ce qui peut être vécu – souvent sur le mode du malentendu – comme des attaques de la part des élèves. Ceux qui souffrent le moins sont certainement ceux qui parviennent rapidement à réaliser cette opération, à faire de la discipline un problème relativement maîtrisable, qui ne les atteint en tout cas pas personnellement, et qui se règle autrement que dans l'affrontement. Pour les autres – souvent des néotitulaires[6], mais pas uniquement –, l'appréhension reste forte, chaque entrée en classe fait violence, et les fins de cours peuvent laisser sur un sentiment d'échec.

Beaucoup des enseignants rencontrés souffrent de ne presque jamais pouvoir envisager de faire un cours stimulant intellectuellement. Ceux-là expriment leur déception de rabâcher les participes passés ou les règles de trois, alors qu'ils ont auparavant goûté (notamment en tant qu'étudiants bac plus trois, quatre ou cinq) à des activités intellectuelles qu'ils jugent autrement plus stimulantes. Une jeune enseignante de français se désole ainsi de la déconnexion entre ses études et son activité professionnelle : « Moi, j'ai fait des études de lettres. Ici, je ne fais pas de lettres… Qu'est-ce que tu veux faire des lettres ici ? »

5. Notons également que les CPE de Rousseau et de Mermoz, qui témoignent de l'absentéisme élevé des professeurs, sont également assez souvent absents, comme on a pu directement le constater lors de l'enquête.

6. C'est-à-dire les enseignants qui viennent d'être titularisés.

La majorité de ces enseignants sont ainsi dans l'attente d'une mutation vers des établissements, sinon bourgeois, du moins dans des villes moins populaires ou dans leur région d'origine.[7] Nommés à Mermoz ou à Rousseau parce que jeunes néotitulaires, et donc avec un capital de points[8] très réduit, les enseignants rencontrés ne cachent pas leur impatience de pouvoir retrouver leur région d'origine ou d'être mutés dans telle ou telle localité qu'ils affectionnent. Beaucoup semblent vivre leur présence dans ces établissements – d'ailleurs souvent exprimée sous la forme passive : « J'ai été muté ici » ; « Je me suis retrouvé à Sarcelles » ; « Ils m'ont mis à Villiers-le-Bel » – sur le mode d'une contrainte qu'ils espèrent provisoire. Encore trop jeunes pour obtenir une mutation vers leur lieu d'élection, les enseignants de Mermoz ou de Rousseau ne restent pas nécessairement longtemps dans ces collèges où on les a mutés. Tout se passe comme si certains d'entre eux tentaient de trouver la solution la moins difficile, en attendant la meilleure. Ils peuvent ainsi essayer plusieurs

7. Alain Léger et Maryse Tripier soulignent à quel point « la recherche de publics scolaires bourgeois » est répandue chez les enseignants exerçant dans les établissements populaires. *Cf.* notamment *Fuir ou construire l'école populaire ?*, Méridiens-Klincksieck, Paris, 1988 (1re éd. 1986), p. 148.

8. La nomination dans les académies (phase du mouvement des mutations dite « interacadémique »), puis dans les établissements (deuxième phase du mouvement, dite « intra-académique ») se fait en fonction du nombre de points capitalisés par les enseignants : telle académie, puis tel poste dans tel établissement sont attribués à celui des enseignants qui, en ayant fait le vœu, possède le plus de points parmi tous les prétendants. Le nombre de points attribué à chaque enseignant dépend en priorité de son ancienneté (mesurée par l'échelon : un échelon vaut 7 points). Il s'ensuit que les plus jeunes enseignants sont donc les moins dotés en points, et aboutissent, quelle que soit leur région d'origine, à l'issue de leur année de stage, dans les académies et les établissements les moins demandés, donc les « moins chers » en points. Parmi ces établissements, ceux de la banlieue parisienne, et en particulier les collèges, figurent en première position. Des points sont ensuite attribués en fonction de l'ancienneté sur le poste que l'enseignant souhaite quitter (10 points par année d'ancienneté sur le poste). Cette dernière mesure vise précisément à limiter le *turnover* des équipes. Viennent ensuite s'ajouter à ces points de base des bonifications spéciales : pour raisons familiales (enfants, rapprochement de conjoint), ou pour situation professionnelle particulière (poste en ZEP, REP, notamment).

collèges de banlieue populaire, en espérant à chaque fois que les conditions d'enseignement seront plus satisfaisantes. Ces espoirs sont alimentés par les récits de certains enseignants sur tel ou tel de leur collègue en poste dans un établissement « mieux fréquenté ».

Ainsi, le *turnover* des enseignants de Mermoz et de Rousseau est chaque année assez important[9] : il oscille entre 25 % et 30 % à Rousseau et 45 % et 50 % à Mermoz. Et le nombre important de TZR, contractuels ou vacataires, contribue à augmenter cette rotation. Il en va de même pour les conseillers principaux d'éducation, les surveillants, les aides-éducateurs[10], et même les personnels de direction (principaux et adjoints), pour lesquels ces établissements ne sont aussi que des étapes dans leur carrière (ils y restent entre trois et cinq ans en général, puis obtiennent une mutation vers un établissement plus gros ou un lycée). Ce *turnover* important des équipes rend notamment très difficiles la mise en place et le suivi d'un travail pédagogique d'équipe dans le cadre d'un projet d'établissement qui, lui, s'inscrit sur trois années scolaires.

De fait, en cohérence avec leur ambition de partir le plus vite possible de leur collège actuel qu'ils dévalorisent, une partie des enseignants peine apparemment à s'investir dans la construction d'un projet d'établissement ou d'une action collective éducative ou pédagogique de long terme. Le groupe (minoritaire) des enseignants qui s'investissent au contraire beaucoup – à travers, notamment, leur participation à des activités périscolaires, des sorties, des voyages, des expositions internes, le projet « école ouverte » (activités encadrées au collège pendant les vacances scolaires), etc. – a du mal à faire contrepoids à ce qui ressemble à un désamour de l'établissement.

Avec les quatre ou cinq années qu'ils passent en moyenne dans le même collège, à Mermoz ou à Rousseau, les élèves sont en définitive beaucoup plus ancrés dans l'établissement que la plupart des enseignants qu'ils y ont connus au cours de leur

9. Comme dans d'autres collèges en ZEP que nous avons pu fréquenter lors des études réalisées pour les CEL (contrats éducatifs locaux) ou les CTL (contrats temps libre), ou enquêtés par des sociologues (*cf.* notamment Stéphane Beaud, *80 % au bac. Et après ?... Les enfants de la démocratisation*, La Découverte, Paris, 2002).

10. Néanmoins, les emplois-jeunes sont parfois restés cinq ans dans le même établissement. Cette stabilité est en recul depuis la fin de ce type de contrat.

scolarité. Ces derniers peuvent ainsi leur donner l'impression d'être de passage et, dans certains cas, illégitimes dans un espace scolaire qu'ils se sont approprié. On peut également se demander si les élèves ne sentent pas parfois la distance, voire le mépris, de certains enseignants pour leur établissement, le quartier et ses habitants, et donc pour eux-mêmes. Ils sont alors susceptibles de « retourner » le stigmate en méprisant explicitement les enseignants qui leur apparaissent les plus distants ou méprisants. La légitimité de l'enseignant semble reposer en partie sur son ancienneté, mais aussi sur sa capacité à donner l'impression qu'il est proche socialement ou géographiquement des élèves, parce qu'il habite à proximité, qu'il connaît certains codes de la cité, ou qu'il témoigne de diverses manières de son ancrage et de son attachement à l'établissement, etc.

Si ce rapport subi et distancié semble dominer, il faut également souligner l'existence d'une variation des discours des acteurs éducatifs qui, en fonction du contexte, peuvent moduler certains traits, nuancer leurs orientations. Certains paraissent même, au contraire, avoir trouvé les moyens de prendre du plaisir à enseigner dans ces conditions. C'est par exemple le cas de cette professeure de français de Mermoz d'environ 35 ans : tutrice de deux élèves, investie dans la conception du projet d'établissement, responsable d'une classe d'adaptation pour des élèves primo-arrivants non francophones, intervenante dans la classe SAS (structure d'accueil, d'aide et d'accompagnement scolaires)[11], elle semble prendre le contre-pied de sa collègue précédemment évoquée, en appréhendant les élèves tels qu'ils *sont* et non pas tels qu'ils *devraient être* idéalement.

11. Suivant les textes officiels, ce type de structure est conçu pour accueillir des collégiens « démotivés qui n'ont pas de gros problèmes de comportement mais qui risqueraient, s'ils restaient en échec sans être soutenus rapidement, d'aller vers la rupture scolaire, voire la délinquance [...]. Lorsque c'est le cas, un autre type de structure est nécessaire. Les équipes pédagogiques du collège repèrent les élèves susceptibles de tirer profit de la structure SAS. Le professeur principal fait la synthèse des observations recueillies et propose la structure. Les familles et les élèves doivent donner leur accord et ressentir la classe SAS comme une chance de repartir vers la réussite [...]. La classe SAS est, ainsi, une structure intermédiaire de prévention permettant d'éviter l'aggravation des problèmes de l'élève et la nécessité d'aller, plus tard et pour une durée plus longue, en classe relais ou dans d'autres structures extérieures à l'établissement ». *Cf.* http://eduscol.education.fr.

En nous inspirant des travaux de Bernard Lahire[12], on peut faire l'hypothèse que, si elle semble moins souffrir que sa collègue, c'est certainement parce que ses habitudes incorporées lui permettent de mieux faire face à cette situation scolaire professionnelle, ses expériences passées sont davantage ajustées au contexte qu'elle doit affronter. Autrement dit, elle paraît mieux disposée à faire *avec* la situation, en s'appropriant notamment les dispositifs de remédiation déjà en place, ou en contribuant à les élaborer. Pour elle, l'essentiel de son activité procède d'un travail d'approche des élèves : « il faut trouver la brèche », dit-elle par exemple. Plus sereine lorsqu'elle arrive ou part de la salle des professeurs, elle a moins l'air d'être en péril qu'une majorité de ses collègues, car elle a probablement renoncé, non pas à faire son métier de professeur (comme certains enseignants amers peuvent le dire), mais à l'exercer comme dans un collège de centre-ville. Alors qu'une majorité des enseignants rencontrés se désolent de « faire du social » ou de « devoir jouer les psys » au détriment d'une transmission des savoirs, cette enseignante semble faire comme si les deux étaient indissociables.

Si ce cas semble minoritaire, il n'est pas isolé. Une petite proportion des acteurs des deux collèges habitent en effet à proximité des établissements. Parmi eux, certains sont originaires du département du Val-d'Oise (ou, de manière exceptionnelle, de la ville même où ils enseignent aujourd'hui), et ont précisément demandé ces zones pour rester dans un environnement qui leur est plutôt familier ou qu'ils affectionnent. Leur présence dans les collèges n'est manifestement pas vécue sur le mode de la corvée, du stigmate et du provisoire. C'est le cas notamment d'une enseignante d'histoire-géographie de Mermoz, que le conseiller principal d'éducation présente comme une des seules enseignantes originaire de Villiers-le-Bel et y vivant toujours. Certains élèves sont très sensibles à cette proximité spatiale, ici indissociable d'une certaine proximité sociale.[13] Comme l'a très bien saisi le conseiller principal d'éducation, les élèves apprécient ouvertement cette ensei-

12. Bernard Lahire, *L'Homme pluriel…*, *op. cit.*

13. Ce qui n'est pas toujours le cas. Il peut parfois y avoir une grande distance sociale au sein d'un espace géographique réduit. C'est typiquement le cas du 18e arrondissement parisien, où seulement quelques dizaines de mètres séparent parfois des populations aux antipodes de l'espace social.

gnante pour sa capacité à valoriser certains traits culturels qui leur sont propres (par exemple, en ne considérant pas leurs codes langagiers uniquement sous l'angle du déficit, mais en les prenant en compte dans les situations d'apprentissage). Très investie dans la vie de l'établissement, elle intervient en classe SAS en choisissant ainsi de faire cours aux élèves les plus distants des attentes scolaires, et donc les plus indésirables du point de vue de la majorité de ses collègues. Alors qu'il était en classe SAS, un élève, Ozan (peut-être un des élèves les plus indésirables de l'établissement), avec toute la naïveté d'un enfant, lui a un jour offert un bracelet plaqué or. D'après le conseiller principal d'éducation, cet élève serait « tombé amoureux » de cette enseignante d'histoire-géographie. Il lui a également plusieurs fois apporté des friandises ou des spécialités de son pays d'origine (la Turquie). Cet élève, qui a par ailleurs été sanctionné pour avoir menacé physiquement plusieurs de ses professeurs, montre ici sa sensibilité à cette enseignante, certainement perçue comme beaucoup plus proche et compréhensive que la moyenne des autres enseignants (nous ne préjugeons par ailleurs pas de la qualité de ses enseignements).

M. B., le conseiller principal d'éducation de Mermoz arrivé en 2002, vit également à proximité de l'établissement. Contrairement à ses prédécesseurs, il a accepté le logement de fonction qu'on lui a proposé, et dit apprécier la vie de quartier à Villiers-le-Bel. En rupture avec l'approche dominante qui circule au collège Mermoz, il ne perçoit pas les quartiers alentour comme essentiellement hostiles, laids et sans intérêt. Bien que partageant certainement avec les enseignants des pratiques culturelles légitimes, le conseiller principal d'éducation de Mermoz s'en distingue en les inscrivant dans le cadre de l'offre locale (d'ailleurs relativement abondante) et non essentiellement dans le contexte du centre-ville de Paris.

Le fait de croiser les élèves de Mermoz régulièrement ne le dérange pas, à la différence de beaucoup d'enseignants que l'idée insupporte. Cette proximité de quartier avec les élèves constitue pour lui un atout dans l'exercice de son métier. Souvent reconnu dans le quartier par ses élèves, il semble en même temps bénéficier d'une bonne légitimité dans l'espace scolaire, qui contraste avec les difficultés notoires que peuvent avoir certains enseignants à se faire respecter. En rencontrant et en discutant parfois avec les élèves à l'extérieur de l'établissement, il accepte l'absence de césure entre le quartier et le collège, et en ce sens valide une norme centrale des élèves[14]. D'autre part, il leur montre qu'il ne les considère pas exclusivement dans l'espace scolaire en tant qu'élèves, mais peut ne pas les ignorer et s'intéresser à eux en tant que personnes (qui ne se résument pas à leur statut d'élève) dans l'espace public. Ainsi, par exemple, il est allé voir un spectacle de hip-hop à la MJC (maison des jeunes et de la culture) auquel participait une élève également souvent envoyée par les enseignants dans son bureau : « Depuis que je suis allé la voir à la MJC, on a une relation beaucoup moins conflictuelle au collège. » Bien que, de prime abord, très éloigné culturellement des élèves, le conseiller principal d'éducation a pu atténuer en quelque sorte cette contradiction, en s'inscrivant au moins partiellement dans l'espace social de ses élèves.

LES ÉLÈVES : DES ABSENTÉISTES ENCORE TRÈS PRÉSENTS

C'est à travers la sélection des conseillers principaux d'éducation que s'est progressivement définie la population enquêtée. Dans la plupart des cas, les « choix » se sont faits dans l'urgence de la pratique plutôt qu'à l'issue d'une réflexion partagée. Ainsi, les élèves qui constituent la plus grande partie de la population de cette enquête sont ceux dont le statut d'absentéiste s'imposait avec le plus d'évidence aux yeux des conseillers principaux d'éducation. Ils ne sont donc pas seulement objectivement absents de certains cours à certains moments, mais aussi étiquetés *absentéistes* par ces acteurs éducatifs. Cet étiquetage signifie généralement qu'ils sont inscrits sur la liste de ceux dont les parents sont en instance d'être signalés à l'inspection académique comme absentéistes.

Cependant, certains collégiens (peu nombreux), pourtant objectivement absents plusieurs demi-journées par mois (cinq ou six environ), ne font pas l'objet du même étiquetage. Leur nom n'est pas inscrit sur cette liste des *absentéistes* souvent en évidence dans le bureau de la vie scolaire. C'est à la faveur de certaines conditions (en fin de journée, avec l'aide d'un surveillant, lorsque l'urgence se relâche à la vie scolaire), en consultant longuement sur l'ordinateur le relevé des absences de tous les élèves du collège, qu'a pu être mise en évidence l'existence de quelques situations d'absentéisme *a priori* ignorées par les acteurs éducatifs. Autrement dit, comme nous

14. *Cf.* notamment Stéphane Beaud, *80 % au bac. Et après ?..., op. cit.*

l'avons évoqué dans le chapitre précédent, à pratique sensiblement égale, tous les élèves ne sont assurément pas exposés de manière identique à être étiquetés « absentéistes » par les acteurs qui s'occupent de contrôler, enregistrer et sanctionner les manquements à l'assiduité.

Dans le contexte de notre terrain d'enquête, la variation de la perception des pratiques absentéistes semble être indissociable de la capacité des parents à anticiper la demande du collège de justification des absences de leur enfant, ou du moins à y répondre rapidement avec les outils légitimes de communication du point de vue institutionnel. Il s'agit principalement pour les parents d'être présents régulièrement dans l'établissement, sans systématiquement attendre d'être convoqués, d'utiliser le carnet de correspondance de façon adéquate pour les procédures de justification écrite, de téléphoner de façon préventive au conseiller principal d'éducation en cas d'absence prévue, et le cas échéant d'être facilement joignables par l'administration.

Outre la présence des parents dans l'établissement ou leur accessibilité, il semble que leurs compétences linguistiques, accent, ton, *hexis* corporelle, tenue vestimentaire, écriture et forme de la signature pour les mots justificatifs puissent jouer dans l'appréciation différenciée des situations d'absentéisme. Tous ces traits doivent être reconnus comme légitimes ou crédibles par les acteurs du collège, c'est-à-dire, en règle générale, (relativement) voisins de leurs propres codes. Une signature « bidon » ou d'une « personne qui sait pas écrire », un accent « à couper au couteau », une tenue vestimentaire « limite », ou des mots justificatifs non crédibles ou beaucoup trop tardifs constituent autant d'éléments susceptibles d'annuler une partie des effets positifs de la venue d'un parent dans le collège. À absences égales, les élèves ayant des parents qui combinent accessibilité, certaines compétences linguistiques et une certaine présentation ont moins de risques que les autres de se voir attribuer l'étiquette d'absentéiste, ou du moins demeurent plus longtemps sous-exposés à la procédure de signalement à l'inspection académique (parfois suivie d'une suspension des allocations familiales).

La logique de variation du degré d'exposition à la sanction pour les manquements à l'obligation scolaire présente certains traits communs avec celle qui est à l'œuvre dans les situations de délinquance des mineurs, telles que les analyse Jean-Claude Chamboredon : « Ce qui différencie les délinquants de classes populaires et de classes moyennes, c'est moins le délit que l'ensemble des antécédents. Selon son origine sociale, un "prévenu" peut mériter l'indulgence car le pronostic d'évolution est favorable, le milieu offrant comme on dit des "garanties éducatives", ou, au contraire, la sévérité fondée sur un sentiment d'irréversibilité. »[15] De la même manière, les parents d'un élève absentéiste culturellement (relativement) proches de l'institution scolaire, avec qui peut s'établir un lien reconnu comme tel parce qu'ils ont les ressources adéquates pour échanger de façon crédible du point de vue absentéiste avec les acteurs du collège, bénéficient plus souvent que les autres d'une forme de confiance s'agissant de leur capacité à gérer en famille les manquements à l'obligation scolaire. Ils peuvent ainsi retarder, du moins pour un temps, la constitution d'un « dossier d'absentéisme ». Les absences peuvent être – jusqu'à un certain seuil[16] – dédramatisées et tolérées, parce qu'interprétées comme le symptôme passager de la crise d'adolescence ou de problèmes ponctuels. À l'inverse, la distance culturelle, et parfois physique, qui sépare les parents de certains élèves absentéistes du collège peut être considérée d'un point de vue institutionnel comme le signe d'un faible niveau de « garanties éducatives » ou d'une « démission » qui nécessite une réaction institutionnelle forte et rapide. Non justifiés de façon crédible avec les outils institutionnels, dépouillés de tout discours parental, les manquements à l'assiduité sont ici plus dramatisés, et davantage interprétés comme des symptômes inquiétants inaugurant ou cachant d'autres transgressions plus graves encore dans le quartier (ou dans la famille).

Le fait d'avoir réalisé la recherche presque exclusivement dans les établissements, et non dans des espaces sociaux extérieurs, a déterminé les caractéristiques de la population interrogée : il s'agit d'élèves absentéistes mais également

15. *Cf.* Jean-Claude Chamboredon, « La délinquance juvénile, essai de construction d'objet », *Revue française de sociologie*, vol. XII, nº 3, 1971, p. 362.

16. Lorsque le nombre de demi-journées d'absence est vraiment très élevé (à partir d'une dizaine par mois), sur une longue durée, indépendamment du travail des parents (coup de téléphone au CPE, présence dans l'établissement, mots justificatifs, etc.), les CPE et principaux codent un élève comme absentéiste, et peuvent réagir par des mesures d'avertissement ou de sanction (sauf cas manifeste de longue maladie).

« présentéistes ». Bien qu'assez souvent absents de cours ou de l'établissement, et la plupart du temps étiquetés « absentéistes », ils sont néanmoins encore plus souvent présents qu'absents dans l'établissement. Ce qui ne veut d'ailleurs pas dire qu'ils sont nécessairement toujours en classe lorsqu'ils sont présents dans l'établissement : certains élèves rencontrés passent une grande partie de leur temps de présence au collège dans des lieux autres que la salle de classe, alors qu'ils ont en principe cours, se glissant ainsi dans les multiples brèches du fonctionnement institutionnel. Ils peuvent, par exemple, s'attarder dans le couloir après la sonnerie, espérant certainement être ensuite refusés en cours, séjourner à l'infirmerie, être en permanence après s'être fait renvoyer de cours, ou encore jouer sur internet au centre de documentation et d'information, en profitant de la méconnaissance des emplois du temps par le documentaliste, etc. Aussi, bien que pouvant parfois être véritablement absents (à l'extérieur de l'établissement), beaucoup des absentéistes rencontrés, parfois considérés par les acteurs des collèges comme ayant « décroché », sont manifestement encore très souvent « accrochés » à l'espace scolaire (mais pas toujours de la bonne manière, au bon endroit et au bon moment).

Cette population peut être distinguée de la population principalement étudiée ces dernières années par les sociologues (les « décrocheurs », « déscolarisés », « perdus de vue »). D'abord, ces collégiens ne sont pas nécessairement complètement « largués » au niveau des apprentissages scolaires, comme peuvent le laisser entendre parfois certains enseignants ou les conseillers principaux d'éducation qui les évoquent. Ensuite, la lecture de leurs relevés d'absences permet de mettre en évidence leur présence quasi quotidienne dans au moins une partie de leurs cours (ou, certains jours, la totalité). Pour la plupart, à l'image de la majorité des autres absentéistes régulièrement évoqués au bureau de la vie scolaire, ces élèves s'absentent le plus souvent une, deux, voire trois heures dans une journée. Beaucoup peuvent ainsi arriver à 9 heures au lieu de 8 heures, ou à 14 h 30 au lieu de 13 h 30. D'autres sont susceptibles de disparaître une heure ou deux au milieu de la journée, pour revenir deux heures, ou mettent un terme à leur journée de cours au moment de la récréation de l'après-midi, en allant au CDI, ou en parvenant à sortir de l'établissement. En définitive, ils sont le plus souvent visibles dans l'établissement plusieurs fois par semaine. Lorsqu'ils disparaissent durablement et complètement, ce qui est assez rare, c'est généralement pour réapparaître deux ou trois semaines plus tard. Mais le plus souvent, même en période d'absence durable de cours, les acteurs de la vie scolaire (en particulier les surveillants postés à la grille de l'établissement) peuvent souvent entrevoir tel absentéiste rôder autour du collège, attendant ou accompagnant ses copains plus assidus.

Pourquoi le collège reste-t-il un espace désirable et très investi pour ces élèves absentéistes ? À quoi, malgré les difficultés qu'ils y rencontrent, restent-ils accrochés ?

Quelques journées passées à observer ce qui se passe dans un collège suffisent à réaliser (ou à se rappeler) la place centrale qu'y occupe la sociabilité horizontale (entre les élèves) mais également verticale (entre élèves et les différents éducateurs). À travers son mode collectif d'organisation des apprentissages, l'institution scolaire est nécessairement un espace où les élèves, bons ou mauvais, très assidus ou absentéistes, construisent et entretiennent de multiples relations. Qu'ils aient décroché dans plusieurs situations scolaires d'apprentissage et qu'ils s'absentent parfois physiquement de cours ne signifie donc nullement qu'ils ont décroché de toute relation dans l'espace scolaire. Si certains élèves sont très distants des exigences scolaires officielles, ils peuvent rester très proches de certaines relations qui constituent aussi une composante importante de l'offre (ou de l'imposition) de l'institution. L'espace scolaire, avant tout officiellement orienté sur l'activité d'apprentissage, peut être utilisé de manière partiellement détournée comme un espace principalement orienté sur la sociabilité.

Ainsi, lors des premières semaines d'enquête au collège Mermoz, j'avais été frappé d'observer certains élèves présentés par les conseillers principaux d'éducation comme des absentéistes réguliers s'éterniser une heure ou deux, jusqu'à 17 h 30 (alors qu'ils pouvaient avoir fini deux heures avant) dans le bureau de la vie scolaire. Ce lieu, où ils avaient pu par ailleurs être convoqués en début de journée par la conseillère principale d'éducation pour « régulariser leurs absences », semblait alors devenir, en fin d'après-midi, un lieu de convivialité où régnait une ambiance proche de celle des MJC ou des maisons de quartier : deux ou trois aides-éducateurs qui ont manifestement fini leur travail (mais pas leur service) et parfois une conseillère principale d'éducation (qui, en fin d'après-midi, était beaucoup plus une confidente ou une assistante sociale qu'une « surgé ») assis sur les tables discutent à bâtons rompus, le plus souvent sur le mode de la vanne, avec un ou deux élèves.

La pratique de l'« absentéisme interne », régulièrement à l'œuvre dans les deux établissements, est également étonnante pour un observateur extérieur. Au lieu d'aller en cours, certains élèves vont en permanence retrouver des copains d'une autre classe, qui ont alors un trou d'une heure dans leur emploi du temps. Comme lorsqu'ils vont au centre de documentation et d'information, ces élèves profitent de la distraction, ou parfois de l'absence, du surveillant pour se noyer dans une population d'élèves au sein de laquelle ils n'ont officiellement rien à faire. Ces élèves ne souhaitent donc manifestement pas toujours fuir l'espace scolaire, mais simplement s'extraire pour un temps de certaines situations scolaires d'apprentissage. Dans ce cas, comme dans celui des « heures supplémentaires » du soir, la même logique semble à l'œuvre : tandis qu'ils peuvent s'extraire temporairement d'un cadre de relation avec un enseignant, ces élèves demeurent fortement accrochés aux relations qu'ils ont pu nouer dans l'espace scolaire avec leurs pairs, mais également parfois avec des acteurs de la vie scolaire.

On peut faire l'hypothèse que l'inscription de beaucoup d'élèves dans des relations de sociabilité horizontale, mais également verticale, contribue à les raccrocher fortement à l'espace scolaire. S'extraire du collège reviendrait pour eux à renoncer (au moins partiellement) à des relations peut-être décisives.

Cela dit, ces exemples d'élèves souvent absents de cours mais demeurant fortement investis dans certaines relations au collège n'épuisent certainement pas la réalité sociale que l'on souhaite étudier. Il y a certainement des cas d'élèves correspondant à l'hypothèse de Dominique Glasman[17], qui désinvestissent l'essentiel des relations qu'ils ont nouées dans l'espace scolaire et investissent d'autres relations dans d'autres espaces, extérieurs à l'institution scolaire. Mais si la sociabilité ne constitue plus un point d'accroche à l'espace scolaire, on peut se demander ce qui les pousse alors encore à venir.

Les élèves absentéistes qui font l'objet de cette enquête sont le plus souvent étiquetés comme étant globalement en difficulté dans les apprentissages scolaires, ou en « rupture cognitive ». Cependant, à la consultation des bulletins scolaires,

17. *Cf.* Dominique Glasman, « Le décrochage scolaire. Une fatalité ? », *Ville-École-Intégration*, n° 122, 2000, p. 10-25.

on constate un hiatus entre le diagnostic général négatif (voire catastrophique) établi oralement par les conseillers principaux d'éducation et ce que ces documents révèlent. En effet, si les bulletins des élèves absentéistes étudiés témoignent de leur qualification négative dans la majorité des matières, ils peuvent en même temps attester de résultats moyens, satisfaisants et parfois très bons, dans certaines d'entre elles (le sport, le dessin ou la musique, mais également, et ce n'est pas rare, une matière plus « légitime », comme le français ou les SVT). Les entretiens réalisés avec une partie de leurs professeurs nous ont permis de confirmer l'existence de telles variations. Certaines situations d'apprentissage scolaire constituent donc encore souvent des points d'accroche significatifs pour des élèves parfois trop rapidement (et globalement) codés comme étant en situation de décrochage cognitif, sans autre précision.

La population des élèves absentéistes que nous avons pu rencontrer dans les collèges par l'intermédiaire des conseillers principaux d'éducation se caractérise donc par un « présentéisme » très persistant. S'ils manquent effectivement régulièrement les cours, l'enquêteur observateur, régulièrement présent dans les espaces scolaires, peut néanmoins souvent les apercevoir : dans les couloirs, en salle de permanence, dans la cour ou dans le bureau de la vie scolaire. Et on l'a souligné, des documents tels que les relevés d'absence ou les bulletins attestent la persistance de leur présence dans de nombreux cours. Sauf à considérer que ce dernier comportement est anodin par rapport à l'autre (l'absence), les deux pratiques doivent donc faire partie de l'objet de recherche. On peut donc autant *s'étonner* de la présence des élèves que de leur absence. Le fait que le premier comportement soit conforme aux normes dominantes ne doit pas inciter le sociologue à le considérer comme allant de soi, non justiciable d'un questionnement, et donc à l'ignorer comme si, « dans ces cas-là, il n'y avait rien à chercher ».

Ainsi, interpellé par cette présence très persistante des absentéistes, on est autant invité à s'interroger sur ce qui les accroche encore que sur ce qui les pousse à décrocher. Parallèlement, cette prise en compte des situations de présence doit permettre d'examiner ce qui peut, au cours de leurs expériences passées et présentes dans le contexte scolaire, pousser les élèves à s'en éloigner. À travers le recoupement de différents indices issus des documents (relevés d'absence, bulletins scolaires), des séquences d'observation et des entretiens, l'objectif est donc d'établir autant que possible le rythme, la fréquence, la nature et l'évolution des absences et des présences des élèves rencontrés. Depuis quand et de quels cours sont-ils plutôt absents ? Quand reviennent-ils ? À quels moments de la journée, de la semaine ou de l'année sont-ils plutôt absents ou présents ? Concernant une absence à un cours, il faut tenter de savoir autant que possible ce qui s'est joué lors des périodes de présence dans ce même cours. Il faut également se demander si, lorsqu'ils s'absentent d'un ou plusieurs cours, les élèves sont encore présents dans l'établissement où s'ils sont ailleurs (et où ?). *En rupture avec une approche qui considérerait tacitement que les élèves absentéistes sont absents « tout court » ou en soi, il s'agit dans ce travail de contextualiser le plus possible leurs pratiques « absentéistes » et « présentéistes »*. En définitive, nous ne cherchons donc pas ici à rendre compte du seul comportement absentéiste des élèves, mais plutôt d'une variation de leur comportement en fonction de contextes particuliers.[18]

Lorsque les conseillers principaux d'éducation ou certains enseignants rencontrés présentent ou font référence à des élèves absentéistes, c'est pourtant le plus souvent le langage de la rupture ou du décrochage qui est mobilisé. Tout se passe comme si les élèves en question, pourtant encore très présents, n'avaient plus aucun lien ou presque avec l'école. En témoigne la difficulté des conseillers principaux d'éducation ou des enseignants à donner des informations précises sur la variation des pratiques absentéistes et présentéistes en fonction des situations et des périodes, variation largement ignorée, du moins très peu travaillée et prise en compte.[19]

On peut analyser la mobilisation très fréquente dans les établissements enquêtés de cette approche en termes de

18. Nous développons ici une sensibilité et un mode de construction de l'objet qui s'appuient sur les travaux de Bernard Lahire sur l'importance du contexte ou de la situation dans l'activation, la redéfinition et l'inhibition de telle ou telle disposition intériorisée par un individu. Nous reviendrons sur cette approche dans le chapitre III.

19. J'ai notamment constaté que les relevés d'absence informatisés (dont la mise à jour exige pourtant beaucoup d'énergie...) ne sont que rarement consultés de manière approfondie, en sorte que c'est une représentation très floue des absences des élèves que livrent les acteurs éducatifs à l'enquêteur : « oh, lui, c'est un fantôme » ; « il est à mille lieues de l'école », « alors lui, il est très loin... ». Tout se passe comme si, malgré l'évidence de la persistance de leur accrochage scolaire, dans certaines situations, à certains moments, etc., on considérait que ces élèves n'avaient plus rien à voir et à faire avec l'école.

rupture pour présenter et analyser la situation des élèves absentéistes comme une *habitude pratique*, permettant l'externalisation des problèmes de ces élèves, c'est-à-dire leur déconnexion de l'espace scolaire. En effet, insister sur le fait que les absentéistes n'ont plus de lien avec cet espace, qu'ils le rejettent, le refusent, ont décroché ou en sont séparés par un « gouffre », c'est faire tacitement l'hypothèse qu'ils ne sont plus travaillés ni socialisés par l'institution scolaire ou plus précisément par certaines relations qui peuvent s'y jouer. Dans cette optique, l'absentéisme des élèves est ainsi largement décontextualisé, considéré comme une propriété qui leur est consubstantielle, et non en rapport avec l'espace scolaire dont ils s'absentent, dans certaines situations, et où ils sont présents, dans d'autres.

Parce qu'ils ont des pratiques éminemment contradictoires par rapport à l'impératif d'assiduité, les élèves qui constituent la population enquêtée ne sont donc pas, de notre point de vue, justiciables d'une description en termes de *rupture*, en tout cas au singulier et sans adjectivation particulière. Et ce, d'autant plus que cette oscillation de leurs pratiques ne caractérise pas simplement une courte période transitoire de leur trajectoire avant un *arrêt* de scolarité, mais peut s'inscrire dans la durée, sur plusieurs années. Nous ne nions nullement que ces pratiques absentéistes peuvent néanmoins finir par « l'emporter » dans certains cas, autrement dit que les élèves, après un long temps de balancement entre absence et présence, décrochent complètement et se retrouvent « déscolarisés » avant la fin de la scolarité obligatoire ou du cycle qu'ils ont commencé. C'est par exemple le parcours de Mehdi étudié par Mathias Millet et Daniel Thin[20]. Après une période d'absentéisme, cet élève quitte le collège au cours de sa cinquième à l'âge de 13 ans. Néanmoins, la perspective de cette issue (qui ne constitue qu'un possible parmi d'autres qu'on ne saurait *a priori* anticiper) ne doit pas de notre point de vue déterminer le mode d'intelligibilité des pratiques contradictoires des élèves par rapport à l'assiduité, observables sur plusieurs années scolaires. En se focalisant trop sur cette possible issue (et, dans certains cas, probable), on peut effectivement en arriver à éluder la complexité ou l'ambivalence des pratiques, et ne retenir que

20. *Cf.* Mathias Millet et Daniel Thin, « La déscolarisation comme processus combinatoire », *Ville-École-Intégration*, n° 132, 2003, p. 46-58.

les indices permettant l'illustration de ce que l'on peut alors appeler un processus de déscolarisation ou de décrochage, autrement dit, privilégier le recensement des absences ou l'analyse de l'éloignement au détriment d'un examen et d'une étude de ce qui accroche encore (et durablement) les élèves.

Au terme de ce chapitre, nous posons donc un principe d'analyse consistant à rompre avec le langage de la rupture ou de la déscolarisation habituellement mobilisé dans l'institution, mais aussi dans les discours dominants médiatiques et politiques, pour rendre compte de l'absentéisme. Il ne s'agit pas, dans ce travail, de considérer *a priori* que ces élèves auraient simplement décroché de l'espace scolaire, puisqu'un tel postulat non seulement empêche de considérer ce qui peut encore les raccrocher au système scolaire, mais obère une réflexion sur ce qui se joue pour eux dans l'institution scolaire elle-même, qui peut aussi bien contribuer à expliquer ce qui les y maintient que ce qui les en éloigne. Il nous semble en définitive aussi utile de questionner la présence que l'absence, afin de ne pas – si l'on peut dire – « déscolariser » le problème de l'absentéisme scolaire. Pour rendre compte de cette oscillation des pratiques entre présence et absence, on s'intéressera au passé incorporé des élèves enquêtés, à leur trajectoire et aux contradictions de leur socialisation.

CHAPITRE III
LES CONTRADICTIONS DE LA SOCIALISATION

PENSER LA PLURALITÉ DES EXPÉRIENCES SOCIALISATRICES

Des dispositions antiscolaires ?

Dans la perspective de Pierre Bourdieu, les pratiques ont pour principe un certain habitus, pouvant être défini comme un « système de dispositions » unifié, durable et transposable d'une situation sociale à l'autre[1]. On pourrait ainsi tenir l'absentéisme comme le produit d'un ensemble cohérent de dispositions contradictoires avec la culture scolaire et son impératif d'assiduité. Ces dispositions ou habitudes incorporées issues d'expériences socialisatrices répétées et relativement similaires peuvent être induites à partir du repérage de certaines pratiques ou attitudes assez cohérentes et

1. *Cf.* par exemple Pierre Bourdieu, *Le Sens pratique*, Éditions de Minuit, Paris, 1980.

fréquentes[2]. Par exemple, dans le cas des élèves absentéistes, ne pas donner de rendez-vous à ses copains mais les retrouver dans la rue, ne pas porter de montre, ou avoir oublié l'heure de l'entretien fixé avec l'enquêteur, etc., peuvent attester un certain rapport au temps incorporé, une disposition *spontanéiste* en contradiction avec la disposition *planificatrice* que requiert l'institution scolaire. De la même manière, être beaucoup plus souvent à l'*extérieur* plutôt qu'à l'*intérieur* ou « gesticuler » pendant l'entretien apparaissent comme des « détails révélateurs » d'habitudes corporelles contradictoires avec les usages du corps le plus souvent réclamés dans le contexte scolaire. Dans le sillage de l'approche de Paul Willis[3], on pourrait alors considérer qu'au principe de la pratique absentéiste il y a un habitus antiscolaire.

Mais ce modèle ne pourrait être adéquat que si les élèves absentéistes étaient précisément *toujours* absentéistes, avaient effectivement décroché, étaient en « rupture » avec l'école, de manière homogène et stabilisée. Cependant, on l'a vu, les élèves enquêtés se caractérisent par une ambivalence dans leur accrochage scolaire et leur rapport à l'assiduité. Tantôt présents, tantôt absents, en décrochage dans certaines situations scolaires d'apprentissage, mais encore accrochés à d'autres, ils semblent *à la fois* proches et distants de l'univers scolaire et, sauf à gommer les multiples variations du comportement de ces élèves « pour qu'ils rentrent dans le modèle théorique », le postulat de l'existence d'un système de dispositions antiscolaires au principe de leur comportement ne semble donc pas pertinent. Les élèves sont manifestement travaillés par des dispositions ou inclinations plurielles, contradictoires, et non par un système de dispositions unifié, cohérent, et transposable d'une situation à l'autre.

Des univers de socialisation relativement hétérogènes

Selon l'approche dominante de l'absentéisme scolaire dans les établissements et dans les sphères médiatiques et politiques, le comportement des élèves absentéistes s'expliquerait principalement par un déficit au niveau de leur famille. Plus précisément, c'est parce que les parents ne socialiseraient pas

2. *Cf.* Bernard Lahire, *Portraits sociologiques*, Nathan, Paris, 2002, p. 18-20.

3. Paul Willis, « L'école des ouvriers », article cité.

correctement leurs enfants (voire ne les socialiseraient pas du tout) que ceux-ci développeraient des conduites déviantes, dont l'absentéisme est une modalité. Mais la sociologie, par son mode de pensée relationnel, ne peut que rompre avec une telle approche en rappelant d'abord que les élèves, comme tout un chacun dans nos sociétés hautement différenciées[4], sont au carrefour de plusieurs instances de socialisation plus ou moins contradictoires et hétérogènes. Autrement dit, depuis leur naissance, dans l'univers familial, dans le cadre scolaire, à travers les relations qu'ils ont tissées avec leurs pairs, parfois dans les associations fréquentées, etc., ils sont multisocialisés, de manière plus ou moins harmonieuse.

C'est parce qu'elle ne présuppose pas *a priori* l'existence d'un tel système de dispositions jouant de manière systématique chez les individus mais envisage une pluralité d'expériences socialisatrices, plus ou moins contradictoires, que nous nous sommes appuyés sur la théorie de *l'homme pluriel* de Bernard Lahire[5] pour analyser les pratiques absentéistes des élèves. Cette approche s'inscrit dans la tradition sociologique s'intéressant au passé incorporé, et donc à cet égard dans le sillage de la théorie de l'action de Pierre Bourdieu, mais rompt avec une définition de l'habitus en tant que système de dispositions unifié et transférable. Il s'agit ici de prendre en compte le fait que les élèves enquêtés évoluent dans différents espaces de socialisation hétérogènes, plus ou moins contradictoires entre eux, au sein desquels ils peuvent incorporer des habitudes plus ou moins compatibles avec un accrochage scolaire et l'impératif d'assiduité.

Si, dans un premier temps, on peut admettre que, dans le cadre scolaire, les élèves sont socialisés de manière relativement cohérente avec l'impératif d'assiduité scolaire, il nous faut d'abord penser qu'ils vivent également des expériences

4. Ce qui signifie que les individus peuvent fréquenter au cours de leur trajectoire des milieux dont les principes de socialisation sont parfois très contradictoires, à la différence des sociétés moins différenciées ou de contextes particuliers tels que l'internat ou le couvent. L'habitus a ainsi été repensé par Pierre Bourdieu dans le contexte de son anthropologie de la société kabyle, traditionnellement moins différenciée que les sociétés occidentales. Durkheim, quant à lui, l'utilisait à propos de l'éducation chrétienne (*cf.* Bernard Lahire, *L'Homme pluriel*..., *op. cit.*).

5. Bernard Lahire, *L'Homme pluriel*..., *op. cit.*

socialisatrices qui peuvent être contradictoires avec cet impératif dans d'autres univers de socialisation. Ainsi, parce qu'ils sont essentiellement issus des fractions les plus défavorisées des classes populaires, de nombreuses expériences vécues dans le cadre des relations familiales sont en contradiction avec ce que l'institution scolaire réclame. Ainsi, un emploi du temps et un rythme de vie de certains membres de la famille décalés par rapport aux emplois du temps institutionnels, un rapport distant à la culture de l'écrit ou encore l'habitude d'être davantage à l'extérieur qu'à l'intérieur constituent des exemples possibles de dimensions de la vie familiale de ces collégiens qui peuvent rendre problématique leur accrochage scolaire. Parallèlement, à travers les relations qu'ils tissent avec leurs pairs dans leur quartier, ils peuvent incorporer des habitudes également contradictoires avec un accrochage et une assiduité scolaires. Gérard Mauger[6], dans le sillage de l'approche de Paul Willis, montre ainsi que la culture de bande peut à certains égards fonctionner comme une culture « anti-école ». Les affrontements verbaux ou physiques, ou les sports de rue, peuvent constituer des occasions de travailler et d'éprouver certaines ressources corporelles en contradiction avec l'acceptation de certaines composantes de l'ordre scolaire. Nous avons déjà souligné plus haut les tensions que pouvait susciter l'actualisation de ces ressources dans le contexte scolaire. La culture de rue, ou ce qu'on peut appeler la culture de l'extérieur (*vs* la culture de l'intérieur), souvent valorisée dans les quartiers populaires en cohérence avec le type d'activités physiques pratiquées, constitue pour les collégiens concernés un repère scolairement inadéquat. Ainsi, la diversité même des univers de socialisation que fréquentent les élèves permet de rendre compte, au moins partiellement, du fait qu'ils puissent être travaillés par des dispositions contradictoires vis-à-vis de l'institution scolaire.

Mais cette première approche en termes de contradiction entre les espaces de socialisation de l'élève ne doit pas masquer les contradictions au sein même de ces différents espaces. En analysant les pratiques socialisatrices de familles populaires, Bernard Lahire[7] a ainsi montré, pour rendre compte de la variation des échecs et des réussites scolaires d'élèves de

6. Gérard Mauger, « Bandes et valeurs de virilité », *Regards sur l'actualité*, juillet-août 1998, p. 29-39.

7. *Cf.* Bernard Lahire, *Tableaux de familles...*, *op. cit.*

primaire, que ces pratiques ne se caractérisaient pas toujours uniquement par leur distance par rapport aux exigences scolaires, mais également, à certains égards, par leur cohérence, leur harmonie. On peut également faire l'hypothèse que la socialisation des collégiens par les pairs ou la famille ne constitue pas un tout cohérent uniquement orienté sur des pratiques contradictoires avec un accrochage scolaire. Comme l'a par exemple mis en évidence Pascal Duret[8], les pratiques de certains grands frères dans les cités peuvent au contraire fonctionner comme des rappels à l'ordre scolaire et, ainsi, contribuer à déterminer la persistance d'un accrochage à la scolarité.

De la même manière, si l'on peut dire que l'institution scolaire travaille officiellement à accrocher les élèves, les observations menées à Mermoz ou à Rousseau laissent penser que la réalité quotidienne est éminemment plus complexe et contradictoire. En effet, au sein même de l'espace scolaire, les élèves sont à la fois en principe tenus de fréquenter régulièrement le collège, mais en même temps ils peuvent, dans certaines situations, y être interpellés comme étant indésirables, « malvenus » ou « pas à leur place ». Il existe, nous le verrons plus loin, de multiples modalités de la socialisation scolaire susceptibles de travailler les élèves dans un sens contradictoire à l'accrochage et à l'assiduité. L'absentéisme n'apparaît alors plus comme une modalité contradictoire avec la socialisation scolaire : il est au contraire inscrit en tant que possible dans le fonctionnement même du système scolaire[9].

Il faut donc garder à l'esprit que les groupes de pairs et les familles, ainsi que l'espace scolaire lui-même, ne doivent pas être considérés *a priori* comme des cadres de vie harmonieux et cohérents uniquement orientés *contre* ou *en faveur* de l'institution scolaire. La prise en compte de l'hétérogénéité relative de ces univers de socialisation par rapport aux

8. *Cf.* Pascal Duret, *Anthropologie de la fraternité dans les cités*, PUF, Paris, 1996.

9. Au-delà du terrain restitué précisément ici, nous avons retrouvé cette contradiction du système à l'œuvre dans plus d'une vingtaine d'établissements (collèges ou lycée, à Paris, en banlieue mais également en province) tout au long des années 2000. *Cf.* notamment Maryse Esterle-Hedibel et Étienne Douat, « Recherche action autour de la lutte contre l'absentéisme et le décrochage scolaire et pour le renforcement de l'assiduité des élèves. Synthèse », *Études et données pénales*, CESDIP, CNRS, n° 108, 2010.

exigences scolaires constitue ainsi une étape pour approcher la variation des pratiques des élèves. Il s'agit, à travers la restitution de certains aspects du parcours des élèves, d'examiner les éventuelles tensions ou contradictions de leurs expériences incorporées qui nous semblent pertinentes pour comprendre le rapport particulier qu'ils entretiennent aujourd'hui à l'institution scolaire. La présente étude propose en outre de mettre la focale sur les contradictions internes de la socialisation scolaire. En effet, si l'hétérogénéité ou l'ambivalence de la socialisation dans les familles populaires par rapport aux exigences scolaires a pu être analysée de manière détaillée dans de nombreux travaux de sociologie, les contradictions de l'univers scolaire, en particulier du point de vue de l'impératif d'assiduité, restent davantage à explorer.

Des contextes qui actualisent et remodèlent des dispositions incorporées

Pour rendre compte des pratiques des élèves enquêtés, il faut rappeler que les habitudes absentéistes contradictoires avec certaines exigences scolaires ne jouent pas tout le temps, mais s'actualisent dans certaines conditions. L'absentéisme ne doit pas être réifié comme une propriété des élèves, mais pensé comme une « propriété relationnelle », c'est-à-dire indissociable des conditions particulières de son actualisation, à certains moments, dans un certain univers de relations, ou dans certaines circonstances particulières.[10] Plutôt que d'inférer l'existence d'un ensemble de dispositions antiscolaires à partir du constat ponctuel du comportement absentéiste des élèves rencontrés, ignorant ainsi les situations de présence ou les reléguant au rang d'épiphénomènes, nous nous demanderons

10. Bernard Lahire résume ainsi sa perspective théorique, dans laquelle nous nous inscrivons : « Plutôt que de supposer la systématique influence du passé sur le présent, autrement dit, plutôt que d'imaginer que *tout* notre passé, comme un bloc ou une synthèse homogène, presse *à chaque moment* sur toutes nos situations vécues [...], le champ d'investigation proposé ici ouvre *la question des modalités de déclenchement des schèmes d'action incorporés (produits au cours de l'ensemble des expériences passées) par des éléments ou par la configuration de la situation présente, c'est-à-dire la manière dont une partie – et une partie seulement – des expériences passées incorporées est mobilisée, convoquée, réveillée par la situation présente* » (*L'Homme pluriel*, *op. cit.*, p. 60).

ce qui, dans les différents contextes traversés par ces élèves, joue dans l'actualisation, ou au contraire dans la mise en veille, de *certaines* dispositions contradictoires avec une soumission à l'assiduité. On s'intéresse donc dans ce travail aussi bien à une pluralité de dispositions des élèves qu'aux conditions de mise en œuvre ou de mise en veille de ces dispositions.

Le retour sur le parcours biographique des élèves doit ainsi se combiner avec une recherche des contextes d'inhibition ou d'actualisation des habitudes des élèves. Quels sont les moments, les microsituations et les différents éléments qui les caractérisent, où s'actualise et se redéfinit ce qui chez les élèves est le plus contradictoire ou au contraire cohérent avec un accrochage et une soumission à l'assiduité scolaire ?

Si le comportement absentéiste peut être appréhendé comme la rencontre entre certains éléments d'un passé incorporé et certains aspects du contexte présent, il n'est toutefois pas question de trancher sur ce qui, dans les éléments de la trajectoire ou du contexte, détermine les pratiques. Comme le souligne Bernard Lahire, « le comportement ou l'action est le produit d'une rencontre dans laquelle chaque élément de la rencontre n'est ni plus ni moins "déterminant" que l'autre »[11]. Autrement dit, contexte et passé incorporé font nœud. La situation d'absentéisme comme produit complexe d'une rencontre entre un contexte particulier et certaines expériences incorporées actualise, et nécessairement reconfigure partiellement, ces expériences.

Ainsi, en même temps que les élèves expérimentent l'absentéisme, ils remodèlent leurs dispositions par rapport à l'école. Peu à peu, la pratique de l'absentéisme peut alors devenir une habitude incorporée. Cette transformation d'une pratique en habitude ou disposition comportementale s'opère à travers la récurrence des conditions qui les rendent possibles ou les encouragent. Les élèves apprennent progressivement la pratique absentéiste au cours d'une « carrière »[12], d'un processus relativement long (quelques mois au moins). Mais l'entrée dans le parcours absentéiste ne signifie pas l'abandon des pratiques « présentéistes ». Autrement dit, les élèves qui développent des pratiques absentéistes durables ne s'apparentent pas, *a priori,* à des « outsiders » pour tous

11. *Ibid.*, p. 63-69.

12. Howard S. Becker, *Outsiders. Études de sociologie de la déviance,* Métailié, Paris, 1985.

les acteurs de l'espace scolaire institutionnel, et ne se considèrent pas nécessairement non plus comme tels eux-mêmes, du moins certainement pas complètement et de manière stabilisée. Ils restent au contraire manifestement familiers de l'espace scolaire, comme en témoigne la persistance de leurs habitudes présentéistes dans de nombreuses situations. Cette tension durable entre habitudes contradictoires montre la profonde ambivalence qui caractérise ces élèves, à la hauteur des paradoxes entre, et à l'intérieur de, leurs univers de socialisation, et la pluralité des contextes et situations qu'ils traversent.

On peut aussi appréhender les pratiques de ces élèves comme des formes particulières d'appropriation, éventuellement illégitimes, de déterminismes complexes et contradictoires. Par exemple, certains élèves arrivent en retard dans l'établissement en sachant que, conformément au règlement intérieur de l'établissement, il est possible – sinon probable – qu'ils soient envoyés en salle de permanence. Cette pratique, maintes fois observée dans les collèges enquêtés, signale que les élèves, loin d'être en rupture avec l'école, font souvent *avec* le fonctionnement scolaire, mais selon un mode illégitime par rapport aux orientations institutionnelles officielles. Dans le langage de Michel de Certeau, on pourrait dire que ces élèves « détournent » ou subvertissent, plus qu'ils ne rejettent en bloc, sinon la totalité, du moins une partie des injonctions scolaires, à la manière de « l'ouvrier qui soustrait à l'usine du temps [...] en vue d'un travail libre, créatif et précisément sans profit », c'est-à-dire « fait la perruque »[13].

Replier le déplié

Comment se noue de manière spécifique chez les élèves la pluralité de leurs expériences, passées et présentes ? La fin de ce chapitre présente des traits d'expériences passées susceptibles de rendre compte du rapport des élèves enquêtés à l'assiduité scolaire. Le chapitre suivant s'attachera à la présentation, indissociable, des modalités d'actualisation d'une partie de ces expériences dans des contextes particuliers. Rappelons à cet égard que les différentes dimensions de la socialisation et des contextes retenues comme pertinentes pour présenter les

13. *Cf.* Michel de Certeau, *L'Invention du quotidien*, tome I : *Arts de faire*, Gallimard, Paris, 1990, p. 45.

élèves n'ont bien sûr de sens que dans leur « entrelacement ».[14] Notre ouvrage les présente, pour reprendre la métaphore proposée par Bernard Lahire, sous forme « dépliée »[15], c'est-à-dire de manière successive, par souci de lisibilité. Cependant, cette linéarité de l'exposé présente l'inconvénient d'isoler de manière un peu abstraite ce qui fonctionne en fait de manière nouée ou interdépendante. Ce qui est ici déplié devra donc être replié. Les multiples « bouts » de portraits d'élèves absentéistes qui jalonneront la suite de l'ouvrage permettront alors davantage au lecteur de retrouver les expériences incorporées des élèves dans leurs combinaisons entre elles, et en fonction des contextes dans lesquels s'inscrivent les pratiques étudiées. C'est à la présentation des contradictions internes aux univers de socialisation familial, puis scolaire, que nous nous attachons dans la section suivante.

L'OPPOSITION FAMILLES/INSTITUTION SCOLAIRE ET SES NUANCES

La plupart des élèves rencontrés sont issus des classes populaires, à l'image de la population des collèges enquêtés. Beaucoup de ce que vivent ces élèves dans leurs familles (et leurs quartiers) est en effet contradictoire avec un accrochage à la scolarité et une soumission à l'impératif d'assiduité. Si bien, d'ailleurs, qu'on peut à certains égards s'étonner de la persistance de leur présence au collège. Mais à y regarder de plus près et en étant sensible à l'hétérogénéité des expériences socialisatrices familiales des élèves, on découvre certains aspects susceptibles de nuancer cette contradiction et de jouer dans le sens d'un accrochage et d'une soumission à l'assiduité. C'est donc un tableau contrasté que nous proposons : la couleur qui domine est celle de la contradiction entre vie familiale et exigences scolaires, mais elle est nuancée par certains points de consonance entre les deux univers.

14. *Cf.* Bernard Lahire, « Les raisons de l'improbable. Les formes populaires de la “réussite” scolaire à l'école élémentaire », *in* Guy Vincent (sous la direction de), *L'Éducation prisonnière de la forme scolaire ?...*, *op. cit.*, p. 73-106.

15. *Cf.* Bernard Lahire, *L'Homme pluriel...*, *op. cit.*

Des dispositions corporelles peu conformes aux exigences scolaires

Dans son mode d'organisation des apprentissages, l'institution scolaire exige des élèves un certain emploi du corps selon un certain emploi du temps. Si cette contrainte corporelle et temporelle peut être lourde pour n'importe quel élève, ceux de l'enquête ont en commun des expériences socialisatrices particulièrement contradictoires avec ces exigences scolaires. S'il y a bien une habitude massivement partagée par les élèves rencontrés, c'est celle de passer la majeure partie de leur temps disponible à *l'extérieur*: « Je sors dès que je rentre de l'école ! » résume Abdel. Ces pratiques d'extérieur sont aussi souvent celles de leurs parents qui peuvent, par exemple, discuter au pied des immeubles ou à proximité des commerces. Investir la rue sans autre but que prendre l'air, regarder les gens discuter, constitue, comme le note David Lepoutre, un des traits de la « culture populaire méditerranéenne »[16], particulièrement représentée dans ces quartiers. Les conditions matérielles d'existence peuvent aussi déterminer cette habitude. Au regard du nombre souvent important des membres de la famille, le logement peut s'avérer étouffant (partage des chambres, bruit ou agitation des plus petits, etc.) et la nécessité de « sortir prendre l'air » y devenir impérieuse. À travers les récits de leur quotidien, cette habitude de « sortir », d'être « dehors » s'exprime souvent chez les élèves selon la logique du « c'est plus fort que moi », témoignant de son caractère profondément incorporé.

De même, sortir (au moins) une fois de l'établissement pendant la journée semble impérieux pour la majorité d'entre eux. Presque tous « externes » malgré les aides financières dont ils pourraient bénéficier pour payer la demi-pension, ces élèves justifient souvent leur refus de déjeuner à la cantine par la nécessité de sortir de l'établissement dans la journée. Cette pratique est, dans la majorité des cas, solidaire d'un discours sur le caractère carcéral des établissements.[17]

16. David Lepoutre, *Cœur de banlieue*, Odile Jacob, Paris, 1997, p. 56.

17. Selon Annick Hermet, « Le refus de la cantine exprime une sourde hostilité à l'égard de l'institution scolaire [...]. Le rejet de la cantine soutient un rejet de l'institution scolaire » (p. 162). On pourra s'en rendre compte tout au long de cette partie ; ce propos doit cependant être nuancé puisque ces mêmes élèves qui rejettent la cantine

À la question de savoir ce que leur évoque le collège, les trois quarts des élèves répondent par le mot « prison ». Viennent ensuite d'autres mots tels que celui d'« hôpital » ou de « poulailler »[18]. Une anecdote racontée par une conseillère principale d'éducation de Rousseau atteste la fréquence de l'association école-prison : lors d'une rentrée scolaire, au moment de l'enquête, un atelier peinture est organisé dans le cadre des cours d'arts plastiques sur le thème de la représentation qu'ont les élèves de leur collège. Comme prévu initialement, un accrochage des travaux a lieu quelques semaines plus tard dans les couloirs de l'établissement. Le nombre de peintures évoquant de près ou de loin une prison est tel qu'une partie des professeurs demandent aux enseignants d'arts plastiques et aux deux conseillers principaux d'éducation le retrait anticipé des peintures.

La majorité des élèves rencontrés ont des habitudes corporelles dans l'espace familial ou dans la rue dont l'actualisation dans l'espace scolaire peut être à l'origine de conflits avec les acteurs de l'institution. Ainsi, beaucoup de filles interrogées font de la danse (du hip-hop) de manière formelle ou informelle. Dans le cadre scolaire, elles ont parfois du mal à mettre en veille cette habitude corporelle qu'elles peuvent actualiser dans la cour, mais aussi en permanence ou en classe (ce qui le plus souvent débouche sur un rapport disciplinaire et une exclusion). Pendant l'enquête, parmi les filles interrogées, trois ont ainsi connu un renvoi de cours avec rapport disciplinaire pour une telle pratique. On peut trouver d'autres exemples avec les bagarres (plus ou moins mimées ou mises en scène) dans les couloirs ou en salle de cours, engageant bien sûr des

peuvent par ailleurs témoigner de leur attachement au cadre scolaire dans certaines situations. Annick Hermet, « De la faible fréquentation de la cantine en collèges de ZEP », *Ville-École-Intégration*, n° 127, 2001, p. 162-175.

18. William explique ce qui dans le collège lui fait penser à un poulailler : « Parce que... Parce que déjà... Même les poules elles sont libres, tandis que les toilettes sont fermées, à chaque mouvement [interclasse]... Si tu as envie de pisser vers 8 h 40... il faut que tu attendes jusqu'à 14 h 30. Et si tu as envie de pisser vers 13 h 30, il faut que tu attendes jusqu'à 16 heures ! » William s'embrouille quelque peu dans son récit, mais il a raison de souligner que les élèves ne peuvent effectivement pas aller aux toilettes pendant plusieurs heures d'affilée, pour « éviter les retards » en cours (comme me l'explique un CPE).

garçons, pour lesquels elles constituent souvent une habitude travaillée dans leur cité, mais aussi des filles.

Tensions de l'univers familial dans l'investissement scolaire

En cohérence avec d'autres enquêtes réalisées auprès d'élèves de milieux populaires[19], les élèves rencontrés évoluent le plus souvent dans des configurations familiales traversées par le doute et l'ambivalence concernant l'investissement scolaire. On peut repérer à la fois de l'espoir ou une certaine confiance dans la scolarité et une forme de méfiance ou d'incertitude quant à la pertinence d'un accrochage à une scolarité prolongée. La plupart d'entre eux ont des parents qui appartiennent aux catégories professionnelles les moins privilégiées d'employés et d'ouvriers.[20] Presque tous ont arrêté leur parcours scolaire entre 12 et 16 ans, sans avoir bénéficié d'une formation qualifiante précise. Ce qu'ils ont appris sur le plan professionnel, ils l'ont souvent appris « sur le tas », dans la pratique du travail, et non à l'école. N'ayant pas réalisé leur propre apprentissage selon la forme scolaire, certains parents peuvent valoriser l'apprentissage d'un métier selon d'autres modalités que celles proposées par l'école. Sans que cela soit automatique, certains élèves rencontrés semblent bien travaillés par cette manière d'apprendre qu'est la *mimesis*, c'est-à-dire l'apprentissage « par voir-faire ou ouï-dire »[21]. C'est, par exemple, le cas d'Abdou ou d'Ozan, qui souhaitent devenir mécaniciens et *apprennent* le métier *en travaillant* avec leur père ou leur oncle. De même, Djitaba souhaite devenir coiffeuse, à l'instar de sa grande sœur employée dans un salon à Paris et avec qui elle apprend le métier : « Des fois je travaille avec ma sœur [...], je la regarde faire et je fais pareil. » Lors

19. Élisabeth Bautier, Bernard Charlot et Jean-Yves Rochex, *École et savoir dans les banlieues... et ailleurs,* Armand Colin, Paris, 1992.

20. Seuls les parents d'Alexandra (dont le père est aujourd'hui décédé) et la mère de Mehdi ont le baccalauréat et ont occupé une position professionnelle plus élevée (secrétaire, infirmière). Mais il faut souligner que les deux parents en question sont depuis plusieurs années en arrêt maladie pour dépression.

21. *Cf.* Guy Vincent, Bernard Lahire et Daniel Thin, « Sur l'histoire et la théorie de la forme scolaire », *in* Guy Vincent (sous la direction de), *L'Éducation prisonnière de la forme scolaire ?..., op. cit.*, p. 11-48.

de ces expériences, ces élèves peuvent incorporer l'habitude de ne pas séparer le temps de l'apprentissage de celui de la pratique et s'éloignent ainsi du mode scolaire d'apprentissage souvent caractérisé par la décontextualisation des savoirs proposés. L'école, en particulier lorsqu'elle commence à leur intimer de « penser à leur avenir professionnel », peut alors être vécue comme de moins en moins pertinente : « Pour faire de la mécanique, j'ai pas besoin d'aller à l'école », estime à cet égard Abdou, alors qu'il est en fin de quatrième.

Dans d'autres familles, il semble que les expériences de chômage plus ou moins durables d'un frère ou d'une sœur aînés malgré l'obtention d'une certification fassent perdre de son crédit à la formation scolaire. C'est ce qu'exprime Mehdi, dont le grand frère est allé « trois ans en fac de sciences » et aujourd'hui « galère ». Dans son récit, Mehdi exprime un mélange de dégoût, d'angoisse et de méfiance par rapport à une institution scolaire suspectée de délivrer des tickets sans valeur (c'est-à-dire d'« entuber » une partie du public). Cependant, ce sentiment cohabite avec l'idée du caractère incontournable de l'école. Et dans le cas où le grand frère ou la grande sœur obtient un emploi grâce à son BEP ou à sa formation universitaire, l'école devient porteuse d'un possible tangible. *In fine,* il semble que l'idée de l'inutilité de l'école cohabite souvent avec celle d'une école à laquelle il faut malgré tout s'accrocher car, en dehors d'elle, « point de salut ». Connaissant ou ayant connu des difficultés pour trouver un emploi et souffrant souvent de leurs mauvaises conditions de travail, certains parents tiennent à leurs enfants un discours plaçant la formation scolaire comme un élément central de leur destin social : « Va à l'école sinon tu seras clochard ! » (Kévin évoquant les paroles de sa mère), « Mon père, il veut que je taffe à l'école [...], il veut pas que je sois éboueur, des vieux boulots comme ça » (Abdou évoquant son père, autrefois éboueur, aujourd'hui mécanicien) ; « J'ai travaillé dur pour toi, pour avoir une maison. Je voudrais que tu travailles pas comme moi, faire de la main-d'œuvre et tout » (Amila évoquant les paroles de son père). On retrouve dans presque tous les entretiens des paroles signalant la préoccupation parentale par rapport à l'accrochage scolaire de leurs enfants, soit parce qu'il serait, aujourd'hui en France, le seul moyen pour leurs enfants de « s'en sortir », soit qu'il est pensé comme un moyen de rompre avec la position sociale difficile (d'ouvrier) et/ou précaire des parents.

Tensions de l'univers familial dans le rapport à l'écrit

La majorité des élèves absentéistes rencontrés évoluent dans des familles où les pratiques de lecture et d'écriture, l'un des principaux traits de la culture scolaire, sont peu fréquentes. La plupart des élèves n'ont pas de bibliothèque chez eux et peinent à citer un ouvrage lu dans l'année en cours. Quelques-uns disent sans ambages qu'ils ne lisent pas du tout. Abdou s'étonne même qu'on lui pose une question sur les livres : « Il n'y a pas de livres chez moi. Qui va lire les livres ? Personne lit. »

A priori, c'est donc la distance par rapport à la culture de l'écrit qui l'emporte lorsque l'on considère les milieux familiaux des élèves interrogés. Néanmoins, un examen plus attentif des situations nous oblige à nuancer ce constat. D'abord, quelques élèves évoluent dans des univers familiaux où la pratique de la lecture n'est pas négligeable.[22] C'est le cas de Rony, par exemple, qui peut citer deux ouvrages récemment lus, et dont les parents possèdent plusieurs livres qui ne semblent pas constituer « un patrimoine culturel mort »[23]. Rony évoque ainsi son père lisant « des livres sur le Chili », et des échanges avec lui à partir de la lecture commune d'articles de presse (en espagnol) sur le sport. Ensuite, bien que pour une majorité la culture de l'écrit ne soit pas centrale, elle n'est souvent cependant pas totalement absente. Ainsi lisent-ils souvent plusieurs fois par semaine *Le Parisien Val-d'Oise*, où ils cherchent les faits divers locaux, les résultats sportifs et suivent certains débats politiques qui les intéressent. Ces lectures peuvent constituer les bases d'une discussion entre pairs dans l'espace scolaire, à la MJC, et parfois dans l'espace familial. Enfin, il arrive même que certains élèves, dont on pourrait *a priori* faire l'hypothèse qu'ils sont très loin de la culture écrite eu égard à leur milieu d'origine (parents immigrés, ouvriers ou employés, scolarité très courte, etc.), investissent fortement la lecture. Ainsi, outre la lecture assez régulière du *Parisien* que son père achète, Hakim, par exemple, lit parfois des livres sans qu'un enseignant l'y contraigne (le dernier ouvrage lu lui a été prêté

22. Comme le montre François de Singly dans *Lire à 12 ans* (Nathan, Paris, 1989), si les enfants des classes populaires lisent effectivement moins que ceux des classes supérieures, l'écart dans les pratiques n'est pas aussi important qu'on pourrait le croire *a priori*.

23. Bernard Lahire, *Tableaux de familles…*, *op. cit.*, p. 277 et 278.

par un copain, le roman policier d'avant était dans la petite bibliothèque de la salle à manger du domicile familial), et en parle en entretien sans relance.

Pour peu légitimes qu'elles puissent être, ces pratiques de lecture ne peuvent pas être ignorées. On peut les voir comme l'un des signes rappelant que les élèves ne sont pas en rupture avec toute logique d'apprentissage et l'univers de la culture écrite, et les considérer comme des expériences susceptibles de constituer un atout dans la réalisation de certains exercices scolaires, pour appréhender la persistance d'un accrochage.

Tensions de l'univers familial dans le rapport au temps

La plupart des parents des élèves rencontrés ont des emplois du temps souvent très éloignés de celui qui fonctionne dans l'institution scolaire. Le rythme de travail de l'un ou des deux parents, voire d'un oncle ou d'une tante partageant le logement, induit un mode de vie particulier, parfois contradictoire avec le rythme scolaire.

Beaucoup commencent leur travail à 6 heures ou 7 heures du matin, parfois plus tôt, comme peut l'exiger le travail d'agent d'entretien, ce qui suppose un départ bien avant le lever de leur enfant, que personne ne contraint alors à se réveiller pour aller au collège. Par ailleurs, et parfois dans les mêmes familles, le retour des parents peut être tardif (20 heures, voire plus tard) lorsque les emplois ont des horaires fragmentés et décalés, ce qui retarde en cascade les heures du dîner et du coucher. En dehors de l'impossibilité pour les parents d'exercer une certaine surveillance de l'emploi du temps de leur enfant, ces rythmes familiaux particuliers peuvent déstabiliser en partie l'évidence des repères temporels scolaires : la contradiction entre les horaires familiaux et les horaires scolaires réunit les conditions pour que ces élèves ressentent davantage le rythme horaire quotidien imposé par l'école comme une contrainte qui peut apparaître, par comparaison, arbitraire.

On peut néanmoins repérer des pratiques familiales tendant à pallier ces contradictions. Ainsi, dans certaines familles dont le père, par exemple, travaille à des heures décalées et rentre tard le soir, la mère maintient un dîner familial à heure fixe, en cohérence avec la logique temporelle scolaire. Dans d'autres familles, c'est l'heure du coucher qui peut constituer un repère temporel stable calé sur le rythme scolaire. L'affichage de l'emploi du temps scolaire de leur enfant (le plus souvent dans la cuisine, sur le réfrigérateur) par certains parents exprime aussi, sinon la valorisation, du moins l'acceptation de l'organisation temporelle qu'impose l'institution scolaire. Au final, c'est donc une minorité de configurations dans lesquelles les pratiques familiales sont très largement contradictoires avec la soumission des enfants à l'emploi du temps scolaire (coucher tardif et peu contrôlé, pas de repas à heures fixes, très peu de rendez-vous précis et planifiés, etc.). La majorité des élèves semblent, au contraire, à la fois travaillés par des habitudes à organiser leur temps en fonction de celui de l'école, et par des habitudes familiales décalées par rapport à ces impératifs temporels. On est, là encore, dans une logique de tension ou de contradiction plutôt que d'opposition.

Ambivalences familiales par rapport à la règle d'assiduité

Un « bon » élève, « autonome », du point de vue de l'institution, est un élève à qui il semble inutile de rappeler les règles scolaires (c'est-à-dire de soumission à un certain emploi du temps et du corps) parce qu'il les a faites siennes et les applique de lui-même, sans contrainte extérieure. La pratique absentéiste peut alors être vue comme le signe d'une moindre autocontrainte, parce que ces élèves ont moins « fait leurs (*auto*) les lois (*nomos*) scolaires en tant que manières de se comporter et manières de penser »[24]. Pour les élèves rencontrés, cette moindre *reconnaissance* de la règle d'assiduité scolaire renvoie notamment à des contradictions dans la socialisation familiale. Par exemple, alors que la mère d'Ozan réveille régulièrement elle-même son fils le matin pour qu'il se rende à l'école, elle l'autorise à veiller lorsque des cousins ou des oncles sont présents à la maison et ne le réveille pas le lendemain, en cohérence avec des habitudes hédonistes, une « jouissance au jour le jour »[25] et non quand « il le faut » (par exemple quand la contrainte scolaire l'autorise : le samedi soir). Cette ambivalence familiale autour de la règle d'assiduité scolaire peut aussi prendre la forme d'injonctions contradictoires. Ainsi Djitaba se fait-elle réveiller par un membre de sa famille pour aller à l'école le matin, mais il peut parfois lui

24. Bernard Lahire, *Tableaux de familles…*, *op. cit.*, p. 55.

25. Richard Hoggart, *La Culture du pauvre*, Éditions de Minuit, Paris, 1970.

être demandé de rester chez elle l'après-midi au lieu d'aller en cours pour garder un petit frère, ou de prendre un rendez-vous médical sur le temps scolaire. Il existe donc parfois suffisamment d'occasions familiales où la règle d'assiduité scolaire, bien qu'inscrite dans les habitudes domestiques, est relativisée, voire niée, pour que ces contradictions pèsent dans la socialisation des enfants.

Par ailleurs, l'intériorisation de la règle par les enfants est rendue d'autant moins évidente que les parents la leur rappellent plus au coup par coup, sur le mode du « coup de gueule » ponctuel et parfois sans suite. Ce mode d'exercice de l'autorité, loin des discussions inscrites dans la durée s'attachant à « faire comprendre à l'enfant ce qu'il sera à même de comprendre seul à l'avenir »[26], et davantage appuyé sur la vérification et la punition, peut susciter un désinvestissement de l'enfant par rapport à la règle. « De façon générale, la contribution familiale n'est efficace qu'à condition de susciter et de supporter l'activité autonome de l'enfant, sans empiéter sur elle ; à défaut – dès lors par conséquent qu'elle se transforme en contrôle, *a fortiori* en répression – elle perd toute influence bénéfique. »[27] Les élèves rencontrés sont donc globalement soumis à un mode d'exercice de l'autorité plutôt contradictoire avec celui idéalement exigé par l'institution scolaire, lequel réclame la constitution d'une autodiscipline, de plus en plus poussée au fur et à mesure que les élèves avancent en âge.[28]

Si ces élèves se conforment la plupart du temps à la règle scolaire (puisqu'ils restent plus assidus qu'absentéistes), il n'est donc pas évident qu'ils le fassent toujours d'eux-mêmes. Ils sont bien sûr capables d'autocontrainte puisqu'ils témoignent malgré tout fréquemment d'une intériorisation de la règle scolaire, redoublée de la prescription parentale, en se levant seuls, ou en se couchant à l'heure adéquate, mais, selon les contextes, le contrôle externe et direct s'avère aussi souvent nécessaire. Tout relâchement dans ce contrôle devient dès lors une occasion d'activer une habitude absentéiste, par exemple en dormant le matin au lieu d'aller à l'école quand les parents sont absents, ou en « n'activant pas le pas » pour être à l'heure

26. Bernard Lahire, *Tableaux de familles…*, *op. cit.*, p. 26.

27. Jean-Pierre Terrail (sous la direction de), *La Scolarisation de la France*, *op. cit.*, p. 52.

28. *Cf.* notamment Bernard Lahire, *Tableaux de familles…*, *op. cit.*, et Daniel Thin, *Quartiers populaires…*, *op. cit.*

sur le trajet effectué sans adulte. La situation est toujours, une fois de plus, en tension, parce que les expériences socialisatrices sont contradictoires.

La condition ambivalente d'immigré

La plupart des élèves rencontrés sont issus de l'immigration. Leurs parents (et, dans quelques cas, les élèves eux-mêmes) ont émigré dans les années 1980 et 1990 (une minorité dans les années 1970), principalement du Mali, du Sénégal, de l'Algérie, de la Tunisie, de l'Inde ou de la Turquie. Pour la plupart de ces élèves et de leurs familles, le processus d'émigration-immigration[29] détermine encore largement le présent. Selon des modalités diverses, ils peuvent vivre ce qu'Abdelmalek Sayad appelle *la double absence*, qui consiste à « continuer à être présent même absent là où on est absent (c'est le sort de l'émigré) et, corrélativement, ne pas être totalement présent là où on est présent, ce qui revient à y être partiellement absent (c'est le paradoxe de l'immigré) »[30]. Physiquement en France, ils en sont en partie mentalement absents pour avoir souvent l'esprit tourné vers le pays d'origine. Au quotidien, cet « éloignement » s'observe dans des pratiques parentales de sociabilité (dans lesquelles sont en partie engagés les enfants) exclusivement centrées sur des proches du pays d'origine, dans des lectures de livres ou de journaux dans la langue natale, dans le suivi, *via* le câble, des programmes télévisés du pays d'origine, ou bien dans l'exclusivité de l'usage de la langue natale dans le cercle familial. Ces familles semblent alors se tenir à distance (objectivement, mais pas toujours explicitement) des codes culturels, valeurs, repères dominants du pays d'immigration, et indissociablement de l'école en tant qu'institution centrale de transmission de cette culture particulière[31]. La plupart de ces parents d'élèves ne sont en effet que très rarement présents dans les murs de l'institution scolaire (ce qui ne signifie pas *jamais*, comme le laissent parfois entendre un peu rapidement certains acteurs éducatifs). Parce qu'ils n'ont pas beaucoup fréquenté l'école en général, et l'école

29. Comme l'analyse Abdelmalek Sayad, il ne faut pas séparer l'immigration de l'émigration, qui sont deux phénomènes indissociables. Abdelmalek Sayad, *La Double Absence. Des illusions de l'émigré aux souffrances de l'immigré*, Le Seuil, Paris, 1999.

30. *Ibid.*, p. 115.

31. *Ibid.*, p. 64.

française en particulier, celle-ci demeure un univers étranger, dont les codes et les repères sont en partie incompréhensibles.

Là encore, cependant, la socialisation familiale apparaît plus ambivalente qu'homogène. Ainsi, alors qu'Ozan parle turc en famille (en cohérence avec la sociabilité amicale et professionnelle de ses parents), et par là se distancie de l'univers scolaire[32], ses parents investissent l'école comme le moyen d'apprendre à leurs enfants ce dont eux-mêmes sont partiellement dépourvus pour « se débrouiller »[33], à savoir la langue française. L'alternance linguistique selon les thèmes de conversation peut également attester le caractère relatif de la distance entre école et famille : les parents de Babacar, par exemple, s'adressent à lui plutôt en sénégalais lorsqu'il s'agit de cuisine ou de commissions, et plutôt en français à propos des questions scolaires.

Cette ambivalence familiale se retrouve également dans les discours des élèves. Djitaba, issue d'une immigration récente, oscille ainsi entre l'horizon à la fois tenace et incertain d'un éventuel retour de toute (ou une partie de) la famille[34] au Mali dont elle est fière, et sa crainte naïve « d'oublier le français » si elle devait y vivre. Comme d'autres, elle est travaillée par *l'incertitude* (concernant le caractère provisoire ou définitif de l'installation en France, la perspective d'un retour au pays qui parfois ne se produit jamais) d'autant plus forte que ces familles sont presque toutes soumises à une précarité professionnelle qui alimente l'absence d'un projet stabilisé à long terme en France.

Cette logique de l'instabilité ou du « provisoire qui dure »[35] peut rendre difficile un investissement durable et assidu de la

32. Cette distance n'existe que parce qu'elle est entretenue par l'institution scolaire. On pourrait très bien imaginer, par exemple, que celle-ci reconnaisse et valide d'une manière ou d'une autre des compétences linguistiques (le turc dans le cas d'Ozan) qu'elle ignore complètement dans les conditions actuelles, et contribue ainsi à rapprocher les univers de socialisation de certains élèves.

33. Daniel Thin, *Quartiers populaires...*, *op. cit.*, p. 161.

34. Dans ses travaux sur les jeunes de banlieue populaire, Mustapha Poyraz (« Jeunes et équipements socioculturels », *Agora Débats/Jeunesse*, n° 132, 2003, p. 118-131) constate également la place importante, dans la vie de nombreuses familles issues de l'immigration, d'un « projet de retour au bled » (p. 121).

35. Abdelmalek Sayad, *La Double Absence...*, *op. cit.*

scolarité. Pour Djitaba, par exemple, les séances de vaccination dans l'optique d'un retour au Mali pendant des heures de cours, les départs anticipés au pays à la mi-juin, et parfois le retour au-delà de la mi-septembre, constituent des exemples où la présence (physique ou symbolique) dans le pays d'origine n'est guère compatible avec une présence dans l'institution scolaire.

LES CONTRADICTIONS DE LA SOCIALISATION SCOLAIRE

Les collèges, certes porteurs d'un discours officiel valorisant la présence des élèves, et la lutte contre l'absentéisme apparaissent pourtant, à l'instar des familles, comme des espaces de socialisation traversés par des contradictions, loin d'être tendus de manière lisse et cohérente vers l'impératif d'assiduité et d'accrochage de tous les élèves, en toutes circonstances.

Les contradictions institutionnelles de la gestion de l'absentéisme

Le relevé des absences et des retards est en théorie effectué chaque heure par les enseignants, qui transmettent plusieurs fois par jour via un surveillant la liste des absents au bureau de la vie scolaire. Ce dernier, sous l'autorité du conseiller principal d'éducation, est chargé de la saisie informatique des absences et des retards, puis de leur justification parentale ou médicale lorsqu'il s'en présente (comme l'oblige le règlement intérieur) sur un logiciel spécifique, qui permet d'accéder à n'importe quel moment à un bilan chiffré, pour une période déterminée (journée, semaine, mois, trimestre), par élève ou par classe. Lorsque les acteurs de la vie scolaire ou de la direction l'estiment nécessaire, les élèves, voire leur famille, peuvent être convoqués, et éventuellement signalés à l'inspection académique. Mais, nous l'avons déjà souligné au début de l'ouvrage, comme les chiffres de la délinquance, ceux de l'absentéisme ne peuvent pas être considérés comme le reflet fidèle de la réalité de la pratique absentéiste, mais plutôt comme le produit de cette activité institutionnelle de repérage, de désignation et d'enregistrement qui, loin d'être infaillible, s'avère en fait relativement labile et variable.

Ainsi, bien que l'appel fasse partie des obligations administratives des enseignants, certains d'entre eux se soustraient partiellement et de manière aléatoire à cette obligation. Dans l'urgence de la pratique, en début d'heure, la priorité est parfois (voire souvent) donnée à d'autres tâches : calmer la classe, mettre les élèves au travail en rappelant le cours précédent ou les devoirs pour le jour. Dans des classes « difficiles », l'appel laisse un moment de flottement propice au développement de bavardages et d'une agitation des élèves, parfois difficile à rattraper par la suite. Supprimer cette tâche permet alors d'éviter ce « dérapage » disciplinaire, et de porter d'emblée l'effort sur l'attention des présents. De façon variable et relativement imprévisible, certains professeurs laissent alors penser aux acteurs de la vie scolaire qui réalisent le bilan des absences que la classe était réunie au complet pour leur cours, alors qu'ils n'ont pas fait l'appel, et que deux ou trois élèves pouvaient en réalité être absents.

De même, les pratiques des surveillants et aides-éducateurs peuvent avoir pour effet de biaiser les chiffres. Placés sous l'autorité du conseiller principal d'éducation, ils assurent la surveillance des allées et venues des élèves, la saisie des retards et des absences, et l'enregistrement des éventuels justificatifs. Pour ce faire, ils disposent d'un local spécifique et d'un accès direct au logiciel, qui autorisent une relative autonomie dans leurs fonctions. Il leur arrive alors d'ignorer sciemment la sortie prématurée d'un élève, ou de supprimer une absence déjà saisie, à l'issue d'un échange, souvent complice et amusé, avec un collégien sécheur. Eu égard à la proximité de leurs trajectoires sociales, les surveillants et les collégiens entretiennent en effet souvent des relations privilégiées, et partagent parfois une absence de rapport passionné à la norme scolaire et à l'impératif d'assiduité. Les échanges entre surveillants et certains élèves autour de l'ordinateur à propos d'absences encore injustifiées ressemblent à des négociations rituelles, souvent très joviales et ponctuées d'insultes dédramatisées, telles qu'on peut en observer entre certains jeunes adultes dans les cités. Mais la tolérance des surveillants ne se réduit pas à cette forme d'empathie. Il est très probable qu'en fermant les yeux sur certaines absences de tel collégien, le surveillant bénéficie en conséquence d'un crédit, qui lui permettra d'avoir du poids le jour où, par exemple, il s'agira d'interrompre une bagarre dans laquelle est impliqué l'élève en question. Cette réciprocité n'échappe probablement pas aux conseillers principaux d'éducation ni aux chefs d'établissement qui, eux aussi, savent assurément « fermer les yeux » sur des pratiques certes contrevenant au règlement intérieur, mais qui peuvent s'avérer fort utiles dans la régulation de la vie quotidienne de l'établissement.

Enfin, si la gestion de l'absentéisme est officiellement l'une des tâches centrales des conseillers principaux d'éducation, bien d'autres obligations entrent quotidiennement en concurrence avec la réalisation de ce travail : surveillance des mouvements des élèves dans les locaux, communication avec les familles (par courrier, téléphone, directement en entretien), gestion de l'emploi du temps du personnel de la vie scolaire, des salles de permanence, réunions multiples (conseils de classe, de discipline, de régulation, etc.), gestion des renvois de cours ou des exclusions de l'établissement, intervention dans le règlement des conflits interpersonnels, ou encore, à Mermoz en particulier, suivi du « permis à points »[36] de chaque élève. Face à cette multiplicité de tâches, les conseillers principaux d'éducation sont souvent contraints d'en négliger temporairement certaines, soit que les directives du chef d'établissement les y invitent (« travailler prioritairement sur le permis à points »[37]), soit que les contextes les y forcent (« recrudescence des actes de violence », mouvements sociaux par exemple).

Sans nécessairement que cela soit intentionnel, un certain volume d'absences (impossible à chiffrer) demeure donc largement ignoré, et parfois toléré, dans les établissements. Les chiffres ne donnent alors qu'une représentation partielle et biaisée, loin de subsumer l'ensemble des pratiques : ils peuvent aussi bien comptabiliser des absences effectives, que déduites de manière erronée (par exemple, l'élève n'était pas là dans

36. Au moment de l'enquête, les élèves de Mermoz ont un permis à points. Chaque infraction observée (ou parfois supposée) au règlement du collège vaut de 1 à 4 points. Lorsqu'ils ont épuisé leur capital (20 points), les élèves sont envoyés en classe SAS (dispositif interne au collège pouvant accueillir une dizaine d'élèves dont le comportement est considéré comme problématique). Chaque jour en SAS sans infraction permet un crédit de 4 points sur le permis. Mais dans les faits, les élèves peuvent rester en classe SAS même lorsqu'ils ont récupéré leurs points...

37. Nous respectons, dans cette présentation, une gradation des sanctions appliquées, sachant qu'on pourrait aussi les distinguer en fonction des manquements qu'elles viennent sanctionner : par exemple, le rapport disciplinaire n'est utilisé qu'en cas de conflit interpersonnel entre un enseignant et un élève, rarement en cas de travail non fait ou de devoir non rendu.

le cours précédent, mais dans celui-ci l'enseignant n'a pas fait l'appel), et ignorent – volontairement ou non – d'autres absences, pourtant bien réelles. Ces biais présentent pour nous l'intérêt de révéler certaines contradictions de la socialisation scolaire quant à l'inculcation de l'impératif d'assiduité.

La présence des élèves n'est pas toujours désirable

Le travail de lutte contre l'absentéisme dans les collèges étudiés connaît de nombreuses failles : certaines s'expliquent, comme on l'a vu plus haut, par des circonstances spécifiques ; d'autres, en revanche, s'inscrivent plutôt dans un ensemble plus large d'habitudes pratiques et discursives contraires à l'objectif officiel de garantir l'assiduité des élèves. Comme si, à certains moments, chez certains acteurs, la lutte *contre* l'absence et *pour* la présence de certains élèves ne constituait pas une priorité, bien au contraire. Ces habitudes contradictoires avec l'impératif d'assiduité ne sont pas des phénomènes mineurs et conjoncturels mais, à l'inverse, des habitudes persistantes, cohérentes avec d'autres éléments de fonctionnement des collèges et solidaires d'un certain nombre de discours : à cet égard, elles apparaissent comme une composante normale du fonctionnement des établissements. *La présence de certains élèves dans certains cours, à certains moments, est perçue comme pouvant poser certainement autant de problèmes à une partie des acteurs du collège que leur absence. La modalité de l'absence n'est donc pas qu'une modalité négative, contradictoire avec l'institution scolaire, elle appartient parfois au contraire au registre du souhaitable.*

Face aux multiples actes de résistance des élèves envers les impératifs scolaires, les acteurs éducatifs mobilisent les réponses possibles de l'institution, parmi lesquelles on trouve le mot dans le carnet de correspondance adressé aux parents, la punition écrite ou le devoir supplémentaire, le renvoi de cours, le rapport disciplinaire, la convocation des parents, l'avertissement, l'exclusion temporaire, le conseil éducatif, le conseil de discipline, et l'exclusion définitive de l'établissement. Or trois de ces sanctions entraînent l'exclusion des élèves, soit des cours, soit de l'établissement, temporaire ou définitive.[38] Parmi ces

38. Ces deux dernières modalités d'exclusion sont l'aboutissement respectif du rapport disciplinaire d'une part, et du conseil de discipline d'autre part, lequel se solde généralement par une exclusion

« outils », le renvoi de cours est fréquemment mobilisé par les enseignants : dans les collèges enquêtés, dix à vingt élèves par jour en moyenne passent donc une partie de la journée en salle de permanence ou parfois à « traîner » dans les couloirs, au CDI ou dans la cour, mobilisant, pour leur prise en charge, l'équipe de la vie scolaire. Le relevé des rapports d'exclusion révèle, parmi les élèves concernés, la récurrence d'une trentaine de noms qui apparaissent plusieurs fois par semaine. À ces massifs et quotidiens renvois ponctuels de cours, il faut ajouter – cas plus rares, mais notables néanmoins – quelques renvois systématiques de certains élèves d'un cours en particulier. Dans les deux collèges, une petite dizaine d'élèves ne sont plus admis du tout par certains enseignants pendant plusieurs semaines, voire à l'année. Bien que hors cadre réglementaire, ce mode de sanction, officiellement désapprouvé par la vie scolaire et la direction, est relativement routinisé, parce qu'il constitue souvent l'aboutissement d'un conflit interpersonnel entre l'élève et l'enseignant poussé à son paroxysme, auquel aucune solution n'est proposée. Les élèves concernés par ces exclusions sont souvent considérés par une partie des enseignants comme inintéressés et inintéressants en cours. Et c'est parfois le discours de l'irrécupérabilité qui est mobilisé, comme le rappelle la formule d'un professeur de mathématiques à propos d'un élève indésirable dans son cours : « De toute façon, là... j'crois qu'y a plus rien à faire ! » Dans les discours, le renvoi de l'élève est souvent présenté comme une solution acceptable pour les deux parties : l'élève, qui de toute façon ne semblait pas disposé à travailler, ne perd pas grand-chose à être évacué de la classe, tandis que l'enseignant voit disparaître un élément sans intérêt et/ou perturbateur dans le déroulement du cours. Un des enjeux de cette « pratique d'évitement »[39] semble être d'atténuer un peu le caractère souvent conflictuel et difficile des interactions professeur/élève, typique à Mermoz et Rousseau.

Le refus des retardataires de plus de cinq minutes par certains enseignants constitue une autre modalité de l'absence inscrite dans les habitudes de fonctionnement des collèges, et cette fois conforme aux règlements intérieurs. Parfois, c'est le bureau de la vie scolaire qui anticipe le refus de l'enseignant, ou estime que le retard est trop important, et envoie directe-

définitive de l'établissement. On en compte trois ou quatre par an dans chaque établissement enquêté.

39. Erving Goffman, *Les Rites d'interaction*, Paris, Minuit, 1974.

ment l'élève en permanence. De même que les exclusions de cours, les élèves ont d'autant plus de risques d'être refusés en cas de retard qu'ils ont un « casier scolaire »[40], autrement dit l'étiquette d'indésirable. Là encore, les enseignants jouent, dans les termes de Peter Woods, une « stratégie de survie » pour « refiler » les perturbateurs à d'autres acteurs de l'établissement, et éviter d'éventuels conflits.[41]

Les multiples convocations administratives dont certains élèves font l'objet durant les heures de cours, en particulier au bureau de la vie scolaire, constituent également des moments où les élèves sont « absentés » des cours par l'institution elle-même. Pour s'expliquer sur une absence encore non justifiée ou sur une altercation signalée au conseiller principal d'éducation, assister à un entretien avec leurs parents ou discuter d'un « problème d'orientation », certains élèves se trouvent fréquemment convoqués pendant leurs heures de cours. La fréquence des convocations d'une partie des élèves (ceux-là mêmes qui posent le plus de problèmes aux acteurs de l'établissement), avec les attentes parfois assez longues dans le couloir qui les précèdent[42], signale que la présence en cours de ces élèves n'est pas une priorité, du moins du point de vue de certains acteurs.

Par ailleurs, alors qu'officiellement la classe SAS constitue un dispositif visant à « raccrocher » les élèves considérés comme en décrochage cognitif et/ou ayant des problèmes comportementaux[43], elle fonctionne souvent dans les

40. *Cf.* notamment Jean-Paul Payet, *Collèges de banlieue*, Armand Colin, Paris, 1997, et Stéphane Beaud, *80 % au bac. Et après ?..., op. cit.*

41. Peter Woods, « Les stratégies de "survie" des enseignants » (« Teaching for survival », trad. Jean-Claude Forquin), *in* Jean-Claude Forquin, *Les Sociologues de l'éducation américains et britanniques*, De Boeck Université, Paris, 1997, p. 366 et 367.

42. Au collège Rousseau en particulier (mais également dans un établissement de Villeurbanne lors de l'enquête exploratoire), j'ai été frappé plusieurs fois par la présence prolongée d'élèves (par ailleurs connus pour les avoir interviewés) devant la porte du bureau du CPE, qui les avait « convoqués » via un surveillant. L'habitude de convoquer plusieurs élèves à la même heure en les recevant séparément contribue à expliquer ces longs moments d'attente dans les couloirs pendant les heures de cours.

43. Rappelons que, à la différence des classes ou ateliers-relais, la classe SAS est un dispositif interne à l'établissement. Dans le premier

faits comme un moyen de « débarrasser » pour un moment les classes d'élèves considérés comme ingérables. Absentés temporairement de leur classe, les élèves envoyés en SAS sont d'abord exclus de l'établissement trois jours.

Enfin, pour les cas considérés comme « extrêmes » (trois ou quatre en trois ans d'enquête), parce que leur niveau scolaire est très faible, et qu'ils sont quotidiennement concernés par les problèmes de discipline, le principal de Mermoz, qui n'est pas un partisan de l'exclusion définitive, a trouvé une solution aux marges de la légalité, mais constituant à ses yeux « la seule solution ». Il s'agit d'envoyer ces élèves en « stage professionnel », alors qu'ils ne sont âgés que de 14 à 16 ans, pour des durées de deux ou trois semaines, plusieurs fois dans l'année scolaire, en particulier à la fin de l'année, lorsque, selon la formule du conseiller principal d'éducation de Mermoz, « on ne sait plus quoi faire », notamment après plusieurs semaines en classe SAS. En général, ces stages sont organisés avec des membres de la famille, et sont des arrangements pas vraiment explicites. Officiellement, il s'agit de former les élèves, mais l'objectif prioritaire est en réalité de permettre aux acteurs du collège de « souffler un peu », sans pour autant laisser l'élève dans la rue.

Dans le cadre du fonctionnement quotidien des établissements, une partie des élèves peuvent donc être « absentés » par certains acteurs éducatifs, en contradiction avec la valorisation officielle de l'assiduité. Ces pratiques sont solidaires de pratiques discursives informelles, qui attestent fréquemment l'indésirabilité de certains élèves à certains moments, même si elles demeurent traversées de contradictions. Ainsi, lors de la présente enquête, face à ma difficulté à rencontrer les élèves absentéistes pendant les heures du déjeuner[44], les conseillers principaux d'éducation ont pris l'habitude de les convier pendant leurs heures de cours. En réaction à l'expression de mes scrupules par rapport à de telles méthodes (contribuer à l'absentéisme en l'étudiant...), les conseillers principaux

cas, les élèves sont envoyés dans un autre établissement pour un temps déterminé à l'avance (cinq ou six semaines le plus souvent). Dans le second cas, les élèves restent dans leur établissement, mais passent simplement de leur classe officielle à la classe SAS, pour une durée relativement indéterminée (en principe quelques semaines, mais de fait, parfois, plusieurs mois).

44. Les élèves absentéistes sont presque tous externes.

d'éducation des deux établissements ont plusieurs fois souligné l'intérêt que les enseignants pouvaient en tirer : « Hou là là ! T'en fais pas ! Alors là, c'est vraiment pas un problème ! » À la cantine, alors que nous étions en train d'évoquer avec les conseillers principaux d'éducation la perspective d'un entretien avec tel collégien, certains enseignants se sont exclamés : « Ah ben, c'est ça, tiens ! Prends-le-moi cet après-midi... très bien [rire] ! » D'autres formules captées en salle des professeurs vont dans le même sens : « Moins je le vois, mieux je me porte [rire] ! », « J'espère surtout que Rachid sera pas là ! », et peuvent être prononcées par les mêmes enseignants qui excluent relativement fréquemment des élèves de leurs cours. Indéniablement, l'absence de certains élèves, à certains moments, constitue, pour certains acteurs, une bonne nouvelle plutôt qu'un motif d'inquiétude. La dureté ou même l'âpreté des propos sont certainement très liées au contexte précis d'observation : la salle des professeurs par exemple, en fin d'après-midi, avant un conseil de classe et dans une période de l'année réputée difficile, est certainement favorable à l'actualisation d'un sentiment de « ras-le-bol » (expression couramment utilisée par les acteurs rencontrés) de certains élèves sous sa forme la plus crue. Ces paroles, prononcées dans de telles circonstances, fonctionnent un peu comme un exutoire pour les adultes. Certains d'entre eux, conscients de leur dureté, se gardent bien de les prononcer devant les élèves concernés.

Le rituel de la justification des absences

Les élèves qui cumulent plusieurs absences codées comme injustifiées[45] doivent fournir au conseiller principal d'éducation un ou des mots justificatifs tirés du carnet de correspondance, signés par un parent. Lorsque ces justifications restent en souffrance, tardent et s'accumulent, les conseillers principaux d'éducation convoquent les élèves pour « régulariser leurs absences », selon leur expression. Cette demande de justification ou d'explication constitue en fait une des activités centrales du conseiller principal d'éducation dans son travail de gestion des absences. Parce qu'elle se répète quotidiennement,

45. Les élèves absentéistes dont les parents anticipent cette demande de justification avec un coup de téléphone préventif ou un mot rempli dans les temps sont moins exposés que les autres à ce rituel de la justification.

selon un protocole assez prévisible, ponctué par des formules redondantes, cette scène s'apparente un peu à un rituel dont la fonction, à l'instar de la mise en rang des corps dans la cour, est, selon les formules de Bernstein, de « revivifier au sein de l'individu » l'ordre scolaire et d'« empêcher la remise en question des valeurs »[46] qu'il transmet. « Alors, Fabien, t'étais pas là hier. Tu as été noté absent ce matin ! Tu n'as pas encore justifié tes absences ? Montre-moi ton carnet ! Tu as un mot de tes parents ? J'aimerais bien que tes parents me rappellent, je vais convoquer tes parents, j'attends des explications..., etc. », constituent des exemples de formules captées qui inaugurent la scène. Le ton est d'emblée donné : c'est à l'élève, et plus ou moins directement à sa famille, de rendre des comptes, d'expliquer ses absences.

Dans le même temps, tout ce qui, au niveau de l'espace scolaire, serait susceptible d'intervenir dans la détermination des absences est ainsi éludé. Par exemple, le travail de recoupement des emplois du temps, d'exploitation des bulletins et des relevés d'absence où figurent à la fois les exclusions de cours et les absences de cours[47] des élèves, qui permettrait notamment d'établir d'éventuelles corrélations entre l'absence de l'élève et l'occurrence de certains cours, voire entre les cours dont l'élève est souvent exclu et les cours d'où il s'absente, sort ainsi du cadre des activités des conseillers principaux d'éducation. Toutes les pistes scolaires pourtant susceptibles de contribuer à rendre intelligibles certaines absences des élèves sont occultées. Tout se passe comme si, au niveau du collège, en dehors de l'activité de contrôle, de convocation des parents et de signalement à l'inspection académique, il n'y avait rien à dire et à faire par rapport aux absences, sinon en demander une justification faisant appel à des conditions extérieures à l'établissement, alors, quant à lui, supposé tout entier tendu vers l'impératif d'assiduité.

La concomitance de cette pratique rituelle de demande de justification et du discours courant des conseillers principaux d'éducation révèle un paradoxe : théoriquement codés comme « défaillants », « largués », « issus du quart-monde », les parents

46. Cité par Peter Woods, « Les stratégies de "survie" des enseignants », article cité.

47. À cet égard, les relevés d'absence qui mêlent ainsi les exclusions et les absences fonctionnent un peu comme des lapsus révélateurs du fait que l'institution contribue à « absenter » les élèves...

de ces élèves sont par ailleurs *pratiquement* considérés comme en mesure de répondre, de manière adéquate, aux exigences scolaires, comme l'illustre l'usage persistant du carnet de liaison par l'institution. Cette récurrence témoigne de la force de la croyance pratique, en particulier des conseillers principaux d'éducation, dans le fait que les familles disposent des conditions nécessaires (maîtrise des codes langagiers adéquats, fonctionnement du carnet, rapport au temps impliqué, etc.) pour s'approprier, ou ne serait-ce que connaître, cet outil institutionnel. Le carnet est censé constituer un des supports du rapport éducatif parents-enfant-institution autour de l'importance du respect des règles scolaires. En même temps qu'il présuppose une cohérence des codes et des priorités entre famille et école, il évacue l'éventualité d'une contradiction intrafamiliale.

L'approche institutionnelle de ces parents nie la possibilité de différence de codes : il faut, par un « électrochoc »[48], les « ramener à la raison », et les pousser à se mobiliser, pour renouer avec leur « mission parentale ». Le déni d'une possible contradiction se soutient de l'idée selon laquelle le mode de socialisation scolaire serait le seul possible, dont ces parents, et leurs enfants, seraient « déficitaires »[49]. Cette rhétorique permet d'évacuer tout questionnement quant aux pratiques institutionnelles, et de laisser fonctionner une bonne partie de l'organisation, routinisée (et donc rassurante psychiquement). En conséquence, ce rituel amène toujours à l'énoncé des mêmes justifications, auxquelles personne ne croit vraiment[50], tandis que les raisons subjectives de ces absences demeurent inaccessibles, parce que, bien qu'elles puissent être accessibles – de

48. « Électrochoc » est un mot souvent utilisé par les CPE rencontrés pour désigner ce qui devrait se passer du côté des parents interpellés, convoqués ou sanctionnés par l'institution scolaire.

49. Mais en nous inspirant des travaux de Saül Karsz menés dans le cadre de son séminaire « Déconstruire le social » à Paris-V dans les années 1990-2000, on peut faire l'hypothèse que la persistance des pratiques rituelles de convocation des parents (et leurs échecs) témoigne peut-être que ces derniers ne sont pas « vides » (de repères, de valeurs, de mobilisation, etc.) mais pleins (d'autres repères, etc.), ce qui pourrait expliquer que « ça » résiste ou achoppe.

50. C'est ce qui ressort de certaines discussions que nous avons eues avec le CPE de Mermoz, dans des conditions propices à une certaine réflexivité (autour d'une bière à son domicile).

manière fugace certes : une discussion avec un acteur éducatif, des insultes ou des graffitis, etc. –, l'appareillage conceptuel et organisationnel du collège n'en permet pas l'expression légitime, le déchiffrage et l'enregistrement. Le caractère binaire des catégories administratives (présent/absent, à l'heure/en retard, justifié/injustifié, etc.) contribue à mobiliser la composante « surgé » au détriment de la composante « éducative » des conseillers principaux d'éducation.

On peut, en définitive, penser que l'accès aux raisons des absences est secondaire dans ces échanges. La reconnaissance de sa faute par l'élève semble beaucoup plus centrale que la formulation de ses raisons. À travers ce qui fait penser à une « procédure de l'aveu » telle que Michel Foucault l'évoque dans son analyse historique du rituel de la pénitence[51], l'élève est régulièrement placé dans les conditions exemplaires d'une relation asymétrique qui doit faciliter la reconnaissance d'une certaine autorité institutionnelle, et dans les mots de Basil Bernstein « renforcer l'acceptation des procédures »[52] utilisées pour maintenir l'ordre scolaire, en entretenant le silence et la cécité sur l'éventuel rôle de l'institution scolaire dans la problématique de l'absence. Convoqué à donner des raisons recevables du point de vue institutionnel, l'élève est placé en situation d'apprendre ce qui est légitime et ce qui ne l'est pas, c'est-à-dire une certaine échelle de valeurs. À l'instar des sondés dont parlait Pierre Bourdieu, les élèves ainsi convoqués doivent en définitive répondre à une question qu'ils ne se posent pas, ou dans des termes très différents. Ce système ritualisé d'une énonciation contrainte de la culpabilité de l'élève, et par ricochet de sa famille, non seulement constitue un contexte particulièrement favorable au renforcement de dispositions absentéistes, mais assure la préservation d'une zone de non-questionnement dans l'espace scolaire.

51. Michel Foucault, *Les Anormaux. Cours au Collège de France. 1974-1975*, Gallimard-Le Seuil, « Hautes Études », Paris, 1999.

52. Cité par Peter Woods, « Les stratégies de "survie" des enseignants », article cité, p. 368.

Chapitre IV

Du primaire au collège. Malentendus, difficultés et construction de la résistance

Les variations du vécu de la scolarité primaire

Les collégiens enquêtés n'ont eu, à quelques rares exceptions près, aucune pratique absentéiste durant leur scolarité primaire. Comme l'ont par ailleurs observé François Dubet et Danilo Martuccelli, au moment de l'école primaire, « l'obligation scolaire va de soi, elle fait partie de "l'ordre des choses" »[1]. C'est donc au collège que ces élèves ont commencé à s'absenter de certains cours. Mais parce qu'on sait bien que ce qui se passe dans le secondaire pour les élèves est difficilement dissociable de ce qui s'est joué en primaire[2], il nous a semblé pertinent de revenir sur cette période dans la présentation de leur trajectoire. Qu'est-ce qui, dans les expériences qu'ils ont vécues à cette époque de leur scolarité, peut nous aider à comprendre leurs pratiques absentéistes, en tension avec

1. *Cf.* François Dubet et Danilo Martuccelli, *À l'école...*, *op. cit.*, p. 86.

2. *Cf.* notamment les travaux de Jean-Pierre Terrail, Bernard Lahire ou Élisabeth Bautier.

leur accrochage scolaire ? À cet égard, on peut distinguer deux groupes d'élèves :

Un *premier groupe* (un peu plus de la moitié de la population interrogée) est composé d'élèves qui déclarent avoir un bon souvenir de l'école primaire, et utilisent pour caractériser cette période de leur scolarité des catégories positives.[3] Alors que certains évoquent les relations privilégiées avec les enseignants, d'autres insistent sur l'absence de « problèmes » (ce qui signifie souvent l'absence de sanctions notables telles que les exclusions, les rapports ou les heures de colle) ou les activités ludiques, culturelles ou sportives qu'ils pouvaient avoir dans le cadre scolaire ou périscolaire. La plupart de ces élèves n'ont pas redoublé avant leur entrée au collège. Cet ensemble de traits positifs ne rime pas nécessairement, cependant, avec une absence de difficultés dans les apprentissages scolaires. Mais il semble que différents facteurs se soient combinés durant cette période pour les mettre en veille, au moins partiellement, et nuancer certains points contradictoires entre leur socialisation familiale et leur socialisation scolaire.

À l'inverse, pour un *second groupe* d'élèves, la période du primaire n'est pas décrite comme une période facile. S'il est parfois question de « mauvais souvenirs », c'est surtout sous l'angle des différents « problèmes » qui l'ont caractérisée que ces élèves en parlent : « des bêtises, trop de bêtises [...] à partir du CE1, je faisais des bêtises [...]. Je parlais tout le temps [...]. Ils me viraient de la classe... » (Ozan). D'autres élèves évoquent les bagarres ou chahuts auxquels ils ont participé, et les différentes sanctions qu'ils ont subies. Presque tous ces élèves ont au moins redoublé une fois avant l'entrée au collège, et ont aujourd'hui encore de grandes difficultés dans les exercices de lecture et d'écriture, corrélées pour certains avec une formulation orale très laborieuse, du moins dans le contexte des entretiens que nous avons réalisés avec eux. Beaucoup plus nuancée dans le premier groupe, la distance qui sépare ces élèves du second groupe de l'institution scolaire semble s'être actualisée avec force dès le primaire.

3. Comme c'est globalement le cas pour les enfants de classes populaires selon les enquêtes menées par l'équipe E.S.COL (Élisabeth Bautier, Bernard Charlot et Jean-Yves Rochex, *École et savoir dans les banlieues...*, *op. cit.*).

Premier groupe : la scolarité primaire comme « bonne époque »

Pour les élèves du premier groupe, la période du primaire semble correspondre à une ouverture du champ des possibles. À cet âge, ils peuvent imaginer les perspectives professionnelles les plus improbables, sans s'exposer nécessairement aux verdicts décourageants des enseignants. Parce que l'échéance de l'orientation est encore lointaine, les professeurs des écoles ont certainement moins l'habitude de soumettre les ambitions de leurs élèves à ce qu'ils jugent plus « raisonnable » pour eux. Au contraire, il semble que certains enseignants, conformément à un principe pédagogique fondé sur la valorisation de chaque enfant, et notamment dans le cadre des activités périscolaires dans lesquelles ils s'investissent[4], peuvent parfois encourager leurs élèves dans leurs projets, y compris lorsque ceux-ci sont très éloignés du champ des probabilités professionnelles associées à leur milieu d'origine. Ainsi Hakim, en CM1, nourrit-il une passion pour le théâtre et souhaite « devenir comédien ». Tous ont manifestement à l'esprit des métiers plutôt prestigieux, socialement valorisés. Mais alors qu'une partie évoque des professions qui ne supposent pas mécaniquement un bon parcours scolaire (footballeur, comédien, danseuse, chanteur, etc.), une autre envisage des métiers supposant au contraire nécessairement un long et « bon » parcours scolaire (médecin, avocat, enseignant, etc.).

L'organisation fréquente d'activités périscolaires dans l'établissement et pendant le temps scolaire dans le contexte du primaire (atelier théâtre, préparation de fêtes, voyages, etc.), qui abolit la césure entre jeu et travail, peut favoriser la construction de liens privilégiés entre élèves et enseignants, et constituer des occasions de valoriser certaines compétences des élèves. Ces contextes constituent des expériences socialisatrices propices à un *certain* accrochage scolaire au collège.

Ainsi, dans son récit, Hakim ne dissocie pas son goût pour les cours de français, la sympathie que lui inspirait son professeur en primaire et les ateliers théâtre auxquels il participait avec lui : « J'étais bon en français, j'aimais ça... Je m'entendais bien avec le prof... Le vendredi on faisait du théâtre avec lui, je kiffais. » En fait, outre ses difficultés en maths, Hakim avait

4. *Cf.* Élisabeth Bautier, « Décrochage scolaire : genèse et logique des parcours », article cité.

déjà en primaire des problèmes en grammaire, orthographe ou conjugaison, comme il le dit lui-même plus loin. Mais il a tout de même certainement pu se construire et se considérer comme « bon en français » à travers la valorisation de ses participations orales et la relativisation de ses échecs dont il a bénéficié de la part de son professeur. Ainsi, comme le souligne Élisabeth Bautier, être « bon » dans une matière à l'école primaire peut être très lié à la relation privilégiée qu'un élève entretient avec un enseignant unique (codé comme « gentil »), qui pondère les verdicts scolaires, valorise et encourage les attitudes participatives et minore les éventuelles erreurs, relativise les échecs dans certaines matières en fonction des succès dans d'autres, selon une « logique de réconfort », parfois sans rapport avec les activités d'apprentissage[5].

La bonne relation entre les parents et les professeurs des écoles apparaît également comme un des principaux traits positifs de cette époque du primaire. Certains parents, aujourd'hui le plus souvent « invisibles » dans les murs du collège, avaient, semble-t-il, de meilleures relations avec les enseignants, participant à la construction d'une ambiance apaisée, en contraste avec les conflits qui caractérisent souvent la période du collège. Alors que, dans les collèges enquêtés, les parents sont le plus souvent *convoqués* de façon formelle par courrier ou téléphone, les professeurs des écoles évoqués par les élèves les *invitent* davantage via leur enfant à venir « à l'occasion », ou profitent de leur éventuelle présence devant l'établissement lorsqu'ils viennent encore chercher leur enfant le soir. Dans leurs récits de cette période, les élèves insistent souvent sur l'absence de disqualification devant leurs parents, comme pour contraster avec ce qu'il se passe aujourd'hui dans le cadre du collège. Et parce qu'ils assurent l'enseignement de plusieurs matières, les professeurs des écoles peuvent toujours trouver des éléments de bilan positifs pour nuancer les éventuels problèmes dans certaines situations d'apprentissage. Enfin, l'organisation fréquente d'activités péri et extrascolaires (fêtes, manifestations, spectacles, etc.), dans ou avec les établissements scolaires, permet de multiplier les moments de coprésence parents-enseignants-élèves centrés sur d'autres questions que celles des difficultés dans les apprentissages, contextes qui sont susceptibles d'atténuer la distance sociale qui sépare ces familles de l'école.

5. *Cf. ibid.*, p. 38.

Par ailleurs, la plupart des élèves de ce groupe ont pratiqué durant la période du primaire une activité encadrée (sportive ou culturelle) dans une association, maison de quartier ou MJC. Parce que les relations sociales à l'œuvre dans les structures associatives péri et extrascolaires procèdent en grande partie de la forme scolaire de socialisation[6], ces activités constituent des expériences socialisatrices qui ont pu soutenir ces élèves dans leur processus d'accrochage scolaire. Les activités proposées par les associations et leurs modalités d'organisation s'imbriquent en effet le plus souvent avec les exigences scolaires : encadrées par des éducateurs ou des animateurs adultes, selon un emploi du temps déterminé, calé sur celui de l'année scolaire, dans un lieu spécifique, à travers des exercices répétés, en fonction d'un système de codes et de règles impersonnel. En outre, comme à l'école, la ponctualité et l'assiduité sont le plus souvent exigées par les structures associatives (même si la tolérance par rapport aux manquements à l'assiduité y est assurément plus grande). La combinaison de ces instances de socialisation s'est renforcée à partir de 1997 avec la mise en place de nombreux contrats éducatifs locaux ou contrats temps libre, notamment dans le Val-d'Oise, dont la vocation est précisément d'articuler au mieux les activités et les temps scolaires, périscolaires et extrascolaires. Dans ce contexte, les liens qui unissent les écoles et les associations peuvent se multiplier : partage des locaux, partenariat entre éducateurs et professeurs autour de projets communs dans le cadre d'un contrat éducatif local, etc. Les cours de dessin ou d'éducation physique, de français ou de physique peuvent ainsi s'inscrire dans des partenariats plus ou moins durables avec des initiatives associatives (par exemple, Les Petits Débrouillards, une association qui intervient régulièrement dans les écoles pour initier de manière ludique les enfants à la chimie ou à la physique). Quand ils évoquent cette époque du primaire, les élèves peuvent ainsi spontanément associer ou mêler temps scolaire et périscolaire, qui semblent alors constituer deux composantes indissociables de leur univers. Ce « petit monde » rassurant disparaît au collège.

En outre, ces élèves bénéficient au primaire d'une aide aux devoirs, qu'elle soit formelle ou non. Pour certains, ce sont les

6. *Cf.* notamment Daniel Thin, *Quartiers populaires...*, *op. cit.*, et « Travail social et travail pédagogique. Une mise en cause paradoxale de l'école », *in* Guy Vincent (sous la direction de), *L'Éducation prisonnière de la forme scolaire ?...*, *op. cit.*

parents, ou les frères et sœurs qui, de manière plus ou moins régulière, ont fourni ce soutien. Même lorsque leur scolarité a été très courte, certains parents peuvent faire réciter les leçons ou participer à la résolution d'un problème de mathématiques. Pour ceux moins dotés pour aider leurs enfants à affronter certains exercices scolaires – comme les parents d'Amila, récemment immigrés d'Inde, parlant mal le français et ayant peu fréquenté l'institution scolaire –, l'investissement des espaces formels de soutien scolaire ne va pas de soi. En revanche, bien intégré dans la sociabilité de quartier, Amila a pu bénéficier de l'aide de sa voisine, proche de sa mère, et dont la fille était en primaire dans la même classe que lui. La plupart de ces élèves ont par ailleurs fréquenté régulièrement l'étude dirigée le soir après les cours. Ils prolongeaient ainsi le temps passé dans l'enceinte de l'école, mais en bénéficiant d'une attention particulière, parfois très individualisée, de la part des enseignants ou des éducateurs. Ce temps passé à faire les devoirs, dans une ambiance souvent détendue à laquelle peuvent se mêler des moments de jeux informels dans la cour de récréation, contribue à dédramatiser l'école et ses exigences en termes d'apprentissage. Comme pour les activités péri et extrascolaires, la fréquentation durable et régulière de l'étude dirigée dans l'établissement tend à renforcer ou à systématiser les effets de la socialisation scolaire[7].

Mais, très souvent, cette aide formelle ou informelle est restée circonscrite au contexte du primaire. Elle ne se poursuit au collège que dans de rares cas. La disparition de l'étude dirigée, et l'importance prise par le temps de sociabilité dans le quartier au moment du collège (vers 12 ans) au détriment du temps passé au domicile contribuent certainement à expliquer ce changement.

Enfin, pour ce groupe d'élèves, la vie de la cité, dans laquelle ils vivaient pourtant déjà pour la plupart, était, durant leur scolarité en primaire, relativement maintenue à distance. Ainsi, lorsqu'il parle de cette période, Abdou insiste sur la rareté de sa présence dans les rues de son quartier par rapport à aujourd'hui. La socialisation par le groupe de pairs dans le quartier, les occasions de prendre des habitudes, que certains définissent face à l'enquêteur comme de « mauvaises habitudes » (Abdou), souvent contraires aux exigences scolaires, sont alors assez réduites. Pour certains élèves, cette relative absence

7. Bernard Lahire, *Tableaux de familles...*, *op. cit.*

d'intégration dans la vie de quartier à l'époque du primaire est associée au « calme » ou au « sérieux » (Amila), contrastant avec l'époque du collège, indissociable des « conneries », du fait de « traîner », de « partir en couille » (Abdou), de « fumer des bédos » (Mehdi) ou de « rentrer tard » (Alexandra). Pour eux, la vie de la cité ne semble pas constituer à ce moment-là un principe concurrent avec l'école, qu'ils considèrent encore souvent sur le mode de l'évidence.

Deuxième groupe : le primaire comme début des « problèmes »

À la différence des élèves du premier groupe, ceux du second ont connu un parcours en primaire plutôt marqué par des difficultés dans les apprentissages scolaires, des décisions et des étiquetages institutionnels souvent négatifs, ou des situations conflictuelles répétées avec les enseignants. En même temps qu'ils n'ont pas, ou très peu, participé de manière régulière à des activités associatives ou été inscrits dans un système d'aide aux devoirs, ils ont souvent développé dès l'âge de 8-10 ans une sociabilité de quartier et des habitudes entre pairs plutôt contradictoires avec les exigences scolaires. Pour ces élèves, la réalisation des exercices scolaires et la soumission aux règles institutionnelles semblent être problématiques dès la période du primaire.

D'abord, des difficultés dans les apprentissages scolaires de la lecture et de l'écriture, c'est-à-dire dans le travail d'appropriation d'un certain type de rapport au langage, apparaissent dès le primaire, alors que, pour le groupe précédent, elles apparaissaient plutôt en mathématiques. Ces difficultés se soldent parfois par des redoublements. Dans le cas d'Ozan, c'est même une année de maternelle qui a été redoublée, parce que, dit-il, il ne « savait pas bien parler français ». Ces difficultés dans le rapport au langage sont plus systématiquement étiquetées que celles en mathématiques, plus souvent nuancées. En difficulté dans les apprentissages dits « élémentaires »[8], Nicolas est

8. Comme l'analyse Bernard Lahire (*Culture écrite et inégalités scolaires...*, *op. cit.*, p. 125), l'apprentissage scolaire de l'écriture et de la lecture ne constitue pas le degré le plus simple de l'instruction, comme un certain sens commun peut le laisser accroire. Ces apprentissages engagent toute une disposition spécialement constituée à l'égard du langage.

ainsi l'objet de jugements persistants : à la différence de Hakim (premier groupe), par exemple, dont les difficultés en mathématiques sont nuancées par une valorisation de compétences en français et le maintien d'une ouverture des perspectives d'avenir, Nicolas s'entend dire qu'il n'est « pas à la hauteur » (« On me disait que j'avais pas le niveau »), et n'a manifestement pas été marqué par des appréciations susceptibles de pondérer ces jugements négatifs. Dans ce contexte, le redoublement du CM2 lui est présenté comme une nécessité incontournable. La conclusion de son récit de cette période, exprimée sur le mode passif (« on m'a fait redoubler »), illustre bien le fait que la décision a largement échappé à Nicolas et à sa mère.

Présenté comme une chance pour la suite, un redoublement peut cependant être vécu par l'élève comme une « disqualification », ou « l'enregistrement d'un échec »[9]. À travers cette décision concrète se cristallise ainsi l'étiquette de « mauvais élève ». En outre, alors que d'autres de la même classe peuvent passer en sixième avec les mêmes (mauvais) résultats, l'élève redoublant peut être interpellé par la conviction de l'enseignant qu'il se caractérise par un déficit, rendant improbable une amélioration l'année suivante (contrastant avec d'autres élèves dont on fait l'hypothèse qu'ils vont « mûrir »). Et si, après le redoublement, les résultats sont toujours jugés insuffisants, le sentiment d'être « nul » ou définitivement « pas à la hauteur » peut s'exacerber. C'est ce qui est effectivement arrivé à Nicolas. Étant toujours considéré comme en échec scolaire à l'issue de sa deuxième année de CM2 (« c'était toujours la même chose »), Nicolas peut faire sienne l'idée que ce sont ses « aptitudes » ou ses « capacités personnelles » qui sont en cause. Alors que certains élèves ainsi interpellés peuvent ne pas se sentir concernés, Nicolas est dans les conditions pour être sensible à de tels messages. En difficulté effective dans les apprentissages scolaires, et évoluant dans un univers familial faiblement outillé pour nuancer les verdicts scolaires, il est certainement disposé à s'approprier l'idée qu'il n'est « pas fait pour l'école », et que son échec annoncé est sinon certain, du moins probable, comme il l'exprime à travers certaines formules : « De toute façon, j'suis pas un bon élève. » Quand on lui pose la question de savoir ce qu'il souhaite faire scolairement et professionnellement, plutôt que de parler de sa volonté ou de ses souhaits, Nicolas se met dans la position de celui pour qui on décide des possibles et des

9. *Cf.* Jean-Pierre Terrail, *De l'inégalité scolaire, op. cit*, p. 65.

impossibles, et ne semble pas avoir davantage de confiance en lui qu'on en a témoigné à son égard.

Au carrefour du primaire et du collège, Nicolas se trouve donc dans une situation d'injonction contradictoire que l'on pourrait synthétiser dans cette formule : « Tu n'as toujours pas le niveau pour entrer au collège, tu vas probablement échouer, mais tu dois quand même y aller. » Il résume ainsi ce qu'il retient de son passage du CM2 à la sixième : « En CM2, j'étais pas très bon [...]. Je suis passé à cause de... comment dire ?... à cause de mon âge. » Nicolas a semble-t-il bien intériorisé l'idée qu'il n'est pas passé en sixième parce qu'il en avait le niveau, parce qu'on « croyait en lui », mais parce qu'il n'avait plus sa place en primaire et qu'il n'y avait pas d'alternative à un passage en sixième.

Lorsqu'ils évoquent leur scolarité primaire, les élèves de ce second groupe reviennent souvent sur leur participation régulière à différentes modalités de transgression par rapport aux normes scolaires du comportement. Le plus souvent en difficulté dans les situations scolaires d'apprentissage, la soumission à certaines exigences indissociables de ces situations (du moins dans l'école telle qu'elle fonctionne aujourd'hui) devient certainement plus difficilement supportable pour eux. Aussi, en situation de cours, Ozan peine-t-il à ne pas être agité, à rester assis et immobile, et n'est-il pas disposé à « se calmer » avant l'intervention de l'enseignant, obligeant constamment celui-ci à faire des « rappels aux règles ». Mais cette résistance à un certain emploi du corps, indissociable d'un certain emploi du temps, peut également être liée à certains traits de la socialisation familiale contradictoires avec les exigences scolaires, comme, par exemple, on l'a vu dans le chapitre précédent, le mode d'exercice « au coup par coup » de l'autorité dans la famille. Fréquemment, ce trait de socialisation se combine ainsi avec l'habitude de ne pas bien supporter l'enfermement et l'immobilité, ainsi que des difficultés d'apprentissage.

À travers ces nombreuses situations de résistance-rappel à l'ordre en matière de comportement, le caractère conflictuel de la relation enseignant-élève s'accentue, réduisant les chances de ces élèves de bénéficier d'une relativisation de leurs difficultés dans les apprentissages[10], et les surexposant alors

10. Dans *Tableaux de familles...*, *op. cit.*, Bernard Lahire explique que les enseignants peuvent accorder autant, sinon plus d'importance aux comportements des élèves qu'à leurs résultats.

à des verdicts scolaires négatifs. Dans ce contexte, ces élèves peuvent progressivement devenir familiers des exclusions temporaires de cours ou de l'établissement, et apprendre ainsi, ou se voir confirmer, qu'ils ne sont pas forcément toujours les bienvenus à l'école. L'absence peut, dès lors, déjà apparaître comme une modalité de fonctionnement de l'institution, une solution acceptable de gestion des conflits.

Dans la grande majorité des cas, ces élèves, contrairement à ceux du premier groupe, ne pratiquent pas et n'ont jamais pratiqué d'activités péri ou extrascolaires. Les rares élèves concernés ont arrêté assez rapidement (après quelques mois, tout au plus une année), avant ou au moment de leur entrée au collège. C'est le cas de Nicolas, qui pratiquait le judo en CE1 : « Tous les jeudis [...]. Après, on a arrêté [...]. J'avais plus envie. » L'utilisation du « on » est sans doute liée au fait que l'arrêt de l'activité ne renvoyait pas à son seul souhait, mais également, ou surtout, à une décision de sa mère qui a peu de moyens financiers (elle l'élève seule avec un salaire d'employée de la municipalité). Cette interprétation serait cohérente avec le fait que celle-ci ne donne pas une suite favorable quelque temps plus tard au souhait de Nicolas de faire du basket.

Ces élèves n'ont donc pas fréquenté, ou pas durablement, des espaces de relations fonctionnant selon la forme scolaire de socialisation (associations, clubs). Ils ont, durant leur enfance, davantage pratiqué des activités plus informelles et irrégulières dans les maisons de quartier ou les MJC (dont les modalités de fonctionnement et de fréquentation, les horaires, les programmes, sont tendanciellement beaucoup moins stabilisés et beaucoup plus souples que dans les clubs sportifs ou les associations culturelles). Mais, le plus souvent, ils ne fréquentaient jamais ces structures et passaient l'essentiel de leurs fins d'après-midi ou temps extrascolaire dans les rues, places ou squares de leur quartier d'habitation. À travers les relations qu'ils tissaient avec leurs pairs dans ces espaces, ils ont pu développer dès cette période des habitudes plutôt contradictoires avec les attentes scolaires. Pour eux, la forme de relation éducative se limitait, davantage que pour les autres, à l'institution scolaire. Aussi a-t-elle pu perdre une partie de sa force d'évidence.

Si, comme nous l'avons vu précédemment, les modes de socialisation familiaux ne sont jamais complètement contradictoires avec les exigences scolaires (ce qui n'autorise jamais à parler de familles en « rupture » avec l'école), les contextes familiaux dans lesquels évoluent les élèves du second groupe combinent cependant souvent plus de traits contradictoires avec les exigences scolaires que les élèves du premier groupe. La famille de Djitaba, Mamadou et Soraya en constitue un bon exemple (du moins au moment de l'enquête, car les contextes familiaux peuvent évoluer). Leurs parents, récemment arrivés du Mali, maîtrisent très mal le français (ce sont les enfants qui lisent eux-mêmes à leurs parents les « mots » inscrits dans leur carnet de correspondance – parfois en les déformant). Récemment immigrés (Djitaba et Soraya ne sont pas nées en France), ils ne sont pas inscrits dans certaines relations sociales à travers lesquelles ils pourraient éventuellement se familiariser avec certains codes, enjeux ou repères propres à l'institution scolaire. Au contraire, ils entretiennent presque exclusivement des relations avec des proches (familiaux surtout) également immigrés du Mali, et cultivent une ambivalence par rapport à un projet de retour au pays. Si Djitaba, Soraya et Mamadou ne pratiquent pas encore l'absentéisme en primaire, ils s'absentent néanmoins quelques jours fin juin et début septembre pour aller en vacances au Mali avec une partie de la famille (les billets sont en effet moins chers que début juillet et fin août). Les mauvaises conditions matérielles (notamment un appartement de quatre pièces pour huit personnes) expliquent en partie pourquoi ils ont du mal à faire leurs devoirs et passent beaucoup de temps à l'extérieur (soutenus dans cette pratique par des habitudes familiales « méditerranéennes »). On peut également ajouter que le mode d'autorité qui domine dans cette famille s'appuie, semble-t-il, essentiellement sur la contrainte directe, peu conforme à l'autocontrainte requise par l'école.

Mais cette combinaison de traits défavorables n'est pas consubstantielle à cette famille et doit être considérée comme indissociable d'un contexte et d'un moment de vie particuliers. On pourrait ainsi imaginer que l'amélioration des conditions matérielles de la famille, la stabilité professionnelle d'un des parents (pouvant alors s'accompagner d'un établissement plus durable en France) et la sortie de l'espace familial des aînés pourraient contribuer à créer de nouvelles conditions de socialisation plus favorables par rapport aux exigences scolaires.

L'ARRIVÉE AU COLLÈGE

Les élèves issus du premier groupe distingué précédemment (ceux pour qui la période de scolarité primaire demeure plutôt un bon souvenir) commencent plus tardivement que ceux du second groupe à développer des pratiques absentéistes. Ces derniers semblent prêts à passer à l'acte dès les premières semaines ou premiers mois qui suivent leur entrée en sixième. Au contraire, ceux du premier groupe sont dans un processus plus long et plus progressif. Malgré leurs difficultés dans certains apprentissages scolaires (en partie éludées ou nuancées dans le cadre du primaire), ils sortent d'un contexte où ils ont pu travailler des habitudes qui leur ont permis de cultiver une certaine évidence des contraintes scolaires, et leurs pratiques absentéistes se développent généralement au cours de la deuxième ou troisième année de collège (souvent après un redoublement).

Les élèves du second groupe : renforcement des difficultés et des résistances

Les élèves dont la scolarité primaire peut être considérée comme « difficile » passent en sixième « de justesse », non parce que les enseignants estiment qu'ils ont le niveau requis, mais parce qu'il n'y a pas d'autre choix possible pour eux. Pour la plupart, en effet, ils ont redoublé une ou deux classes en primaire, ont donc parfois déjà 12 ans en CM2, et n'y ont par conséquent plus leur place. Avant même d'intégrer leur classe de sixième, ces élèves ont donc été interpellés plusieurs fois comme étant loin d'être à la hauteur des exigences du secondaire. Ils peuvent alors arriver au collège en étant travaillés par l'idée qu'ils n'y sont *pas à leur place* et que, loin d'être évidente, *leur présence dans le secondaire pose d'emblée problème.*

De leur côté, les acteurs du collège peuvent, avant toute mise à l'épreuve, considérer *a priori* ces élèves comme problématiques puisqu'ils disposent de leur fiche d'entrée en sixième remplie par les instituteurs. Ainsi, en me présentant Nicolas quelques mois après son arrivée en sixième, Mme L., la conseillère principale d'éducation de Rousseau, a plusieurs fois évoqué sa fiche où étaient notamment soulignés des « difficultés relationnelles » (avec les enseignants), « des problèmes de comportement », ou encore le caractère persistant de ses « difficultés dans les apprentissages ». Dans son récit, Nicolas restitue ce qu'il a retenu de ce que lui a dit sa professeure d'anglais en réaction à ses premiers travaux en sixième : « Elle a dit que j'étais inqualifiable. » Nicolas est rapidement étiqueté comme un élève au niveau « catastrophique » par la majorité des membres de l'équipe éducative à laquelle il a affaire : « Il a le niveau d'un élève de CM1 », dit ainsi son professeur de français.

Après quelques jours de relative inhibition au moment de l'entrée en sixième (« À la rentrée, j'étais mal à l'aise »), Nicolas renoue très vite avec des pratiques contradictoires avec les normes scolaires de comportement. En dehors des cours de mathématiques où il parvient, dans le sillage des années antérieures, à s'accrocher et à obtenir des résultats jugés convenables (12/20 au premier trimestre) tout en restant relativement discipliné, il passe l'essentiel des autres cours à bavarder avec d'autres élèves. Comme il le faisait déjà en primaire, il se lève parfois de sa chaise en plein cours, discute avec ses voisins tandis que l'enseignant est en train de parler, arrive en retard, joue avec un objet quelconque, etc.

Lorsqu'il arrive au collège, contrairement à ceux qui n'ont pas redoublé en primaire parfois étiquetés à leur arrivée comme étant des « petits » ou des « bouffons », Nicolas, comme la plupart des élèves de ce groupe qui ont redoublé en primaire, fait partie des plus grands en sixième, peut être accepté par certains redoublants ou « pitres »[11] et construire des liens avec des élèves de cinquième ou quatrième. Il est d'autant plus vite intégré dans ces groupes d'élèves plutôt « agités », scolairement « mauvais » comme il le dit lui-même, qu'il en a connu une partie à la faveur des nombreux après-midi passés à jouer ou à « traîner » dans les quartiers alentour. La bonne inscription de Nicolas dans la sociabilité de cité (indissociable, dans son parcours, d'une très faible fréquentation des clubs ou associations et d'un mode d'autorité maternel particulier[12]) lui permet d'être rapidement valorisé comme un gars de la cité

11. Bernard Lahire, *Tableaux de famille..., op. cit.*

12. D'après différents indices obtenus à travers les entretiens (qui recoupent certains témoignages des CPE ou de l'assistante sociale), la mère de Nicolas semble ne pas trop oser résister à son fils. Par exemple, bien qu'elle s'en soit d'abord désolée, elle admet que son fils de 12 ans fume tous les soirs des cigarettes dans sa chambre (« Elle m'a dit : "Dis donc, je savais pas que tu fumais comme ça." Je lui ai dit : "Ben maintenant, tu sais." Par contre, après, elle m'a fait : "Ben tu t'achèteras tes clopes tout seul !" »). De même, elle tolère certaines absences quand Nicolas lui dit le matin qu'il « en a marre » ou qu'il est « crevé », ou encore elle le laisse regarder la TV tard le soir (« elle dit rien »). La solitude de cette mère explique peut-être en partie le fait qu'elle esquive les situations conflictuelles avec celui qui, malgré son âge et son statut de fils, est aussi son seul partenaire à la maison.

à qui on serre la main, qu'on n'ignore pas. Dans ce contexte de relations avec des élèves déjà anciens dans le collège et familiers des pratiques de transgression de certaines normes scolaires, les habitudes de résistance que Nicolas a constituées en primaire sont mobilisées et valorisées. Il peut en même temps les redéfinir et les élargir, autrement dit se familiariser avec de nouvelles modalités de résistance, difficiles ou impossibles dans le contexte du primaire. Plutôt que de simplement dessiner ou bavarder en classe (« s'absenter mentalement »), Nicolas peut réaliser auprès de ses copains l'existence d'une modalité du comportement qui demeure, sinon impensable, du moins extraordinaire en primaire : « sécher » ou « s'absenter physiquement ». Il découvre ainsi l'aisance de certains copains à dissimuler la feuille d'appel, les « tactiques »[13] pour sortir à certaines heures de la journée sans se faire repérer, ou encore les moyens légitimes disponibles pour « se faire absenter » (arriver en retard et se faire envoyer en permanence, se faire exclure de cours, etc.). Il apprend ainsi auprès de certains copains à « subvertir » certaines sanctions ou à « jouer »[14] avec une partie des mécanismes disciplinaires du collège.

L'étiquette de mauvais élève ayant de mauvaises fréquentations qu'on lui attribuait en fin de primaire se réactualise donc très rapidement dans le cadre du collège. Il est vite associé au groupe des « mauvais élèves » que certains acteurs éducatifs du collège ont parfois l'habitude d'interpeller ou d'évoquer « par grappe »[15] : « Ils me foutent un peu dans le lot, heu... dans le lot des turbulents », dit ainsi Nicolas lorsqu'il évoque ses enseignants. Lorsqu'elle fait allusion à lui, la conseillère principale d'éducation de Rousseau peut l'associer immédiatement à deux ou trois autres noms : « Nicolas ? Oui, Nicolas, Marwen, Youcef, toute la bande », ou encore « le trio infernal ». Il fait ainsi rapidement partie de ceux dont le nom est régulièrement prononcé au bureau de la vie scolaire lorsqu'il est question de « problèmes de comportement » dans le collège.[16] En classe,

13. Michel de Certeau, *L'Invention du quotidien...*, *op. cit.*

14. *Ibid.*

15. Muriel Darmon, citée par Jean-Pierre Terrail, *De l'inégalité scolaire*, *op. cit.*, p. 75.

16. Comme le remarque Bernard Defrance « [...] aussi bien dans les classes qu'à l'échelle de l'établissement, une petite minorité d'élèves [...] concentrent sur eux la majorité des sanctions » (*Sanctions et discipline à l'école*, Syros, Paris, 2001, p. 47).

EXTRAIT DU BULLETIN DU PREMIER TRIMESTRE
DE NICOLAS (SIXIÈME)

Français	0/20	« Des absences, des retards et des bavardages. Aucun travail. Il faut faire preuve de motivation dans le travail. »
Histoire-géographie	1/20	« Absences et perturbateur en cours. C'est nul. Réagissez. »
Mathématiques	12/20	« Résultats assez convenables, pourrait mieux faire en participant davantage en classe. »
Anglais	4,5/20	« Très faible, manque de travail. »
Technologie	5,50/20	« À la limite des bavardages et de l'instabilité. Aucun travail par manque d'inattention [l'enseignant voulait certainement écrire "attention" !] et d'intérêt. A les capacités s'il adopte véritablement une attitude scolaire. »
Arts plastiques	7,50/20	« Nicolas semble peu motivé et courageux face au travail demandé. »
Éducation physique et sportive	10,50/20	« Négatif et boudeur. Refuse le travail. Il faut venir en cours pour travailler. »

Le principal adjoint conclut le bulletin par ce commentaire : « Résultats catastrophiques, vous devez réagir d'urgence, faire preuve de plus d'assiduité et travailler en cours. »
Sa moyenne générale est de 5,29/20 contre 9,80 pour l'ensemble des élèves de sa classe.

il est concerné par la majorité des interpellations négatives, punitions ou sanctions.

Dès les premières semaines au collège, une relation essentiellement conflictuelle se constitue alors entre Nicolas et ses professeurs (à l'exception de son professeur de mathématiques), rappelant et prolongeant le type de rapport qu'il avait quelques mois auparavant avec son institutrice. Au collège, les enseignants se multipliant, les occurrences de conflit décuplent également. Interpellé parfois plusieurs fois par jour comme indésirable, il peut passer, dès les premières semaines de sa sixième, plusieurs heures en dehors des salles de classe, rendant presque impossible son accrochage dans certains cours. En outre, par rapport au primaire, le collège multiplie les obligations telles que celle d'avoir son carnet de liaison sur la table à chaque début de cours, sous peine de renvoi.

En s'instituant, ces nouvelles normes entraînent de nouvelles formes de déviance, et les sanctions qui les répriment.

Le premier bulletin trimestriel de sixième de Nicolas (page précédente) résume les différentes perceptions que les acteurs éducatifs ont construites en quelques semaines. À part le professeur de mathématiques qui estime « convenables » ses résultats (seule note supérieure à 10 avec l'éducation physique), les autres enseignants sont unanimes dans leur premier bilan : ils déplorent déjà un manque d'assiduité, un comportement « perturbateur » et des résultats très en deçà des exigences.

Une partie des remarques inscrites par les acteurs éducatifs sur le bulletin signifient plus ou moins explicitement que ses résultats pourraient s'améliorer s'il travaillait davantage. Mais parallèlement, d'autres formules suggèrent que c'est la personne même de Nicolas qui est en cause[17]. Les commentaires oraux auxquels nous avons pu avoir accès à propos de Nicolas sont encore moins ambigus : c'est sans ambages que sa personne est mise en cause et non seulement son travail. Certains acteurs du collège proposent ainsi une interprétation médico-psychologisante des « problèmes » de Nicolas, postulant un problème d'aptitudes, une déficience cognitive et comportementale ou une pathologie. Par exemple, alors que la conseillère principale d'éducation estime que « Nicolas, ça va très mal... Ce gamin a un profil de psychopathe, il fait n'importe quoi », sa professeure de français considère que « le coefficient de Nicolas ne dépasse pas celui d'un enfant de 4 ans... Il a du mal à tenir son stylo ». Dans cette perspective, à la fin du premier trimestre, la conseillère principale d'éducation et l'assistante sociale conseillent à la mère de Nicolas d'emmener son fils consulter un psychiatre et/ou un orthophoniste. Nicolas et sa mère n'ont certainement pas les outils pour résister aux interprétations des acteurs du collège, d'autant plus qu'elles sont convergentes avec celles prononcées antérieurement par les instituteurs, prenant ainsi la force de l'évidence (Nicolas a consulté un orthophoniste en primaire, respectant ainsi une demande de l'école). Néanmoins, pour restituer la complexité de la situation scolaire de Nicolas, il convient de rappeler que son professeur de mathématiques

17. *Cf.* François Dubet, « Le travail comme équivalent démocratique du jugement scolaire », *in* Jacques Ion et Michel Peroni (sous la direction de), *Engagement public et exposition de la personne*, Éditions de l'Aube, Paris, 1997, p. 13-21.

a une attitude très différente puisqu'il peut l'encourager ou parfois le valoriser, ce que Nicolas traduit dans un langage affectif: « [...] En maths, ça se passe bien [...], le prof, il m'aime bien. »

Au final, Nicolas se voit confirmé dans une position difficilement tenable au collège: on lui demande de continuer à fréquenter un espace scolaire où il est largement (mais non systématiquement) invalidé. La multiplication (très rapide) de ses absences au second trimestre (en moyenne une quinzaine de demi-journées par mois durant l'hiver[18]) peut être interprétée comme le signe d'une sensibilité aux jugements scolaires négatifs dont il a massivement été l'objet. En s'auto-excluant régulièrement du collège, Nicolas se sous-expose aux jugements négatifs et diminue donc les occasions de s'entendre rappeler qu'il n'est pas « à la hauteur », et il renforce son inscription dans la sociabilité de quartier. Si rien dans son récit n'indique précisément qu'il y est valorisé ou qu'il s'y sent bien, on peut au moins faire l'hypothèse qu'il s'y sent mieux.

Les élèves du premier groupe: une arrivée timide et silencieuse, mais pas sans difficulté

Contrairement aux élèves du second groupe, ceux du premier groupe passent sans trop de difficultés en sixième. Alors que certains s'entendent simplement dire par leur instituteur en CM2 qu'il faudra « s'accrocher » dans les apprentissages où certaines difficultés ont déjà été pointées, contrairement aux élèves du deuxième groupe, ceux du premier sont plutôt considérés comme étant à leur place dans le collège.[19] Apparemment, leur entrée dans le secondaire et les mois qui suivent se passent relativement bien du point de vue des critères scolaires. Ils font plutôt partie des élèves qui se font « petits » en arrivant. Ils ont d'abord été « impressionnés »: « C'était grand pour moi déjà. Je me sentais mal un peu

18. Rappelons que, selon l'institution scolaire, une demi-journée d'absence peut aussi bien être une heure que quatre heures d'absence.

19. Précisons qu'ils sont plutôt considérés « à leur place » dans un *certain* type de collège (les établissements de ZEP enquêtés), en fonction de ce à quoi sont (à peu près) habitués les enseignants. On peut faire l'hypothèse que ces mêmes élèves seraient considérés comme très mauvais dans un autre type de collège (dans le centre parisien, par exemple).

dedans... Après je me suis intégré» (Amila), et sont à distance des groupes d'élèves les plus chahuteurs, les plus grands, «les redoublants».

Mais leur relative docilité par rapport aux normes scolaires de comportement n'est pas synonyme d'absence de difficultés durant l'année de sixième. Le plus souvent, de manière d'abord silencieuse, ces élèves commencent à décrocher dans certains apprentissages, ceux-là mêmes où ils étaient le plus fragiles en primaire. Mais au collège, où les professeurs n'enseignent plus qu'une discipline et ne sont donc pas dans les conditions pour relativiser les résultats de leurs élèves, les difficultés dans telle ou telle matière peuvent se révéler avec force. Comme le souligne Élisabeth Bautier, tout ce qui a pu rendre agréable la période du primaire (la valorisation des attitudes participatives dans des situations où se mêlent souvent jeu et exercices scolaires classiques) a en même temps contribué à les maintenir dans un *malentendu* sur ce qui les attendrait au collège en termes d'apprentissage.[20] Dans leur récit, certains élèves reviennent sur la surprise ou l'étonnement qu'ils semblent avoir éprouvés dans les premiers temps de leur parcours collégien (le temps de la «levée des malentendus»[21], pour reprendre les termes d'Élisabeth Bautier): «C'était dur, je m'attendais pas à ça» (Amila).

Par rapport à leurs professeurs de collège, que certains, comme Abdou, appellent encore «le maître», ces élèves restent dans une approche très personnalisée, à l'instar de ce à quoi ils ont été habitués en primaire. Lorsqu'ils abordent leurs difficultés en mathématiques, par exemple, ils ne peuvent les dissocier de la «dureté» ou de la «méchanceté» de l'enseignant. Plus ou moins explicitement, ils attendent encore de l'enseignant une gentillesse, des valorisations, un réconfort qu'ils ont pu avoir en primaire, qui deviennent d'autant plus rares au collège que leurs «bonnes réponses» aux questions posées se raréfient. Ce regret des valorisations dont ils bénéficiaient en primaire se mêle souvent à l'impression que la plupart des professeurs de collège sont distants géographiquement et, plus ou moins tacitement, socialement. Dans les récits, le «mauvais prof», celui qui n'est pas sympa, voire méprisant, ou qui ne comprend pas les élèves, n'habite pas à proximité

20. Élisabeth Bautier, «Décrochage scolaire: genèse et logique des parcours», article cité.

21. *Ibid.*

du collège : « Elle nous connaît pas ! Elle habite à Paris, hein, elle habite pas là » (Hakim). Cette figure du professeur distant s'oppose à celle du professeur accessible et proche comme une professeure d'histoire-géographie de Mermoz, dont beaucoup parlent positivement : « La prof d'histoire-géo, elle, elle est bien, elle habite là. Là, j'la croise des fois » (Mehdi). Le « bon » professeur de collège se rapproche alors de l'instituteur, c'est-à-dire de quelqu'un qui ne se résume pas à un enseignant, mais qu'on peut croiser aussi parfois dans la rue, qui peut partager des bouts de vie quotidienne avec les élèves, et reconnaître chez eux autre chose que des compétences strictement scolaires.

Les difficultés dans certaines matières, embryonnaires ou relativement invisibles en primaire, s'accentuent aussi dans le cadre du collège, alors que celui-ci ne propose plus d'aide aux devoirs ou d'étude dirigée le soir. Ayant souvent bénéficié de cette offre jusqu'en CM2, les élèves se retrouvent à partir de la sixième contraints de « rapporter chez eux » des problèmes auxquels ils ont pris l'habitude de répondre dans le cadre scolaire, avec le soutien d'adultes chargés de l'étude. Ce qui en primaire a constitué une aide pour eux a eu en même temps pour effet secondaire de les habituer à ne jamais étudier seuls « à la maison ». Ces élèves n'ont guère eu l'occasion de travailler leurs dispositions ascétiques, c'est-à-dire d'être régulièrement invités ou contraints de faire, seuls, leurs devoirs, « à point nommé ». Ils ont davantage été habitués à ne faire leurs devoirs que dans le cadre de l'étude obligatoire, sous l'œil des éducateurs. Cette disparition de l'aide scolaire intervient justement quand la plupart des parents d'élèves ne sont plus en mesure d'apporter leur soutien dans la réalisation des devoirs (ils ne l'ont parfois jamais été, dans le cas d'Anicette, par exemple).

Les élèves du premier groupe : la transformation des conditions scolaires, péri et extrascolaires...

Le processus qui conduit les élèves à l'absentéisme est plus progressif dans ce groupe d'élèves que dans le second groupe. Malgré la révélation de certaines difficultés en partie masquées à l'école primaire, la plupart de ces élèves obtiennent des résultats scolairement satisfaisants dans plusieurs matières pendant la première ou les deux premières années de collège. Ils peuvent bien sûr connaître des situations conflictuelles avec certains enseignants (débouchant parfois sur des sanctions), mais celles-ci demeurent, du moins dans le cadre de la sixième, assez rares. Dans un premier temps, ces élèves semblent alors plutôt dociles par rapport aux exigences scolaires. Ils jouent encore suffisamment le jeu (scolaire) du point de vue des acteurs éducatifs. À cette étape de leur parcours de collégien, ils n'ont pas de pratique absentéiste. C'est seulement lors de leur seconde, voire troisième année de collège que leurs situations scolaires se rapprochent de celles des élèves de l'autre groupe.

Mois après mois (durant la sixième ou dans certains cas seulement en cinquième ou en quatrième), ces élèves connaissent une dégradation de leurs résultats scolaires. Peu à peu, les difficultés s'affirment, se confirment et s'étendent, même s'ils restent relativement bons dans une, deux, quelquefois trois matières. Ainsi, si les résultats d'Hakim demeurent corrects en français (entre 10 et 12 en moyenne), il se trouve « largué » en mathématiques au bout de quelques mois de sixième et ne parvient pas à s'en sortir en SVT et en sciences physiques (« je comprends pas »). À l'issue de sa sixième, le conseil de classe juge le redoublement nécessaire (sanctionnant surtout ses « lacunes » et non son comportement, jugé satisfaisant). À l'instar de la plupart des autres élèves rencontrés, cette décision institutionnelle est plutôt vécue comme une punition : « J'ai redoublé, j'étais dégoûté », dit-il pour évoquer cette période. La deuxième sixième est un échec. Hakim n'enregistre aucune progression dans ses performances scolaires. Comme il le laisse entendre, c'est alors qu'il a l'impression d'avoir renoncé aux matières scientifiques (« J'ai lâché l'affaire »). Il passe l'essentiel de ses cours de mathématiques, physique, SVT à « rigoler », « délirer », « dessiner », et ne fait jamais ou presque ses devoirs. Les enseignants de ces disciplines disent alors de lui qu'il est « agité », qu'il « n'écrit rien » sur ses cahiers ou qu'il n'a « jamais ses affaires » (« élève touriste », souligne son professeur de mathématiques sur un bulletin de sa deuxième sixième). En réaction à son comportement de plus en plus considéré comme insupportable, exclusions, rapports disciplinaires, heures de colle ou mots sur le carnet se multiplient. Alors que l'on pouvait encore, lors de sa première sixième, considérer une partie de ses résultats (en particulier en français) comme « convenables » et le considérer comme un élève « agréable » (bulletin de la première sixième), Hakim tend de plus en plus, l'année suivante, à résister aux exigences scolaires.

Pour d'autres élèves, le redoublement intervient plus tard, en cinquième ou en quatrième, sanctionnant alors autant les mauvais résultats que le comportement. C'est par exemple le cas de Zocky, qui évoque le redoublement de sa cinquième comme l'aboutissement d'une année où elle a « trop fait de bêtises » : elle parlait « mal au prof », en même temps que ses résultats étaient « très mauvais »[22] (en particulier dans les matières scientifiques et en anglais). Lors de sa deuxième cinquième (dans un établissement privé où ses parents l'inscrivent), les résultats et le comportement de Zocky ne s'améliorent pas : « J'ai fait des bêtises encore pires qu'ici [à Mermoz]... J'étais avec une copine qui était un peu fofolle, je l'ai un peu suivie [...]. On faisait pas notre travail, pendant les cours on parlait... euh, je sais pas, on se lançait des trucs en cours et tout... On dérangeait les autres... des trucs comme ça. » Alors qu'en sixième et au début de sa cinquième, dans le prolongement du primaire, sa conduite était encore relativement conforme par rapport aux exigences scolaires, elle y résiste de plus en plus, au fur et à mesure que se multiplient et se confirment les verdicts scolaires négatifs et les relations avec des camarades de classe « agités » ou « chahuteurs ».

Pour la plupart des élèves du premier groupe, le développement de cette résistance va de pair avec un arrêt de la fréquentation des structures associatives, et la multiplication d'expériences socialisatrices plutôt concurrentes avec les exigences scolaires. La deuxième sixième de Hakim (il a alors entre 12 et 13 ans) correspond au moment où il arrête son activité théâtre qu'il poursuivait depuis plus de trois ans (« J'avais plus envie »). Pour rendre compte plus précisément de cette rupture, il invoque le fait qu'il y avait trop de « petits » dans l'atelier et des « embrouilles » avec un animateur. Comme souvent, les adolescents de 13 ou 14 ans, sans être officiellement exclus des structures associatives, réalisent qu'ils n'y ont plus forcément leur place et s'auto-excluent.[23] En outre, les

22. Il faut noter que les élèves du premier groupe, malgré leurs meilleurs résultats que les élèves du deuxième, redoublent plus au collège. Tout se passe comme si ces derniers (ayant parfois déjà redoublé en primaire) devaient maintenant être conduits au plus vite vers une sortie du collège.

23. Nous rejoignons l'hypothèse de François de Singly (« Une forme de l'évaluation : l'analyse de l'exit, de la non-réinscription », préface,

activités proposées par les collectivités sont nombreuses pour les 6-12 ans et diminuent, voire disparaissent dans certains secteurs pour les 13-18 ans. Le déficit d'offre est en même temps solidaire des codes qui circulent au sein d'une partie des collégiens interrogés, qui peuvent considérer les activités associatives comme des « trucs de petits » ou de « bouffons ». Cependant, en même temps qu'ils peuvent rejeter ce cadre associatif, ces adolescents semblent être nostalgiques du temps où ils les fréquentaient. C'est ce qu'exprime Hakim lorsqu'il évoque l'atelier théâtre auquel il a participé jusqu'à 13 ans : « Ouais, c'était bien quand même », ou encore Alexandra lorsqu'elle parle du club de danse dans lequel elle a été inscrite pendant près de quatre ans jusqu'à l'âge de 12 ans : « Pendant un moment j'en avais marre [...]. Mais maintenant ça me manque. »

La disparition du cadre associatif dans la vie de Hakim crée les conditions pour accélérer son inscription dans l'univers des copains habitant sa cité et scolarisés dans son collège. À travers ces relations, il développe des activités informelles (traîner, discuter, se bagarrer, chahuter dans la rue, « fumer des bédos »), et des manières de faire et d'agir qui ne le soutiennent guère dans le sens de la soumission aux demandes scolaires. En d'autres termes, Hakim prend de « mauvaises habitudes », scolairement parlant, qui contribuent à casser l'évidence du monde scolaire dans laquelle il était davantage en primaire ou au début du collège. Rejoignant ainsi les pratiques que les élèves du second groupe ont développées plus tôt, Hakim, à l'image des élèves du premier groupe, sort de plus en plus le soir après les cours (« jusqu'à dix heures ou onze heures », un peu avant que son père ne rentre du travail), le week-end et durant les vacances, en s'affirmant comme étant un jeune d'extérieur, en cohérence avec la majorité de ses pairs dans la cité, et en contradiction avec l'acceptation de l'enfermement qu'exige l'assiduité scolaire.

De la même manière, l'habitude des rendez-vous fixés à l'avance pour l'activité théâtre (deux fois par semaine à 17 h 30,

in Claude Poissenot, *Les Adolescents et la bibliothèque*, Éditions du Centre Georges-Pompidou-Hachette, Paris, 1997, p. 203-223) lorsqu'il analyse l'auto-élimination de certains jeunes des bibliothèques : l'absence de ces derniers (considérés comme des usagers inintéressants) peut présenter l'avantage de préserver un certain fonctionnement de la structure du point de vue des acteurs institutionnels.

et parfois le week-end pour des répétitions) est remplacée par une logique d'improvisation (« on se retrouve dans le quartier comme ça, je sais qu'ils sont là [les copains] », explique Hakim). À travers ces relations entre pairs, c'est aussi une logique hédoniste valorisant le fait de saisir immédiatement l'occasion d'un « bon moment »[24] qui s'actualise et se renforce. Plutôt que de prendre son plaisir « quand il faut », au « moment opportun » déterminé à l'avance, comme le veut une certaine morale scolairement adéquate[25], Hakim prend l'habitude de prendre du plaisir quand la situation se présente : « Quand il fait beau, hop, je sors ! » La disparition des cadres associatifs correspond aussi à une diminution relative des occasions de se soumettre à un système de règles prédéfinies et à une augmentation des moments où, au cours des interactions, peuvent davantage se négocier les règles.

Cet investissement de l'univers des relations de quartier semble s'accentuer au fur et à mesure que se confirment les verdicts scolaires négatifs. Comme si la dévalorisation de ces élèves sur le plan scolaire favorisait leur recherche d'une reconnaissance à travers des relations entre pairs, où certaines de leurs ressources, corporelles notamment, se trouvent reconnues et valorisées (à travers l'exercice de la drague, du sport informel ou de la bagarre).

Corrélativement à ces processus, ces élèves développent des discours critiques par rapport au collège et à ses contraintes : « Ouais, ils nous laissent rien faire ! C'est des abuseurs ! Y a des surveillants, ils se prennent pour Hitler, là ! » (Jonathan), « Franchement, je déteste ici » (Nadia), « J'aime pas ce collège » (Abdou), « On dirait une prison » (Anicette), « Ça me saoule d'être ici » (Alexandra), « Ça me gonfle de rester dans le collège, je supporte pas » (Mehdi), etc. Ces appréciations négatives peuvent s'appuyer sur des expériences scolaires de plus en plus nombreuses qui contribuent à renforcer l'association entre le temps scolaire et celui de la contrainte, de l'ennui ou de la punition : heures de colle, rapports, punitions, convocations, sentiment d'être « largué », etc. Le sentiment critique à

24. Comme l'ont par ailleurs observé Richard Hoggart (*La Culture du pauvre*, *op. cit.*) ou Daniel Thin (*Quartiers populaires...*, *op. cit.*), les familles populaires cultivent souvent une forme d'hédonisme, consistant à profiter de ce qu'on peut au jour le jour.

25. Michel Foucault, *Histoire de la sexualité*, tome II : *L'Usage des plaisirs*, Gallimard, Paris, 1984.

l'égard de l'école est d'autant plus fort qu'il s'actualise dans un environnement particulièrement bruyant que certains élèves comparent à un « poulailler » (William). En rupture avec le primaire « où c'était plus calme » (Amila), les élèves, comme les acteurs adultes des établissements, semblent parfois souffrir des cris, chahuts, bruits, bagarres, conflits, provocations, punitions, etc., qui émaillent la vie quotidienne au collège (ce qui ne les empêche pas d'y participer). En effet, tout en pouvant être au cœur des chahuts ou bagarres, ils peuvent avoir envie de s'extraire de cette ambiance bruyante ou considérée comme pénible : « Des fois, j'en ai marre du bruit, tout le temps ils gueulent » (Jonathan).

Les élèves du premier groupe : la chute de l'idéal

En primaire, ces élèves avaient la plupart du temps un projet ou un rêve très ambitieux – footballeur, avocat, comédien, médecin, chanteur ou danseur. Dans un contexte de révélation progressive de leurs difficultés scolaires au collège, ils demeurent souvent néanmoins travaillés par leurs ambitions (les mêmes, ou de nouvelles, mais toujours dans le registre des métiers socialement valorisés). Mais beaucoup des acteurs éducatifs auxquels ils sont confrontés au collège entrevoient pour eux un avenir différent de celui qu'ils imaginent. Contrairement aux professeurs des écoles, une des missions premières des professeurs de collège est d'orienter – sélectionner – les élèves.[26] On sait également que les interpellations des élèves dans le sens d'une orientation ou d'une autre (« les paroles de destin »[27]) ne se font pas uniquement en fonction des résultats des élèves, mais également en fonction d'une anticipation de la capacité estimée d'un élève à s'en sortir ou non dans une voie générale (en fonction de son milieu).[28] Les élèves rencontrés, à

26. Jean-Pierre Terrail, *De l'inégalité scolaire*, *op. cit.*

27. Bernard Charlot, *Du rapport au savoir. Éléments pour une théorie*, Anthropos, Paris, 1997, p. 86.

28. Plusieurs enquêtes ont montré qu'à résultats semblables, les élèves issus de milieux populaires étaient davantage concernés par les décisions d'« orientation » que les élèves issus des classes supérieures. Ce processus institutionnel se fait avec le concours plus ou moins tacite des familles concernées. Alors que celles qui appartiennent aux classes populaires peuvent avoir tendance à s'auto-exclure de la filière générale (après un parcours marqué par des verdicts

l'image de la majorité des élèves des collèges de l'enquête, font partie de ceux dont beaucoup pensent qu'ils seront « orientés vers une formation professionnelle » (conseillère principale d'éducation de Rousseau). À Mermoz ou à Rousseau, tout se passe comme si la question du passage en seconde était le plus souvent déjà tranchée par la négative, bien avant la troisième, pour l'essentiel du public. La question principale qui ponctue alors les conseils de classe ou les « réunions parents-profs » est celle de la formation professionnelle possible ou probable pour tel ou tel élève : « la priorité, c'est de leur trouver une formation... Et c'est pas toujours évident » (principal adjoint de Mermoz).

À travers leurs récits, les élèves peuvent ainsi faire référence à des situations d'interaction avec des enseignants où ils se voient interpellés dans le sens d'une réduction de leurs ambitions. C'est ce dont témoigne Mehdi dans un entretien en quatrième : « En maths, je le sens qu'elle veut descendre les élèves, surtout dans ma classe, je sais pas pourquoi. Elle dit qu'elle veut aider les élèves, je crois surtout qu'elle veut les enfoncer. Moi, dès qu'elle a une occasion de me casser, elle me casse. Par exemple, des fois, quand on parle d'orientation... parce que moi, dans ma tête, j'étais motivé pour faire une seconde générale, c'est pas pour dire, mais je taffais bien avant, au collège... Mais après je suis parti, excusez-moi, en couille... Et voilà, quoi. J'ai plus taffé, j'ai rien foutu, et en fait, après cette année, j'avais l'intention de remonter et de bien travailler, mais en fait quand je vois les profs qui vous démotivent. [Lesquels en particulier ?] Mme M., la prof de maths, elle, elle veut absolument que vous fassiez un BEP mécanique ou plomberie, un truc comme ça. Quand on parle d'orientation, elle parle même pas de seconde générale. » Alors que, depuis plusieurs années, Mehdi souhaite devenir « océanographe », la seule perspective proposée par sa professeure de mathématiques est celle de faire un BEP. Son ton est amer : « Parce qu'en fait, faut dire aussi que ça a mauvaise réputation, le BEP, et les gens, ils voient tout de suite une voie de garage. » S'il est effectivement orienté comme il semble l'avoir intégré, il imagine déjà faire une « première de réinsertion », pour rejoindre la filière

scolaires négatifs et non *a priori*), celles des classes plus favorisées peuvent au contraire peiner à imaginer autre chose que la filière longue et générale pour leur enfant (voir notamment Jean-Pierre Terrail, *De l'inégalité scolaire*, *op. cit.*).

générale, et faire des « études scientifiques ». La souffrance de Mehdi est peut-être d'autant plus forte que son grand frère a fréquenté le lycée, a un bac technologique, et est allé « à la fac » (même si aujourd'hui « il galère », le lycée et les études constituent donc un horizon envisagé et envisageable dans la fratrie), et que sa mère (également titulaire d'un baccalauréat, infirmière en arrêt maladie) considère l'orientation professionnelle de son fils en BEP comme « un gâchis ». Malgré les paroles de son père (« qui a travaillé sur les chantiers », en invalidité) sur la nécessité de « trouver le bon filon » plutôt que de « faire de longues études et de se faire entuber » (comme son autre fils ?), Mehdi semble s'être approprié le fait de ne pas aller en seconde générale comme une qualification négative. Et les acteurs éducatifs de Mermoz sont d'autant moins enclins à l'encourager à s'accrocher pour aller vers un second cycle long que ses parents sont le plus souvent invisibles au collège et souvent codés comme « défaillants ».

Pour d'autres élèves, la situation semble *a priori* moins contradictoire. C'est le cas de Nadia en quatrième et en troisième. La perspective qui se dessine pour elle au collège de faire un « BEP vente » semble faire écho au souhait de ses parents qui anticipent son échec dans une filière générale longue. Étant donné les difficultés scolaires persistantes de leur fille, ces derniers admettent manifestement le verdict scolaire, d'autant plus que celui-ci vient contrecarrer le projet « personnel » de Nadia (devenir « danseuse » et « chanteuse »)[29], qui, en plus de leur paraître irréaliste et farfelu, est contradictoire avec leur définition des perspectives envisageables pour leur fille : « Mes parents, ils ont fait : c'est mieux que je pars en BEP qu'en lycée général, parce que je vais jamais réussir là-bas. [...] De toute façon, mon père, il voudra jamais que je sois danseuse, impossible. » Évoluant dans une famille où personne n'a suivi la filière générale au lycée (ses frères et sœurs ont soit un BEP, soit un CAP, et ses parents n'ont pas dépassé la troisième), Nadia semble avoir relativement fait le deuil de son projet de danseuse et se résoudre à la proposition institutionnelle validée par ses parents : « Ouais, je vais faire un BEP [...], un BEP, ça me suffit. »

29. Nadia pratique régulièrement la danse et le chant chez elle : « Chez moi, j'invente des pas, que ce soit du R'n'B ou du rap [...], dès que je rentre chez moi, je vais dans ma chambre, je ferme la porte, je mets la musique et je danse. [Ah, oui...] Je chante aussi parfois, je prends mon micro, je chante (rire) ! »

Pourtant, durant les entretiens, elle revient plusieurs fois sur son projet de devenir danseuse, comme si y renoncer pour un BEP ne se faisait pas sans difficulté. En outre, si ses frères et son père sont franchement hostiles à son projet, sa mère semble parfois pouvoir l'admettre (même si, *in fine*, c'est la perspective d'un BEP pour sa fille qui l'emporte) : « Ouais, j'en ai déjà parlé à ma mère [du projet d'être danseuse]... Ma mère, franchement, elle est d'accord, mais elle fait : "Ouais, mais ton frère, ton père, tu sais très bien comment ils sont", surtout mon frère ! [...] Ma mère, elle dit : "Non, je pense pas qu'il voudra, ton père." Moi, je lui ai dit à ma mère : "Moi, j'aimerais bien [...] être danseuse et chanter... si je peux être chanteuse !... J'ai une belle voix, tout ça, tout ça." Elle fait : "Ouais, j'aimerais bien, mais ton frère, il voudra pas." [Pourquoi ?] Franchement, moi, je sais pas, ils sont musulmans, ils sont bizarres hein [rire] ! C'est des Arabes, c'est normal ! [Plus loin dans l'entretien] Mais en plus, je connais des gens, c'est ça le pire, si je veux, j'peux réussir hein ! Je connais un gars qui connaît des producteurs, tout ça, je peux hein... J'aimerais bien le faire, mais comment, si j'y vais... Je vais où... euh... La personne, elle habite pas ici, elle habite dans le Sud en plus, donc, euh... [...] Ma mère, jamais elle voudra que je parte. » Manifestement travaillée par son projet artistique et professionnel, Nadia sait *pratiquement* le caractère insurmontable des obstacles qu'elle doit franchir pour l'atteindre (à l'instar de sa mère), et anticipe son orientation vers une voie professionnelle courte[30].

Alors que son orientation se confirme de plus en plus, lors des conseils de classe, Nadia revient encore en entretien sur ses envies de devenir artiste. Elle semble alors en complète déconnexion avec la décision institutionnelle. Elle raconte qu'elle « sort » avec un rappeur inscrit dans un groupe amateur à Villiers-le-Bel (« Des gars de la Cerisaie qui chantent, qui m'ont dit de venir avec eux ») et caresse l'idée de faire des spectacles dans une MJC avec la perspective de « faire un disque ». Elle passe beaucoup de temps avec ces rappeurs sur le temps extrascolaire (mais aussi sur le temps scolaire). Tout se passe comme si elle tentait de créer effectivement les conditions pour travailler son projet et réaliser son rêve (avec toute la naïveté et les difficultés d'une adolescente) et se retirait du

30. *Cf.* notamment Pierre Bourdieu et Philippe Champagne, « Les exclus de l'intérieur », *in* Pierre Bourdieu (sous la direction de), *La Misère du monde*, Le Seuil, Paris, 1993, p. 597-603.

cadre scolaire où elle est davantage spectatrice de son destin qui se joue, impuissante et parfois résignée. Dans ces conditions, Nadia a beaucoup de mal à démarcher les lycées professionnels pour « trouver un BEP qui l'accepte » et ne sait finalement pas vraiment à quoi s'en tenir pour l'année suivante. L'emploi régulier de la forme passive dans son récit donne l'impression qu'elle est ballottée, mue par une situation sur laquelle elle n'a guère de prise (« on m'a dit », « on m'a mis », « on m'envoie en BEP », etc.). La conseillère principale d'éducation de Mermoz estime avec un ton désolé : « Son projet d'orientation ? Il se fait sans elle. »

Dans la deuxième partie de leur parcours au collège, il semble que Nadia et Mehdi « traînent sans conviction une scolarité »[31] dont ils savent qu'elle ne débouchera pas sur ce qui a longtemps constitué, et constitue encore, leurs aspirations professionnelles. Contraints de s'accrocher à un parcours scolaire qui leur échappe grandement, ils oscillent entre une résignation à ce qui se dessine pour eux, malgré eux, et des pratiques de résistance à cette forme de présence scolaire un peu absurde qu'on leur propose, en s'investissant notamment dans d'autres cadres de relations plus supportables, au détriment d'une soumission à l'emploi de leur temps fixé par l'institution.

31. *Ibid.*, p. 922.

Chapitre V
Devenir absentéiste

Le déclenchement des pratiques absentéistes

Dans les chapitres précédents, nous nous sommes efforcé de restituer ce qui, dans les expériences vécues par les élèves au collège, a pu contribuer à les renforcer dans leur résistance à un accrochage scolaire. Nous proposons maintenant de resserrer la focale sur des contextes particuliers de déclenchement des pratiques absentéistes.

Un contexte relationnel conflictuel avec un enseignant : le cas de Babacar

Babacar fait partie des élèves du premier groupe, dont la scolarité primaire s'est bien passée. Il fait même partie des « meilleurs élèves » de la population enquêtée. Sa sixième se passe également plutôt bien, malgré certaines difficultés en mathématiques, et quelques pitreries (par exemple des fous rires un peu bruyants) commises à partir du moment où il s'est senti plus à l'aise dans sa classe. Il s'estime alors dans

« une classe sérieuse » avec des « bons » enseignants : « J'ai bien aimé les profs que j'ai eus en sixième. » Il passe sans trop de difficulté en cinquième, mais est affecté dans ce qu'il considère, en cohérence avec les propos de la conseillère principale d'éducation de Rousseau, comme une « mauvaise classe », au sein de laquelle il tisse d'ailleurs peu de liens d'amitié. Il vit mal cette affectation qu'il considère comme disqualifiante par rapport à ce qu'il vaut (« les profs, ils trouvent que je suis intelligent »), et contradictoire par rapport aux ambitions qu'il nourrit (« devenir avocat »). Son attachement à la reconnaissance scolaire se révèle notamment lorsqu'il dit que ses parents (ouvriers non qualifiés) « ont le bac » (ce qui, au reste, s'est révélé faux). La « réussite scolaire » de son frère, étudiant en maîtrise d'économie, et dont il est très proche, le soutient dans son espoir de faire un « bon » parcours scolaire. En cinquième, il souhaite faire une seconde générale et a bien intériorisé les différences de légitimité des filières, comme il l'exprime lorsqu'il évoque les troisièmes d'insertion : « Pfff, ça sert à rien, on peut rien faire avec ça. » Pourtant, si le projet de devenir avocat est persistant et revient lors de chaque rencontre, il cohabite parfois avec une autre perspective : « [...] ou bien je deviendrai footballeur », comme s'il gardait l'horizon d'une réussite sociale, mais sans l'impératif d'une réussite scolaire préalable dont il peut parfois douter.

Babacar, comme beaucoup d'élèves, a été habitué, jusqu'à la sixième incluse, à être reconnu scolairement à travers des signes de valorisation personnelle ou d'amour de l'enseignant. Pour lui, être bon dans une matière semble indissociable d'une « bonne » relation avec celui qui la transmet. S'accrocher aux apprentissages, c'est nourrir un lien affectif avec l'enseignant, lui faire plaisir, et bénéficier, en retour, de sa reconnaissance.

C'est du cours d'anglais que Babacar va s'absenter pour la première fois de son parcours, certainement parce que la forme de relation qu'il a avec l'enseignant est contradictoire avec ce à quoi il a été habitué jusqu'alors, et qui semble conditionner son accrochage. Ainsi cet enseignant, d'autant plus intransigeant qu'il est confronté à une classe « difficile », exclut-il Babacar de son cours lors de la deuxième séance après la rentrée parce qu'il n'a pas son livre d'anglais, qu'il a perdu.

Plutôt que de se confronter à l'éventualité d'une nouvelle exclusion, à laquelle il semble avoir été sensible comme si celle-ci était la marque de sa disqualification ou de son indésirabilité, Babacar prend alors l'habitude de s'auto-exclure du cours d'anglais tout le mois de septembre, jusqu'au moment où il reçoit son nouveau livre. Mais sa relation avec le professeur d'anglais, d'emblée marquée par le problème du *wordbook*, reste ensuite dominée par le conflit :

— Et alors là, tu t'entends bien avec le prof?
— Pas trop.
— Qu'est-ce qui ne va pas ?
— Ben, ce matin, il y a eu une dispute. On était en contrôle, ça avait sonné. Avant, j'avais mis du blanco sur un mot. Et après [au moment de rendre sa copie], je suis parti sur une table et j'ai réécrit le mot, j'avais fait une faute d'orthographe. Il a dit que je triche, parce qu'il y avait des gens à la table et il a cru que je leur avais demandé les réponses. Et il m'a mis un zéro.
— Alors toi, comment tu as réagi ?
— Ben, j'ai jeté mon contrôle, et il a mis un mot sur mon carnet.
— Tu l'as le mot là ?
— Oui… [Il sort son carnet à la page du mot écrit par le prof d'anglais] : « Babacar triche à la fin du contrôle. De plus il se permet de répondre, de déchirer sa feuille et de la jeter par terre. Ce sera noté dans le carnet de discipline. »

Babacar oscille entre culpabilité et sentiment d'injustice. Il s'en veut d'abord d'avoir perdu son livre d'anglais, en exprimant alors ses contradictions : préoccupé par l'école, il a en même temps, comme les autres élèves, incorporé des habitudes contradictoires avec ce que l'institution requiert (il attend plusieurs semaines avant d'acheter un nouveau livre, le temps d'avoir l'argent de poche nécessaire, car il considère que son père ne doit pas « gaspiller » d'argent pour ça). Mais il vit ensuite comme une injustice ou une humiliation le fait qu'il soit, à partir de cet incident, considéré *a priori* comme suspect de transgresser la règle scolaire en cours d'anglais et sanctionné par erreur ou de manière disproportionnée.[1]

Le contexte relationnel dans lequel sont inscrits Babacar et son professeur d'anglais ne permet pas de dissiper les malentendus et d'atténuer les conflits qui les opposent. D'un côté, Babacar ne dispose pas de l'aisance langagière et des

1. Peter Woods, *L'Ethnographie de l'école*, Armand Colin, Paris, 1990.

codes scolairement pertinents qui lui permettraient de se défendre avec quelque chance de succès auprès de son professeur, et anticipe son incapacité à se faire comprendre. Dans les termes d'Albert O. Hirschman, Babacar ne semble ainsi pas outillé pour « prendre la parole »[2] afin d'exprimer son mécontentement et faire évoluer la situation conflictuelle avec son enseignant. Aussi se sent-il poussé à s'extraire de cette situation, à faire « défection ». De l'autre côté, son professeur, face à une ambiance de classe globalement agitée, abrège toute velléité de dialogue par des sanctions immédiates. Pourtant, dans le cadre de notre entretien, Babacar formule des arguments recevables pour contrer l'idée qu'il aurait triché en anglais. « Je lui ai dit : "J'ai pas triché, c'était juste un mot." J'avais pas besoin de tricher pour l'écrire parce que je l'avais déjà écrit sur d'autres réponses. » Lorsque nous lui demandons pourquoi il ne lui a pas formulé ce dernier argument, Babacar répond : « Il m'aurait pas cru. »

Dans le sillage de ces divers incidents, les conflits se multiplient entre Babacar et son professeur. Babacar vient de plus en plus rarement en anglais, cherchant certainement à se sous-exposer à l'espace des interactions avec cet enseignant, tandis que ce dernier semble souvent utiliser la solution de l'exclusion de cours pour gérer les conflits.

L'indésirabilité de Babacar en cours d'anglais n'est certainement pas qu'un pur produit de son imagination (« Je crois il m'aime pas », dit-il). Le fait qu'il soit renvoyé de ce cours confirme bien qu'il est considéré comme, sinon insupportable, du moins sans grand intérêt par l'enseignant. Ce dernier, avec lequel nous avons eu l'occasion d'évoquer le cas de Babacar en salle des professeurs, lâche un soupir comme si son évocation était déjà pesante ou dénuée d'intérêt : « Babacar ? Oui ! Qu'est-ce qu'on peut en dire ? Déjà, il est pas souvent en cours. Et quand il est là, y a toujours un problème. » Il évoque ensuite ses fous rires, les discussions auxquelles il participe et son manque de matériel. Il est intéressant de noter que ce professeur d'anglais semble considérer les absences de Babacar comme des pratiques normales, cohérentes avec une « absence de motivation » qui caractériserait beaucoup d'élèves dans ce type d'établissement et sans aucun lien avec le

2. Albert O. Hirschman, *Défection et prise de parole*, Fayard, Paris, 1995 (1re éd. *Face au déclin des entreprises et des institutions*, Éditions ouvrières, Paris, 1970).

conflit qui l'a opposé avec Babacar en début d'année. Il élude le fait que c'est de son cours *en particulier* que cet élève s'est, d'abord et uniquement, absenté, et non de l'établissement en général: « On ne le voit pas beaucoup », dit-il. La conseillère principale d'éducation, quant à elle, a bien repéré le contexte précis de déclenchement des absences de Babacar (dans le cadre d'une discussion avec moi, relevés d'absence à l'appui), mais ne s'estime pas dans les conditions pour signifier d'une manière ou d'une autre au professeur d'anglais que les absences de Babacar ne sont peut-être pas sans lien avec le type de relation qu'il a avec cet élève. Dans les collèges enquêtés, il apparaît effectivement fréquent que les conseillers principaux d'éducation, lorsqu'ils font le lien entre un cours particulier et une pratique absentéiste (ce qui n'est pas habituel et évident puisque cela suppose un recoupement régulier des relevés d'absence et de l'emploi du temps de l'élève), *n'osent pas* en parler aux enseignants. Dans le cas de la conseillère principale d'éducation de Rousseau, son renoncement à s'affronter au professeur d'anglais est certainement lié au fait qu'elle est bien plus jeune que le professeur et que, quelques années auparavant, alors néotitulaire, elle avait « naïvement » voulu mettre en place une forme de régulation autour d'un cas d'absentéisme également très ciblé, prétendant réunir l'élève, les parents et l'enseignant du cours en question. Ce dernier lui aurait répondu que la priorité était de « convoquer les parents ».

Exclusion, changement d'établissement et conflits de quartier: le cas d'Abdou

Abdou est également un élève issu du premier groupe, dont les résultats sont bons jusqu'à la fin du primaire. Au collège, c'est surtout dans les matières scientifiques que des difficultés se révèlent, mais il passe tout de même en cinquième. Alors qu'il commence à ne plus aller régulièrement dans les deux clubs sportifs qu'il fréquentait depuis plusieurs années (football et boxe), il renforce son inscription dans l'espace des relations de sa cité et y cultive des habitudes plutôt contradictoires avec celles que réclame le collège (valorisation de la force physique, de la bagarre, de la tchatche, de la négociation, etc.). Parce que ses copains de cité sont aussi en grande partie ses copains de classe, les conditions d'actualisation de ces habitudes au cœur de l'univers scolaire sont réunies. Au début de sa cinquième, à la suite d'une bagarre entre pairs, la principale aurait mis en doute la capacité éducative des parents d'Abdou : « Elle a dit qu'on est mal élevés dans notre famille. » Abdou aurait répondu par des insultes : « Je l'ai traitée ! » Quelques jours plus tard, le conseil de discipline vote son exclusion définitive : « Je n'y croyais pas [...], je l'ai très mal pris [...], mes parents ils étaient très énervés, je leur avais raconté ce que la principale elle avait dit [...]. Mais ils pouvaient rien faire, ils pensaient à mes deux autres frères [également scolarisés dans ce collège], il fallait pas leur créer d'emmerdes. » Pendant six semaines, Abdou n'est inscrit dans aucun établissement. Finalement, il est accueilli dans un collège à Luzarches. Mais deux mois plus tard, il est à nouveau impliqué dans une bagarre à l'arme blanche : « Quand il y a un truc qui va pas, ça part tout seul, mon père aussi il a fait ça », se souvient-il. Son exclusion définitive est prononcée. Cette fois, son père (contre l'avis de la mère) décide de « [l]'envoyer au bled », au Sénégal, chez un de ses frères, « une sorte de punition ». Après une période difficile de dépaysement, il commence à apprécier certaines spécificités de l'organisation scolaire du Sénégal : « Là-bas, y a une pause entre 12 heures et 16 heures, tu peux te reposer, on a le temps de dormir et de manger [...]. Les profs, ils sont plus sévères qu'ici... C'est plus difficile, mais ils expliquaient très bien, on pouvait pas parler, mais par contre ils acceptaient de répéter les leçons si on n'avait pas compris. » Tandis qu'Abdou finit son année scolaire au Sénégal, sa mère parvient à convaincre son père de faire revenir leur fils.

Le collège où nous l'avons rencontré l'accueille à la rentrée scolaire suivante[3], mais en cinquième et non en quatrième comme il l'espérait. Son nouveau collège est situé à environ trois quarts d'heure de son domicile. Cette distance accrue ne semble pas constituer un problème pour Abdou. C'est l'affrontement avec les élèves issus d'une ville étrangère à la sienne qu'il appréhende : « J'avais peur qu'on m'agresse parce que j'habitais à Fos. [...] Y a souvent des embrouilles entre Fos et Villiers. » Malgré l'exclusion dont il a été l'objet au collège de Fos, c'est là-bas qu'il rêve d'être, dans un univers de relations qui lui est familier.

Il affronte en effet immédiatement l'hostilité d'une partie des élèves de son nouvel établissement. Les nouveaux, issus

3. Abdou ne rentrera qu'au début du mois d'octobre, certainement pour des raisons d'économie (les billets d'avion sont alors moins chers).

d'une autre ville ou d'un autre quartier, sont considérés comme des intrus. Cette situation lui vaut rapidement quelques provocations verbales ou physiques auxquelles il ne manque pas de répondre (sa stature le lui permet). Une étiquette d'élève « violent » et « perturbateur » lui est rapidement attribuée au collège Mermoz. Ses résultats aux évaluations y sont très inégaux. Dans les matières scientifiques et en anglais, il est en grande difficulté. Le fait qu'il ne chahute pas ou ne parle guère pendant les cours (en rapport avec sa faible inscription dans la sociabilité de sa classe) ne l'empêche pas d'être en mauvais termes avec les enseignants de ces matières. Il subit des heures de colle ou des punitions pour « devoir non fait », des renvois de cours ou des rapports pour « insolence », etc. Comme il le dit lui-même, il a régulièrement des « embrouilles » avec ses professeurs. En revanche, il obtient de bons résultats en français, voire meilleurs que les années précédentes, certainement stimulé par la relation privilégiée qu'il entretient avec sa nouvelle professeure de français.[4]

Comme on peut directement l'observer, Abdou est relativement à l'écart des autres collégiens. Si on dit de lui qu'il est « mal intégré » (M. B., professeur de SVT), on pourrait tout autant dire qu'il est en fait très bien intégré (il est connu et reconnu de tous, il participe aux bagarres, etc.), mais dans la position inconfortable de l'intrus. Lors de cette période de rentrée scolaire, Abdou est obsédé par ses copains de Fos, qu'il a d'autant plus de mal à évacuer de son esprit qu'il peine à s'en faire de nouveaux à Mermoz. Dès la fin des cours, plutôt que de « traîner » autour du collège avec les autres élèves (et par là de cultiver une forme d'assiduité ou d'accrochage au collège), Abdou court vite prendre le RER afin de retrouver ses copains à Fos. C'est dans ce contexte, après quelques semaines d'assiduité, qu'il commence à s'absenter. Il prend peu à peu l'habitude de sortir une heure ou deux avant la fin de ses propres cours, afin de pouvoir être aux portes de son ancien collège à l'heure où ses copains en sortent.

Si Abdou attend quelques semaines pour pratiquer l'absentéisme, c'est que la concrétisation de l'envie suppose une

4. Cette professeure de français a déjà été évoquée dans le chapitre II. Néotitulaire, elle est connue pour son implication dans le projet d'établissement et les participations régulières aux différentes manifestations (sorties, expositions, fêtes) ou dispositifs de remédiation (classe SAS).

maîtrise minimum des tactiques permettant de minimiser ou d'éviter les sanctions : tel surveillant est moins regardant que les autres, tel professeur ne fait pas l'appel, telle heure est plus propice pour sortir sans être vu... Les premiers jours, sans forcément en avoir le projet conscient, Abdou peut donc glaner des indices sur les failles de l'institution. Il subordonne son emploi du temps scolaire à celui de ses copains toujours à Fos, développant ainsi une forme d'assiduité illégitime, centrée sur l'entretien de son réseau de sociabilité principalement inscrit dans son ancien établissement, proche de son domicile.

Une histoire de famille : le cas de Kévin

Kévin fait partie des élèves du second groupe. Ses résultats sont faibles dans la plupart des apprentissages dès le primaire. À partir du CM1, il a le projet de devenir cuisinier. Kévin se distingue en formulant très tôt un projet professionnel plutôt ajusté à ses chances probables d'y parvenir, étant donné ses performances scolaires. À travers ses récits, Kévin exprime sa faible appétence pour l'école : « J'aime pas l'école », dit-il à deux reprises. « En fait je m'intéresse qu'à la technologie... parce que c'est manuel. » Vers l'âge de 10-11 ans, il prend l'habitude d'accompagner sa mère sur son lieu de travail au rayon fruits et légumes d'une grande surface et, lorsque « le patron n'est pas là », pèse les légumes pour les clients. De la même manière, il pratique avec sa mère la cuisine régulièrement, le soir ou le week-end. Celle-ci l'encourage dans cette activité. Contrairement à d'autres enfants dont les parents peuvent développer des modes pédagogiques proches de la forme scolaire d'apprentissage, Kévin apprend en dehors de l'école essentiellement à travers la pratique et par l'imitation. Très tôt, il a hâte de travailler. « Je veux travailler vite [...]. L'école, ça sert pas à grand-chose pour moi, enfin, si, ça sert pour avoir des diplômes pour pouvoir faire cuisinier, mais sinon ça sert à rien. Faut pas faire du français en cuisinant, hein ! » La nécessité de la certification scolaire semble le travailler puisqu'il y revient dans un autre entretien : « Au temps où mon beau-père était jeune, eh ben, je pense pas qu'on avait besoin de... enfin si, des diplômes... mais pas trop trop... »

La posture de sa mère est ambivalente. Alors qu'elle a arrêté ses études à 16 ans et dit à son fils de « ne pas faire la même erreur », elle lui raconte ses années de collège où elle faisait l'école buissonnière avec celui qui allait devenir le père de

Kévin (dont elle est séparée aujourd'hui). « Ils étaient dans la même classe avec mon père, ils séchaient ensemble, ils allaient au terrain de l'aventure à Sarcelles [...]. Par contre, ma grand-mère elle disait rien. » Sécher un cours ne constitue donc pas une pratique taboue ou inenvisageable, mais un comportement possible.

Alors que Kévin passe en sixième de justesse, il appréhende la rentrée au collège qu'il se représente comme indissociable d'une privation de liberté[5], « à peu près comme une prison... ». Il est, lors de cette première année, un élève plutôt timide et effacé : « parce que, en fait, la première sixième, eh ben, c'était nouveau pour moi, donc je savais pas comment les autres ils allaient réagir et tout ça. Bon après, je me suis lâché... Je faisais comme je voulais parce que j'avais connu un peu la première sixième ». Les résultats de Kévin sont, dès les premiers mois, jugés « catastrophiques » par la majorité des enseignants (ses notes se situent le plus souvent entre 0 et 5). Il redouble sa sixième. Tandis que ses résultats sont presque toujours aussi mauvais, son comportement fait de plus en plus l'objet de jugements négatifs. Fous rires, chahuts, devoirs non faits, cahiers non signés, retards, etc., se multiplient. Il s'autorise certaines pratiques qu'il n'osait pas jusqu'alors : « En SVT, j'avais tendance à dormir [...]. » Plusieurs enseignants l'étiquettent comme un élève « pénible » ou « dissipé ».

Il fait par conséquent rapidement l'objet de sanctions diverses vis-à-vis desquelles il semble ambivalent. Ainsi, en même temps qu'il semble ne pas toujours bien prendre certaines exclusions ou mises à l'écart (« En français elle me mettait derrière, regrette-t-il, en SVT je suis tout le temps viré »), il paraît se moquer de certaines punitions. « J'en avais quatorze ou quinze, on s'amusait à les compter ! » Kévin semble à la fois sensible aux verdicts scolaires négatifs (ses exclusions physiques ou symboliques de l'espace scolaire ne le laissent pas indifférent) et capable, en cohérence avec certains traits de sa socialisation familiale, de dédramatiser les verdicts ou les jugements scolaires négatifs.

5. Cette appréhension du collège comme univers contraignant renvoie certainement à plusieurs expériences socialisatrices : celle vécue en primaire où les contraintes peuvent être relativement plus souples qu'au collège, et surtout celle vécue avec sa mère qui l'élève seule et ne soumet pas Kévin à un régime disciplinaire très ferme.

Au début de sa seconde sixième, Nicolas[6], le fils de la sœur de la mère de Kévin, emménage juste à côté de chez lui. Depuis toujours, Kévin est très proche de son cousin : ils ont l'habitude de passer leurs vacances ensemble, leurs mères s'entraident régulièrement et connaissent toutes les deux la même condition de femme divorcée élevant son enfant sans le père. Nicolas est alors en CM2 et n'a pas cours le mercredi. Dans un contexte de proximité géographique où les deux cousins se voient beaucoup le soir et le week-end, Kévin manifeste à sa mère l'envie d'aller retrouver Nicolas, un mercredi de la fin du premier trimestre. Il sait que, ce jour-là, ce dernier doit être en train de « jouer aux jeux vidéo », qu'ils ont l'habitude de pratiquer ensemble. Kévin a pourtant trois heures de cours (français, anglais, SVT), mais demande à sa mère implicitement de le laisser « sécher » pour aller jouer avec son cousin. Sa mère accepte (réactivant certainement, consciemment ou inconsciemment, sa propre expérience de l'école buissonnière) : « C'était la première fois que j'ai séché, c'est ma mère qui m'avait dit : "Ben vas-y, si tu veux." » Le lendemain, elle « régularise » cette absence auprès du collège en inscrivant sur le billet justificatif du carnet de correspondance : « Kévin devait garder sa petite sœur. » Ce justificatif peu stratégique ignore que les acteurs institutionnels ne peuvent l'admettre comme légitime (contrairement à celui de « maladie » par exemple). La mère de Kévin n'a ainsi guère de crédit aux yeux de la conseillère principale d'éducation qui la considère comme « complice », « irresponsable » ou « défaillante » dans son travail éducatif.

Au cours de cette même période, Kévin réitère son absence le mercredi pour rejoindre son cousin, avec parfois une dissimulation de l'absence à sa mère et la bienveillance de sa tante, la mère de Nicolas, qui l'accueille chez lui : « Ma mère, la deuxième fois, j'lui ai pas dit... Enfin, je demandais à ma tante de pas le dire, elle le disait pas. Mais par contre il fallait que j'y retourne [à l'école, les mercredis suivants]. Et après au bout d'un moment j'y ai retourné, mais après je suis revenu chez mon cousin, et là, ma tante, elle l'a dit à ma mère... Et c'est là que ma mère a découvert que je séchais tous les mercredis. »

Kévin ne s'absente pas du collège à n'importe quel moment de la semaine, mais en fonction de l'emploi du temps de son cousin. Cet absentéisme contextualisé s'actualise dans une

6. Nous avons rencontré Nicolas lorsqu'il était en sixième à Rousseau (Kévin était alors en cinquième).

ambiance familiale où cette pratique est tolérée. Tour à tour, sa mère et sa tante semblent dédramatiser les manquements à l'assiduité de Kévin. Si cette tolérance renvoie peut-être à la difficulté pour ces deux femmes divorcées de faire intégrer à leur enfant (ou neveu) certaines règles (par exemple se coucher à telle heure, faire ses devoirs tout seul sans rappel à l'ordre constant, etc.), elle fait également écho à leurs propres expériences socialisatrices de collégiennes, où l'école buissonnière constituait une forme de transgression sinon normale, du moins fortement dédramatisée.

La construction de l'habitude absentéiste

En s'absentant régulièrement, les élèves peuvent se familiariser avec la pratique et y « prendre goût »[7], au sens de Becker. La pluralité des expériences d'absence constitue ainsi pour eux une socialisation, un apprentissage ou un entraînement informels à devenir « absentéiste ». Alors que, dans un premier temps, les élèves pouvaient appréhender cette pratique encore inconnue, ils peuvent apprendre, en l'expérimentant, à l'apprécier et à la considérer, de manière dédramatisée, comme « facile ».

En se rapprochant d'autres élèves déjà expérimentés à l'absentéisme, les élèves peuvent être *de plus en plus sollicités* dans l'activation de leurs résistances à une soumission aux exigences scolaires et en particulier à l'impératif d'assiduité. L'inscription dans un groupe d'absentéistes va ainsi de pair avec la multiplication de microsituations mobilisant ce qui, dans la trajectoire des élèves, les éloigne le plus de l'école. Alors qu'ils avaient d'abord construit une habitude absentéiste dans une situation précise, ils peuvent, à travers des relations, élargir ou *transférer* à une pluralité de moments ou de contextes leurs pratiques de résistance. Les situations d'absentéisme vécues avec certains copains du collège constituent des occasions de « prendre des habitudes » (aller au café, à la MJC, fumer, draguer...) qui mobilisent et confortent certaines de leurs dispositions contradictoires avec un accrochage scolaire et une soumission à l'assiduité.

Ainsi, après une première période d'absentéisme limité (le plus souvent autour de cinq demi-journées d'absence par mois), Ismaël, Leslie, Mehdi ou Becaye multiplient considérablement

7. Howard S. Becker, *Outsiders...*, *op. cit.*

leur nombre mensuel d'absences en prenant l'habitude de fréquenter ensemble (ou avec d'autres copains du collège) la MJC. C'est dans le contexte de la récréation de l'après-midi qu'ils prennent la décision « d'aller à la MJC », le plus souvent de manière *improvisée*, à la dernière minute, avant la sonnerie qui les appelle à remonter en classe. Plutôt que d'aller en cours pour encore une heure ou deux, les élèves passent la grille d'entrée en profitant de la cohue typique de cette heure ou escaladent le grillage entourant l'établissement à un endroit un peu moins visible par le personnel encadrant. Mehdi évoque ce type de situation : « Des fois on est dans la cour [...], j'suis avec mes potes, on va à la maison de quartier [la MJC] juste en face, là ! [...] On passe derrière, y a personne. [C'est toi qui proposes ou c'est un copain en particulier ?] Ça dépend, des fois c'est moi, des fois c'est un pote qui propose [...], et on part à la MJC. »

Si les élèves absentéistes investissent cette structure, c'est aussi qu'ils peuvent y nouer des relations privilégiées avec les animateurs. Ils ont par exemple la possibilité de s'exprimer dans cet espace dans certaines catégories argotiques et d'échanger avec les animateurs avec qui ils partagent certains codes langagiers : « On délire avec eux. »

Un accrochage à des relations de sociabilité extérieures au collège

Pour certains élèves, la multiplication des absences est solidaire d'une multiplication des relations avec des pairs extérieurs au collège, qu'ils ont parfois connus dans un établissement autrefois fréquenté et/ou dans leur ancien quartier d'habitation. Ces élèves font plutôt partie des « gros » absentéistes par rapport aux autres élèves rencontrés ou que les conseillers principaux d'éducation nous ont évoqués.[8] Leur absentéisme est effectivement plus important que celui des

8. Plutôt que d'être absents une heure ou deux par jour entre dix et quinze fois par mois comme beaucoup d'absentéistes rencontrés, ils peuvent être absents toute la matinée et/ou toute l'après-midi, ou parfois plusieurs jours d'affilée. Néanmoins, étant donné le mode de calcul institutionnel de l'absentéisme (une heure ou quatre heures d'absence sont de toute façon enregistrées comme une « demi-journée » d'absence), leur nombre de demi-journées d'absence n'est pas forcément beaucoup plus élevé que les autres.

autres car, en plus de leur prise de distance avec une partie importante des enseignements qui leur sont imposés (et indissociablement des enseignants qui les assurent), ils sont moins « accrochés » que les autres absentéistes à la sociabilité horizontale, liée au cadre de leur établissement. Ils se différencient ainsi des élèves qui, malgré leurs résistances à certains impératifs scolaires, restent néanmoins accrochés à leur établissement pour les relations avec leurs pairs qu'ils peuvent entretenir dans ce lieu. Dans leurs discours, ces élèves peuvent ainsi développer une approche du collège où se mêlent les griefs contre certains enseignants, les difficultés qu'ils rencontrent dans une partie des apprentissages scolaires, et un rejet des élèves qu'ils sont en principe contraints d'y côtoyer.

Nadia ou les débuts d'une vie de jeune femme

Ainsi, en troisième, Nadia, dont nous avons déjà évoqué la situation, multiplie ses pratiques absentéistes alors qu'elle renforce ses relations avec des copains non scolarisés à Mermoz, issus de son ancien collège, désormais inscrits au lycée ou en cours de stage professionnel. Ces copains, âgés de 17 ou 18 ans, sont présentés par Nadia comme moins puérils que les élèves qu'elle est contrainte de côtoyer à Mermoz. Elle semble excédée par certains aspects du climat qui règne dans le collège : les vannes, bagarres, chahuts et, surtout, semble-t-il, les tendances machistes ou le manque de pudeur à son égard de beaucoup de garçons[9] : « Ici c'est des sauvages, c'est des tarés, ils pensent qu'à se battre [...] dès qu'ils voient une nana, franchement, euh... [...] Je les connais tous... Ils m'énervent toujours à me parler là [...]. »

C'est parmi ses relations extérieures au collège Mermoz que Nadia rencontre Abdel, qui va devenir son petit ami. Âgé de 18 ans, il pratique régulièrement le rap et travaille à mi-temps. Ces deux principales activités se déroulent à Paris : « Il veut faire rappeur. Il chante des chansons, il compose tout ça, puis moi je vais avec lui, on chante tout ça, on danse sur du R'n'B,

9. David Lepoutre (*Cœur de banlieue*, *op. cit.*) a bien montré la grande sensibilité des filles aux provocations, insultes ou attitudes machistes des garçons qu'elles sont contraintes de côtoyer. Dans le cadre du collège ou de la cité, un des enjeux pour ces adolescentes est donc effectivement de savoir gérer ou réagir à ces provocations masculines.

du hip-hop, tout ça. Je sèche des après-midi entières pour ça.» La multiplication des situations d'absentéisme de Nadia est indissociable d'une augmentation des après-midi passées à Paris sur le temps scolaire avec Abdel et ses copains, dans un local associatif pour s'entraîner à chanter, danser ou simplement discuter autour de cette activité. Nadia peut alors exprimer certaines ressources culturelles et corporelles qu'elle doit en principe inhiber dans les situations de cours et, plus largement, elle peut activer son propre rêve de devenir chanteuse-danseuse, que les contextes scolaire et familial (en particulier celui de l'année de troisième avec l'optique de l'orientation) la poussent le plus souvent à refouler. Bien qu'elle semble douter de la réalisation de ce rêve grâce à ses relations, la fréquentation de ce groupe de copains, et de son petit ami en particulier, constitue pour elle l'occasion de pouvoir exprimer ou dévoiler ses talents, et de voir reconnue par des regards positifs une partie de son identité par ailleurs ignorée: «Il m'a dit j'ai une belle voix, je danse bien.»

Plutôt que d'attendre la fin officielle de ses cours pour aller retrouver Abdel, elle prend l'habitude de quitter Mermoz dès que son ami est libéré de son travail, dès midi ou 16 heures, en fonction des jours. Alors que, dans le contexte de sa troisième, la fréquentation du cadre scolaire est de plus en plus synonyme de souffrance ou de déplaisir, Nadia actualise avec force ses dispositions hédonistes ou spontanéistes au détriment de ses inclinations à s'accrocher à sa scolarité. Plutôt que de prendre son plaisir au «bon moment» – lorsque son emploi du temps scolaire le permet –, elle le saisit quand la situation se présente (lorsque son copain est disponible) «hors des moments voulus» par l'institution[10]. Pour elle, «la vraie vie est ailleurs»[11].

Au printemps de sa troisième, elle évoque ainsi ces après-midi où elle rejoint son copain à la sortie de son travail à Paris: «[avec un sourire et une sorte de fierté] Hier, je suis allé le [Abdel] chercher à 16 heures, en plus il faisait beau, donc heu... On a retrouvé une copine [...]. Elle était avec son copain, moi j'étais avec le mien, on est partis à la Villette, heu... On s'est

10. Michel Foucault, *Histoire de la sexualité*, tome II: *L'Usage des plaisirs, op. cit.*

11. Pierre Bourdieu et Philippe Champagne, «Les exclus de l'intérieur», article cité, p. 922.

promenés. Il faisait beau, hein ! »[12] Deux jeunes couples qui se promènent à la Villette à Paris : la scène contraste avec les habitudes de la majorité des élèves que Nadia doit côtoyer au collège.

En cultivant son couple avec Abdel, Nadia peut se rapprocher d'une vie de jeune femme qu'elle a hâte d'engager, sachant *pratiquement* qu'elle ne fera pas de longues études (« Je veux vite travailler », dit-elle) sur le modèle de sa grande sœur qui, après un BEP, a trouvé un emploi dans le marketing : « Franchement, elle a tout, un boulot, son petit appart à Paris, elle sort de temps en temps, tranquille ! » Enfin, elle peut, en faisant régulièrement du rap avec ce groupe de jeunes (au lieu d'aller en cours), maintenir éveillé son rêve d'être artiste.

Dédramatiser les absences du matin

Le lever régulier d'un enfant peut s'avérer problématique lorsque les parents travaillent en horaires décalés (agents d'entretien à Roissy, employés dans la restauration...). Un tel emploi du temps pour un seul des deux parents peut suffire à imprimer un rythme pour toute la famille. Si cela est moins le cas dans une première partie de la scolarité (jusqu'à la cinquième ou la quatrième), le lever du matin, en fonction de l'emploi du temps scolaire officiel, peut devenir de moins en moins évident. Sécher devient une pratique possible. « S'arracher » du lit, quitter la maison pour reprendre l'école semble devenir de plus en plus difficile. Cette difficulté peut être d'autant plus grande le lundi matin, après deux jours de mise en veille d'une bonne partie de leurs dispositions les plus scolairement favorables. Progressivement, la relative évidence de la rupture avec la maison, déterminée à l'avance selon un emploi du temps scolaire, laisse place à une relative incertitude sur le moment de cette séparation. Celle-ci n'est plus programmée à l'avance, mais peut se faire selon un emploi du temps plus aléatoire, qui se détermine parfois au dernier moment : fatigue ressentie, appréhension des premières matières de la journée, « contrôle » ou devoir sur table prévu par un enseignant.

12. Nadia insiste souvent sur le rôle de la météo dans le déclenchement de son envie de sortir du collège, de ne pas y aller le matin ou de ne pas y revenir l'après-midi : « Quand il fait beau, je me dis que c'est pas une journée pour aller en cours, je sors, je vais voir des copines ou je retrouve mon copain. »

Ces élèves, pour qui la présence en cours va de moins en moins de soi et l'absence est de plus en plus une modalité possible de comportement, s'approprient progressivement les premières heures de la matinée comme un temps où les manquements à l'assiduité semblent dédramatisés et constituent une composante importante du volume global de leurs absences.

Certains élèves développent l'habitude de se coucher de plus en plus tard (entre minuit et 2 heures du matin). William, par exemple, semble très mal intégré dans les réseaux de sociabilité de son collège, et la relation qu'il peut avoir avec son grand frère de 18 ans semble centrale dans ce contexte. Ce dernier travaille depuis quelques mois dans un McDonald's du centre parisien et fait la fermeture du restaurant vers 2 heures du matin. William prend l'habitude d'attendre son grand frère pour manger avec lui. Le lendemain, un lever à 7 heures ou 8 heures est très difficile pour William. Par ailleurs, les conditions de vie des parents ne leur permettent guère d'assurer une surveillance ou un contrôle direct des habitudes de leur fils. Ayant développé un mode d'autorité plutôt fondé sur le contrôle direct que sur l'intériorisation durable de règles, leur absence physique peut signifier pour William la possibilité d'exprimer ses dispositions hédonistes.

Reprendre du temps à l'école

Dans certaines familles (très minoritaires), la tolérance effective et assez fréquente de l'absentéisme du matin s'accompagne d'un discours réflexif. Ainsi, la mère d'Alexandra évoque les situations où elle « autorise » de manière explicite sa fille à ne pas aller en cours et à « rester à la maison », après une soirée familiale un peu longue ou, plus largement, dans les périodes où « Alexandra est fatiguée ». Cette mère insiste sur le caractère trop contraignant de l'emploi du temps scolaire de sa fille et l'insuffisance des « bons » moments laissés à la vie familiale (non orientés sur la réalisation des devoirs scolaires) : « C'est fou comme système, pour la vie familiale... C'est impossible. Ça donne même pas l'envie d'avoir plus d'enfants parce qu'on peut pas en jouir [...]. Déjà, après on... on n'a que les devoirs [...], il faut encore faire les devoirs. Mais c'est fou... C'est impossible ! On n'a pas un moment calme... »

Dans la perspective de cette mère, l'absentéisme de sa fille (et de ses deux autres garçons) est un moyen de relâcher la pression scolaire, autrement dit de résister à une organisation institutionnelle qui l'empêche de vivre suffisamment de « bons » moments avec ses enfants et d'instaurer temporairement un autre rythme dans la vie familiale (moins contraignant et fatigant) que celui imposé par l'école.

Changements dans la configuration familiale

Pour certains élèves, l'augmentation de la pratique absentéiste est indissociable d'une modification de la structure familiale de coexistence. Alors que leurs absences étaient relativement limitées dans une période antérieure, le changement de contexte familial semble les avoir poussés dans l'activation et le développement de ces pratiques. On peut distinguer ici deux exemples : le départ d'un grand frère et le divorce des parents.

Rony est un des élèves qui a commencé à pratiquer l'absentéisme dès la sixième. Mais, durant les deux premières années de collège, ses absences, bien que régulières, restent limitées à quatre ou cinq demi-journées par mois dans une logique d'évitement de certains cours ou enseignants, variables en fonction des années.

C'est durant l'hiver de sa quatrième que Rony renforce de manière très significative son habitude absentéiste (en s'absentant désormais des journées entières dans le mois), peu de temps après le départ de son grand frère du domicile parental. Jusqu'à son départ, la seule présence quotidienne de l'aîné dans la sphère domestique pousse Rony à ne pas trop s'absenter. L'autorité qu'il exerce alors sur son petit frère s'appuie plus sur le contrôle direct, la contrainte à travers la simple coprésence, à l'instar du mode d'autorité exercé par ses parents (peu présents dans la journée).[13]

13. Lorsqu'ils découvrent les nombreuses absences de Rony malgré ses stratégies de dissimulation (interception du courrier venant du collège), ses parents réagissent sur-le-champ par un « coup de gueule » apparemment sans suite : « Ils ont fait : "Vas-y, fais plus ça !" [Et après, alors ?] Rien. » Après avoir réalisé les nombreuses absences de son fils, la mère de Rony a accroché son emploi du temps dans la cuisine. Quelques jours après, celui-ci l'a décroché en disant de manière fallacieuse à sa mère que son emploi du temps avait été modifié. Les parents de Rony ont ensuite « oublié » de lui demander son « nouvel » emploi du temps.

Le départ du grand frère n'est pas la cause de la multiplication des absences de Rony, mais constitue une occasion pour que s'expriment et se renforcent les résistances que celui-ci a constituées par rapport aux impératifs scolaires. Rony est d'autant plus sensible à cette *possibilité* de s'absenter que plusieurs éléments dans ses expériences récentes se combinent pour rendre particulièrement problématique son accrochage scolaire. Outre la persistance de ses difficultés dans les situations d'apprentissage et la répétition du conflit avec ses professeurs, on peut aussi souligner le fait que Rony vit plutôt mal son inscription en quatrième d'aide et de soutien[14] et ne se sent pas très proche des élèves qui constituent son groupe-classe. Ce sont ses copains qu'il va retrouver lors de certaines journées d'absence.

Si Rony renforce de manière très nette son habitude absentéiste, c'est aussi parce qu'il a vécu de nombreuses expériences socialisatrices lui rappelant son indésirabilité : exclusions, renvois..., les heures de colle ou autres punitions écrites contribuant certainement à renforcer l'association présence à l'école-ennui et plus largement à nourrir un certain rejet de l'institution.

Dans une première période de son parcours absentéiste, Anicette s'absente uniquement (mais presque systématiquement) du cours de technologie le vendredi après-midi. En quatrième, elle poursuit cet absentéisme très ciblé (c'est toujours le même enseignant qui assure le cours). Dans d'autres situations de cours où elle est régulièrement en conflit avec l'enseignant, elle renforce son habitude de « prendre la parole »[15] pour exprimer sa résistance plutôt que de s'absenter. Souvent renvoyée de cours à la suite de ces prises de parole, elle passe de toute façon beaucoup de temps en dehors des cours, en salle de permanence ou dans les couloirs. Cette multitude d'expériences d'exclusion contribue certainement à renforcer sa familiarisation avec l'habitude d'être physiquement absente. Elle évoque ici ses « problèmes » avec une enseignante lors de sa première quatrième : « En physique, je pouvais pas... Physique, la prof elle m'énervait trop... Dès

14. Contrairement à Kévin et à William, qui semblent satisfaits de leur inscription dans cette classe (notamment pour les stages qu'on y fait). Ces deux élèves ont manifestement moins intériorisé les différences de légitimité des filières que Rony.

15. Albert O. Hirschman, *Défection et prise de parole...*, *op. cit.*

que j'arrivais, elle prononçait mon nom, après ça m'énervait [...]. Elle me décourageait : ouais je vais jamais réussir et tout... Être infirmière... ça sert à rien du tout [...], je lui répondais, je devenais insolente [...], je me faisais remarquer [...]. Après elle m'envoyait en permanence. » Parce que ses résultats dans la majorité des matières (à l'exception du français) sont considérés comme très insuffisants et son comportement particulièrement dissipé, le conseil de classe la fait redoubler. C'est dans le contexte de sa seconde quatrième qu'Anicette accentue ses habitudes absentéistes : « Ils m'ont mis dans une bonne classe... Mais là, je séchais plus, je pouvais pas tenir là-dedans, je sais pas pourquoi, je les aimais pas. » Plus âgée que la majorité des autres élèves, Anicette ne se sent pas très à l'aise dans sa nouvelle classe et renforce ses liens avec ses anciens copains. Ses résultats scolaires demeurent très insuffisants dans les matières scientifiques. En outre, la répétition des conflits avec certains enseignants qu'elle retrouve (physique, mathématiques et EPS) commence manifestement à la fatiguer : « J'en ai marre de me prendre la tête avec ces profs » ; « [La professeur de physique] je peux plus la supporter. » Aux « prises de parole » persistantes mais sans succès dans leurs cours (elles se soldent le plus souvent par une sanction), elle semble commencer à préférer plus souvent la « défection »[16] : « Je veux plus les voir. » La soumission à l'autorité et aux exigences corporelles de l'institution semble plus que jamais difficile à assumer. Dans un contexte scolaire de plus en plus conflictuel, Anicette est en effet certainement de moins en moins disposée à accepter un certain emploi du corps scolairement acceptable selon un emploi du temps défini. Ses habitudes incorporées à travers ses expériences socialisatrices en dehors de l'école semblent alors s'actualiser et se renforcer de plus en plus souvent lorsqu'elle est confrontée aux exigences scolaires.

À l'automne de sa quatrième, ses parents se séparent. Anicette a désormais deux résidences à quelques kilomètres de distance l'une de l'autre. Cette nouvelle situation familiale constitue un élément significatif du contexte dans lequel elle peut renforcer ses pratiques absentéistes. Cette séparation crée les conditions d'une multiplication des occasions pour elle de se soustraire au contrôle parental direct. Elle multiplie ainsi les expériences socialisatrices dans la cité, souvent contradictoires avec la logique d'un accrochage

16. *Ibid.*

scolaire. Par ailleurs, Anicette s'étant bien gardée de fournir au collège Mermoz les nouvelles coordonnées de ses parents, les relevés d'absence ne sont plus accessibles à ces derniers. La confusion qui règne au moment de la séparation de ses parents se combine avec une baisse de leur investissement scolaire : « Ils avaient autre chose dans la tête que l'école. »

Cette remarque ne concerne d'ailleurs pas que ses parents, mais peut certainement s'appliquer à Anicette elle-même. Le fait qu'elle semble jouer un peu stratégiquement de la situation de séparation de ses parents pour cultiver ses habitudes absentéistes ne l'empêche pas d'être en même temps travaillée par ce divorce. Dans un entretien lors de sa troisième, elle exprime ainsi sa préoccupation en disant que ces événements familiaux encore très récents lui « prennent la tête. » Certaines phrases alors prononcées montrent qu'elle n'est effectivement pas uniquement traversée par une logique hédoniste ou consistant à multiplier les bons moments avec ses copains dans la cité, mais qu'elle est en même temps préoccupée par la nouvelle situation familiale, en particulier pour sa mère (Anicette est l'aînée de la fratrie) : « Il faut que j'aide ma mère à ranger [...]. Je dois m'occuper de mes frères [...]. Il faut que ma mère trouve un travail », etc. Alors que son orientation en BEP commence à se préciser, Anicette semble se résigner à abandonner son projet professionnel de devenir infirmière et à vouloir s'approprier de manière anticipée le verdict scolaire en fonction de préoccupations de jeune fille ayant « un rôle de soutien du devenir de la famille », comme cela se rencontre souvent dans les familles populaires immigrées[17] : « Moi, maintenant, je suis pressée de travailler, parce que j'ai pas assez d'argent pour avoir tout ce que je veux [...]. Je voudrais avoir plein de choses. [Qu'est-ce que tu voudrais ?] J'aime bien les vêtements. Je voudrais aussi aider ma mère. [Elle a pas assez de sous ?] Ouais. »

De la difficulté de revenir

Pour la majorité des élèves, la multiplication des absences est soutenue par la difficulté de *revenir* ou de se *présenter* à nouveau dans certains cours, ou plus largement dans le cadre du collège. À certains égards, il semble que l'absence alimente l'absence, si bien qu'une partie des élèves semblent

17. Joëlle Bordet, *Les Jeunes de la cité*, PUF, Paris, 1998, p. 152.

être engagés dans une forme de spirale (relative), le retour dans un cours ou dans l'établissement faisant l'objet d'une résistance et parfois d'une forte appréhension.

Difficulté de revenir dans certains cours et décrochage dans les apprentissages

L'appréhension d'un retour dans certains cours où les élèves finissent par ne plus du tout venir, ou presque, peut être liée à un certain découragement face à l'ampleur du travail que supposerait un raccrochage. Par exemple, à propos des sciences physiques, Anicette considère en quatrième (puis en troisième) qu'elle est « larguée » depuis longtemps : « En sciences physiques, c'est même plus la peine, j'ai pas envie d'y aller, je sais que je vais rien comprendre, c'est trop tard maintenant. » Ce décrochage est indissociable de la relation très conflictuelle qu'elle a avec l'enseignante qui assure ce cours. Comme on l'a évoqué plus haut, dans les situations de présence, Anicette se sent souvent découragée et non reconnue de manière positive par cette enseignante. Comme la majorité de la population enquêtée, elle est particulièrement sensible à ce que peut lui renvoyer affectivement l'enseignante, au détriment du travail d'acquisition de savoirs[18].

Au cours de sa troisième, alors qu'il « sèche » régulièrement le cours de mathématiques depuis plusieurs mois, Amila envisage de renouer avec la discipline dans la perspective d'être accepté en BEP électrotechnique : « En maths, là, j'y vais plus. J'ai mal commencé l'année. Là, je vais essayer de rattraper... Les maths, ça va être dur à rattraper. Je vais attendre qu'on commence une deuxième leçon... et là je vais recommencer. » En fait, Amila continue à régulièrement s'absenter du cours de mathématiques plusieurs semaines après l'expression de ce souhait et reconnaît qu'« il n'a pas envie d'y aller ». Tout se passe comme si, en définitive, il ne voulait pas se retrouver confronté à un apprentissage dont il a perdu le fil depuis longtemps et anticipait de manière plus ou moins réflexive l'échec

18. Jean-Yves Rochex, « Rapport au savoir, activité intellectuelle et élaboration de soi : du malentendu au décrochage ? », *in* Marie-Cécile Bloch et Bernard Gerde (sous la direction de), *Les Lycéens décrocheurs. De l'impasse aux chemins de traverse*, Chronique sociale, Lyon, 1998, p. 131-146, et Élisabeth Bautier, « Décrochage scolaire : genèse et logique des parcours », article cité.

d'une tentative de raccrochage. En disant qu'il va « essayer de rattraper » le cours mais que « ça va être dur », Amila témoigne d'une perte de confiance en lui, indissociable de sa relative disqualification dans la matière par l'enseignant. Ses doutes sont ainsi certainement d'autant plus forts qu'ils sont « soutenus » par ceux de l'enseignant qui « ne croit pas » à sa réussite.[19] Amila a certainement bien intériorisé (ce qui ne signifie pas sans souffrance) le fait que, dans le système d'apprentissage auquel il a affaire, l'enjeu principal pour les élèves n'est pas simplement de « réussir » tout court, mais de « réussir » à s'accrocher dans les délais ou « temps impartis »[20]. L'institution scolaire ne permet guère à Amila de prendre (ou reprendre) en route le train des apprentissages, selon un rythme adapté aux difficultés qu'il a construites. C'est bien selon un rythme (relativement) déterminé à l'avance pour l'ensemble d'une classe qu'il aurait « dû » s'accrocher. Après avoir raté la majorité des cours de mathématiques (et, partant, les évaluations) durant les cinq premiers mois de sa troisième, Amila semble s'approprier l'idée, fort répandue dans les établissements enquêtés à propos des élèves codés « en échec », que « c'est trop tard ».

Soulignons en outre le fait qu'Amila a été envoyé en classe SAS durant un mois lors de cette année de troisième. Mais son passage dans ce dispositif conçu pour raccrocher les élèves n'a pas correspondu à une amélioration de ses résultats (notamment en mathématiques). Au contraire, la période qui suit est plutôt marquée par leur baisse et un renforcement de sa pratique absentéiste. Comment interpréter cet échec ? D'abord,

19. Dans son enquête sur le jugement professoral, Pierre Merle souligne que « l'opinion des professeurs relève d'une conviction intime : ils croient ou ne croient pas à la réussite de l'élève, tout comme les jurés croient ou ne croient pas en la culpabilité du prévenu » (Pierre Merle, *L'Évaluation des élèves, enquête sur le jugement professoral*, PUF, Paris, 1996, p. 169). Ce préjugement, qui s'accompagne souvent d'une préorientation, s'appuie sur le sentiment que l'élève n'a pas saisi les « chances » dont il aurait pourtant bénéficié (pour Amila, le redoublement), sur l'absence d'enregistrement de progrès, sur la persistance des mauvais résultats (attestant qu'il n'a pas « le niveau »), et parfois sur la croyance plus ou moins tacite que son environnement socioculturel n'offre pas les ressources nécessaires pour une réussite scolaire, en cohérence avec le leitmotiv des enseignants selon lesquels les « causes de l'échec scolaire sont extérieures à l'école » (*ibid.*, p. 49).

20. Jean-Pierre Terrail, *De l'inégalité scolaire*, *op. cit.*, p. 65.

le fait d'être « envoyé » ou « mis » en SAS, comme disent les élèves (et parfois les conseillers principaux d'éducation), est souvent vécu comme une punition. Ce sentiment est certainement lié au fait que c'est la perte des 20 points sur le carnet de discipline qui détermine l'envoi des élèves en SAS. Il est également cohérent avec la pratique consistant à exclure systématiquement trois jours de l'établissement les élèves avant leur intégration en SAS (pour sanctionner la perte des points). Ensuite, le passage en SAS se traduit par un décrochage du fil des apprentissages dans la classe d'origine (ou une accentuation de ce décrochage), puisque rien n'est prévu pour que les élèves rattrapent les cours dont ils ont été absents. En revenant de SAS, Amila exprime sa déconnexion par rapport à ce qui s'est fait dans certains cours en son absence : « En physique je comprends plus rien. » Il était en fait déjà « largué » en physique avant d'aller en SAS (si l'on en juge par son bulletin), mais son passage dans le dispositif n'a en tout cas pas permis une amélioration.[21]

« Ils vont me tomber dessus »

Dans la plupart des cas, revenir après une période d'absence signifie pour les élèves assumer une confrontation avec un ou plusieurs acteurs éducatifs centrée autour de la justification de ces absences (en particulier les enseignants et le ou la conseillère principale d'éducation chargée de leur classe). Certains élèves rencontrés appréhendent cette interaction, et peuvent ainsi avoir reculé leur retour au collège pendant plusieurs jours suivant une logique d'« évitement »[22].

C'est ce qu'exprime Mehdi lorsqu'il évoque une période récente de plusieurs jours d'absence : « Quand je sèche, je suis tranquille... mais je pense aux emmerdes qu'il y aura au collège... parce que... les absences, il faudra les justifier. »

Nicolas souligne également cette appréhension, mais

21. Rappelons que la classe SAS est composée d'une dizaine d'élèves et que l'emploi du temps y est un peu allégé par rapport à la normale (fin des cours à 15 h 30). Les élèves sont censés travailler les bases avec une équipe réduite d'enseignants, mais également (et surtout ?) récupérer leurs 20 points pour avoir le droit de « sortir » de la SAS, en adoptant un comportement scolairement acceptable.

22. Erving Goffman, *Les Rites d'interaction, op. cit.*

de manière plus prononcée et sur un ton moins désinvolte (peut-être parce qu'il est moins expérimenté que Mehdi, de quatre ans son aîné). Il rappelle ainsi avoir du mal à revenir en pensant à ce qu'il allait devoir « dire au collège ». Pendant plusieurs jours, ce dernier semble être dans une forme de spirale, accroché à ses activités, seul ou avec des copains : « Quand on sèche, on est dedans, on se dit : "Je vais peut-être encore sécher demain et encore demain, et encore demain..." Puis après on en a marre ! [...] : "Qu'est-ce que je vais dire ?" » Dans un entretien réalisé le jour de son retour, Nicolas exprime cette angoisse :

— Qu'est-ce que tu te dis aujourd'hui en rentrant ?
— Ben, j'ai un peu la honte de rentrer, là. J'ai un peu l'angoisse parce que...
— Pourquoi ?
— En fait, j'ai pas peur de ce que vont me dire les profs, mais j'ai peur de pas pouvoir répondre aux questions.
— Qu'est-ce que tu crains qu'on te pose comme questions ?
— Genre : « Qu'est-ce que tu faisais ? » ou genre : « Tu sais que c'est grave ? », « Tu sais que c'est pas bien ? »

Nicolas appréhende le rituel de la justification dont nous avons effectivement observé la récurrence dans les établissements, consistant davantage à faire reconnaître à l'élève *sa faute* qu'à lui permettre de formuler ce qui pose éventuellement problème pour lui dans le contexte du collège. Les mots de « honte » ou d'« angoisse » témoignent bien de son malaise par rapport à la perspective d'être « convoqué » (symboliquement et matériellement) par les acteurs de l'institution dans la position de *coupable*, et de devoir subir une procédure d'« énonciation forcée » proche du rituel de la pénitence décrit par Michel Foucault : « Il faut énoncer la faute, mais il faut de plus la raconter, donner les circonstances, expliquer comment on l'a faite. »[23]

Nicolas n'a pas les codes et l'aisance qui lui permettraient de se prêter au rituel de la justification de manière stratégique (si possible avant d'être convoqué), c'est-à-dire de se mettre en scène, de « jouer un rôle »[24] de manière à produire une

23. Michel Foucault, *Les Anormaux...*, *op. cit.*, p. 160.

24. Erving Goffman, *La Mise en scène de la vie quotidienne*, tome I :

certaine impression aux acteurs institutionnels, lui permettant de limiter son exposition aux jugements négatifs et de les dédramatiser.

Ismaël semble redouter une confrontation avec certains acteurs éducatifs de Mermoz, en particulier le conseiller principal d'éducation. La répétition sur plusieurs jours de ses absences doit certainement beaucoup à cette angoisse : « Quand je reviens, je sais, ils vont me tomber dessus [...]. Ouais, après, quand j'ai séché, M. B., il me pose des questions pendant des heures, il me parle de mon avenir, tout ça ! » Dans le contexte de sa troisième, alors qu'il ne parvient pas à trouver un stage pour intégrer la formation professionnelle qu'on envisage pour lui en CFA, Ismaël n'a particulièrement pas envie de se retrouver dans une situation d'interaction avec le conseiller principal d'éducation le sollicitant précisément sur ce qui fait mal : un projet d'orientation qui ne l'enthousiasme guère (« Ils m'ont dit, j'vais aller en CFA... Pffff ! ») indissociable de ses résistances (prévisibles) à s'investir dans ce projet en cherchant un stage.

« Quand j'y vais, il me vire, alors... »

D'autres élèves semblent rechigner à revenir dans certains cours où ils ont la conviction que vont se rejouer des situations conflictuelles, celles-là mêmes qui ont d'ailleurs pu les pousser à s'absenter au départ. En fonction de leurs expériences passées dans ces cours, ils savent, de manière plus ou moins réflexive, qu'ils seront à la fois « largués » dans les exercices d'apprentissage et objet de jugements négatifs, paroles stigmatisantes ou sanctions diverses (rapports disciplinaires, exclusions, etc.). C'est ce dont William témoigne en quatrième, à propos du français (5/20 de moyenne au deuxième trimestre) dont il s'absente très régulièrement, et ce, de plus en plus durant cette année de quatrième : « Pffff, en français, quand j'y vais... c'est la même chose, elle me vire en permanence ! » Rony lui fait écho, également à propos du cours de français (ils ne sont toutefois pas avec le même enseignant, ni dans la même classe) : « J'ai pas envie d'y aller, je sais, après il va me renvoyer ! » Ozan, en quatrième, tient un discours assez semblable à celui des deux autres élèves, à propos du cours de SVT : « Ouais, j'y vais plus dans son cours de merde... Je sais, je vais avoir un rapport ou

La Présentation de soi, Éditions de Minuit, Paris, 1973.

une heure de colle.» Jonathan, en troisième, évoque quant à lui une lassitude de ses exclusions du cours de sciences physiques: «À chaque fois j'y vais, y a un problème, si je dis un mot, direct, elle me vire, ça me saoule à force [...]. Je viens plus en cours [...]. L'autre fois, j'étais à son cours, la prof elle dit: "T'es là, toi? [Il mime une grimace.] Tiens, un revenant!" Pfffff...» Sirin enfin, au cours de sa quatrième, évoque l'accentuation des conflits avec sa «prof d'espagnol»: «De toute façon, elle m'accepte plus dans son cours, alors j'y vais plus.»

Ayant vécu de manière répétée dans ces différents cours une pluralité d'expériences leur rappelant, d'une manière ou d'une autre, que leur présence pose problème, n'est pas souhaitée, voire constitue une «surprise» plus ou moins «bonne», ces élèves semblent avoir développé une habitude ajustée à la logique prévisible de ces situations en s'en excluant eux-mêmes.[25] Car si, comme on l'a vu précédemment, les punitions ou les renvois de cours (notamment après une «prise de parole» audacieuse provoquant le rire des autres élèves) peuvent être ponctuellement valorisants pour l'élève[26], leur répétition peut finir par être vécue comme une forme d'humiliation.[27] Pour certains élèves, le fait de s'auto-exclure plutôt que d'être exclu ou constamment étiqueté négativement peut constituer une pratique leur permettant de «sauver la face»[28] par rapport à leurs camarades de classe dont le regard, malgré

25. Cette habitude ajustée à la logique de la situation ne fonctionne pas nécessairement comme un *sens pratique*, de manière préréflexive, dans la logique de l'urgence ou du «feu de l'action» sur le modèle bourdieusien (*cf.* notamment Pierre Bourdieu, *Méditations pascaliennes, op. cit.*), mais peut s'accompagner d'un commentaire ou d'une réflexion anticipatrice (Bernard Lahire, *L'Homme pluriel, op. cit.*). C'est ce que rappelle par exemple Zocky à propos du cours de maths qu'elle sèche très souvent au deuxième trimestre de sa troisième: «Demain, j'ai maths... j'y vais pas, c'est pas la peine... De toute façon, elle peut plus me supporter, alors!»

26. Anicette évoque par exemple avec fierté le rire de ses camarades de classe lors d'une de ses nombreuses prises de parole qu'elle qualifie elle-même souvent d'insolentes: «[...] je lui fais à la prof: «d'accord»... Dans la classe ils étaient morts de rire.»

27. Babacar témoigne bien de cette possibilité de mal vivre les exclusions lorsque celles-ci se répètent: «J'en ai marre d'être renvoyé [...] je préfère être collé.»

28. Erving Goffman, *Les Rites d'interaction, op. cit.*

la distance qu'ils peuvent parfois prendre avec l'espace scolaire, demeure, dans presque tous les cas, central pour eux.

L'absence comme routine

Après une période d'initiation à l'absentéisme plus ou moins précoce dans leur parcours, les élèves construisent et renforcent donc progressivement une habitude absentéiste, en même temps qu'ils développent des habitudes dans d'autres lieux que le collège en s'accrochant parfois à d'autres relations que celles proposées dans le cadre scolaire. L'ancrage et la persistance de cette pratique absentéiste dans l'existence des élèves, son caractère ordinaire, sa répétition, sinon quotidienne, du moins souvent plurihebdomadaire, lui donnent un caractère de *routine* ou d'« activité traditionnelle »[29]. Loin d'être extraordinaire pour les absentéistes expérimentés, le fait de ne pas être en cours ou dans l'établissement peut être vécu et conçu comme une coutume familière dont on ne s'étonne plus, et dont l'actualisation régulière semble presque normale : « Ben ouais, sécher, c'est normal, hein ! » dit ainsi Jonathan en troisième.

La normalisation de l'absence dans certains contextes

À côté de ce type de parole laissant penser que l'absentéisme constitue pour les élèves une évidence, *d'une manière générale*, on trouve, dans la plupart des récits, d'autres formules rappelant le caractère contextuel de cette évidence, plus fidèles aux pratiques effectives des élèves et à l'ambivalence de leur posture. C'est l'absence dans certaines matières, comme le sport pour quelques filles rencontrées par exemple, qui va prendre un caractère banal et routinisé. Le contexte du printemps, le beau temps et la chaleur semblent aussi fonctionner comme des activateurs des habitudes *d'extérieur*, hédonistes et spontanées des élèves, réveillant leurs difficultés à supporter l'enfermement et la forme de posture corporelle qu'exige une soumission à l'obligation scolaire. L'envie de sortir de l'établissement semble fonctionner sur le registre du « c'est plus fort que moi ». Activer des dispositions favorables pour se soumettre à l'emploi du temps et du corps réclamé par

29. Max Weber, *Économie et société*, tome I, Plon, Paris, 1971 (1re éd. 1922, *Wirtschaft und Geselschaft*).

l'institution scolaire leur semble, sinon insurmontable, du moins très difficile.[30]

Les périodes précédant juste les vacances d'été constituent également un contexte où l'absentéisme semble particulièrement aller de soi. Notamment pour les élèves qui ont l'habitude de repartir dans leur pays d'origine, la proximité de l'été (le mois de juin) les incite à considérer l'absentéisme comme normal. Cette évidence est le produit conjugué d'expériences socialisatrices vécues dans l'univers familial et dans le contexte du collège. En fonction de ce qu'ils vivent dans leur famille récemment immigrée, symboliquement toujours un peu présente dans leur pays d'émigration et absente de leur pays d'immigration[31], ces élèves peuvent également être toujours travaillés par une présence dans leur pays d'origine (au détriment d'une présence au collège et en France).[32]

L'appropriation réussie de tactiques et l'évidence de l'absentéisme

Si les élèves peuvent parfois sembler vivre l'absentéisme comme une pratique qui va de soi, c'est aussi parce qu'ils ont réussi à se familiariser avec certaines « tactiques » ou « ruses »[33] leur permettant dans certains cas d'échapper à la surveillance institutionnelle (et souvent de leur famille) et d'éviter ou de repousser la sanction. Leurs expériences (individuelles ou

30. On ne sait pas si Anicette est allée ou pas en cours. En revanche, on a su quelques jours plus tard que Nadia n'était effectivement pas allée en cours de mathématiques.

31. Par exemple, au quotidien, les parents de Djitaba, Mamadou et Soraya parlent essentiellement le malien, cultivent principalement des relations au sein de leur communauté d'origine (« [leurs amis] ils viennent du Mali », dit Mamadou) et peuvent laisser penser qu'ils sont toujours travaillés par un retour au pays (« peut-être on va retourner au Mali, mon père il a une maison là-bas », dit Soraya), sans toutefois qu'il advienne effectivement. Comme le dit en substance Abdelmalek Sayad, leur présence en France semble être provisoirement définitive (Abdelmalek Sayad, *La Double Absence, op. cit.*).

32. Rappelons en outre que la faiblesse des ressources économiques de ces familles peut les inciter à profiter des offres promotionnelles en matière de billets d'avion proposées jusqu'au 15 ou 20 juin et à partir du 15 ou 20 septembre.

33. Michel de Certeau, *L'Invention du quotidien…, op. cit.*

collectives) réussies en matière de résistance au contrôle ou à la sanction peuvent ainsi les inciter à dédramatiser la pratique de l'absence.

Si, au moment de leur entrée au collège, les élèves peuvent appréhender leur établissement comme un système sans faille, assez impressionnant et offrant peu de liberté, ils découvrent peu à peu les brèches de cet espace : « [Comment tu t'imaginais le collège en CM2 ?] Moi, je m'imaginais par exemple que c'était plus dur, à peu près comme une prison. [T'as changé d'avis ?] J'ai changé un peu d'avis parce que c'est facile de sortir du collège ! » (Kévin). Dans une seconde période de leur parcours collégien, les élèves sont certainement moins impressionnés par le collège, et apprennent à profiter des « occasions » de s'absenter qu'offre cette institution, et parfois à « jouer »[34] avec ce qui leur imposé. S'ils peuvent encore fréquemment déplorer son caractère carcéral, ils s'approprient de plus en plus des manières de « faire avec »[35] les contraintes de cet espace scolaire, ses règles officielles et son fonctionnement effectif. Leurs tactiques ne sont effectivement pas uniquement le produit d'une socialisation extérieure à cet espace scolaire, mais le fruit d'une appropriation de certains possibles dans le système contradictoire par rapport à l'impératif d'assiduité que constitue le collège. On l'a déjà souligné, le fonctionnement de l'espace scolaire et certains acteurs qui y travaillent autorisent, le cas échéant, l'absence, à l'insu même de leurs protagonistes.

Ainsi, certains élèves peuvent d'autant plus facilement s'absenter de certains cours qu'ils ont intériorisé le fait que l'enseignant concerné ne fait pas, ou rarement, l'appel. C'est ce dont témoigne Zocky, régulièrement absente du cours d'EPS : « Il fait jamais l'appel. [...] Ils [le bureau de la vie scolaire] savent même pas que j'suis pas là. [Plus loin dans l'entretien] Il [le professeur d'EPS] en a rien à foutre, j'crois, qu'on soit pas là, il note rien. » Comme beaucoup de filles de troisième qui semblent particulièrement fuir les cours d'EPS, Zocky peut routiniser son absentéisme en EPS en s'appuyant sur l'acceptation plus ou moins tacite de l'absentéisme régulier d'une partie des élèves.

De la même manière, certains élèves peuvent régulièrement jouer avec la règle selon laquelle les retardataires ne sont pas admis en cours par l'enseignant : « Je fais exprès d'arriver un

34. *Ibid.*

35. *Ibid.*

peu en retard, comme ça il m'accepte pas et je vais en permanence», dit ainsi Kamel (quatrième) avec un sourire malicieux à propos de son professeur de mathématiques.

D'autres élèves peuvent développer un absentéisme « ordinaire » en s'appuyant sur le système de sanction routinisé et assez prévisible mobilisé par les enseignants qui consiste à renvoyer du cours les élèves considérés comme « insupportables ». Témoignant ainsi de leur ambivalence, les élèves peuvent effectivement persister à aller dans certains cours malgré les difficultés qu'ils y rencontrent (dans les apprentissages, avec l'enseignant) et, vivant la situation, rapidement chercher à s'en faire exclure (pour finir en salle de permanence), souvent à travers un jeu de sollicitation mutuelle avec d'autres élèves de la classe : « Comme je me fais chier en maths, je me fais exclure de cours. [Comment tu fais ?] On parle fort, on fout le bordel... À chaque fois, elle nous vire (rire) » (Hicham).

L'absentéisme ordinaire d'Alexandra semble également parfois solidaire d'un plaisir manifeste de parvenir à subvertir ou ridiculiser les règles de l'espace scolaire : « Sur mon carnet, c'est toujours un faux emploi du temps, je le change tous les jours en fait, je gomme les cours que je veux sécher. [Et comme ça à la grille ils te laissent sortir ?] Oui. [Ils voient rien ?] Nooon ! Ils sont bêtes, ils voient rien du tout ! (rire) » Dans son récit, il semble qu'Alexandra peut davantage s'enthousiasmer du succès de ses tactiques de résistance à l'ordre scolaire (remplacer son emploi du temps officiel par le sien, à la manière des « gars » décrits par Paul Willis) que de ce qu'elle peut ensuite faire lorsqu'elle a effectivement réussi à sortir (« Ouais, on est au McDo [...]. On traîne »). Lorsqu'il évoque ses absences au quotidien, William semble également particulièrement se réjouir du succès de ses ruses pour déjouer (du moins ponctuellement) le travail de contrôle institutionnel, notamment en maintenant une césure entre le collège et ses parents :

— Et comment tu t'y prends pour pas te faire prendre, pour justifier tes absences ?
— Je justifie après...
— Des mots bidons ?
— Oui.
— Et tes parents, ils savent pas que tu sèches ?
— [Il sourit.] Mais heu... Ils peuvent pas savoir... parce que, avant, le collège, ils avaient le numéro du portable de mon père... Et le portable de mon père, il est à moi maintenant...

Après, mon père, il a acheté son portable et il me l'a donné. Et quand ils [le collège] appellent, je fais la voix de mon père !

Chapitre VI

Maintien d'un accrochage scolaire et ambivalence des élèves

Dans les précédents chapitres, nous avons rendu compte des pratiques absentéistes des élèves en les déconnectant le moins possible de leur contexte d'actualisation. En creux, le lecteur a pu constater que ces élèves ne sont donc pas en « rupture scolaire », mais encore très souvent présents au collège, accrochés à de nombreuses situations scolaires. S'ils ont effectivement construit une habitude absentéiste, et peu à peu accentué leurs distances avec le processus d'apprentissage et les relations qui peuvent s'y nouer, l'exigence scolaire continue de faire sens pour eux, et ils conservent l'habitude de se présenter encore régulièrement au collège. D'une manière générale, si leurs dispositions favorables à un accrochage scolaire ont parfois du mal à s'imposer systématiquement face à leurs dispositions non scolaires, elles n'en sont pas pour autant inexistantes et négligeables. En un mot, le comportement scolaire des élèves se caractérise davantage par l'ambivalence et la contradiction que par l'opposition systématique et la rupture. Dans ce dernier chapitre, nous voudrions donc mettre en évidence ce qui a déjà pu être évoqué précédemment, mais en filigrane: la persistance d'un accrochage des élèves rencontrés dans de nombreuses situations scolaires, le maintien d'une forte préoccupation pour l'école, les apprentissages et les relations qui peuvent s'y jouer.

Des absentéistes toujours présents

Un accrochage dans certains cours

Pour une majeure partie des élèves interrogés, le recoupement des récits et des relevés d'absence permet de mettre en évidence que si certains cours sont souvent (voire, dans certaines périodes, systématiquement) « séchés », d'autres ne le sont quasiment jamais. Cette variation des absences peut renvoyer à celle des accrochages dans les apprentissages scolaires. Si, globalement, les élèves rencontrés ne sont pas de « bons » élèves, l'examen plus détaillé (à partir du recoupement des entretiens, bulletins et relevés d'absence) de leur parcours laisse apparaître pour la majorité une certaine hétérogénéité dans les accrochages scolaires. Étiquetés comme « mauvais » dans certaines matières, ils peuvent parallèlement être considérés comme des élèves « corrects », « moyens », voire, dans une minorité de cas, « bons ». Et ce sont ces matières (ou parfois cette matière) que les élèves ont tendance à moins « sécher ».

Des matières qu'on ne « sèche » pas

On peut ainsi évoquer quelques exemples d'élèves ayant développé une habitude absentéiste depuis un an ou deux, et demeurant encore assidus dans certains apprentissages où leurs résultats sont souvent meilleurs qu'ailleurs. Ainsi, William (en quatrième), malgré la force de ses habitudes absentéistes, demeure régulièrement présent aux cours de technologie et de français (« J'veux pas sécher ces cours, j'aime bien »). Dans la première discipline, ses résultats sont considérés comme satisfaisants par l'enseignant (entre 12 et 13 de moyenne générale sur l'année). Dans la seconde, si les notes sont inférieures à la moyenne, on reconnaît « ses efforts ». Naïma (en troisième) demeure très assidue aux cours de SVT et d'EPS, où ses notes sont supérieures à la moyenne. Pour Anicette, c'est le français qui constitue un de ses principaux points d'accrochage dans les apprentissages scolaires. Elle est presque toujours présente et ses résultats sont considérés comme très convenables par l'enseignant (entre 13 et 15 de moyenne), malgré les mises en garde, sur son bulletin, au sujet de « son comportement qui laisse à désirer ». Au brevet blanc, elle a obtenu la meilleure note du collège en français avec 24,5/40... Mehdi (en troisième) reste également très assidu en cours de français (« Cette année, je kiffe grave le français. [T'aimes bien écrire, décortiquer un texte ?] Décortiquer un texte, trouver le sens »). Il obtient, comme Anicette, des résultats très supérieurs à la moyenne des autres élèves avec plus de 14 de moyenne au second trimestre. Becaye (en quatrième), pourtant considéré comme un très mauvais élève par le principal (« résultats catastrophiques », selon son bulletin), demeure accroché aux cours d'EPS, d'arts plastiques ou d'histoire-géographie. Dans ces trois matières, ses résultats (et son comportement) sont salués (« élève exemplaire » écrit par exemple sa professeure d'histoire-géographie sur son bulletin du deuxième trimestre). Ouafa, enfin, est presque toujours présente en anglais, en musique et en dessin, qu'elle présente comme des cours qu'elle « aime bien » et qu'elle « ne sèche pas ». À titre d'exemple, ses moyennes au premier trimestre de la troisième sont respectivement de 13,25/20, 14,75/20 et 11/20.

Ne pas perdre le fil dans certains apprentissages

À travers leurs récits, certains élèves relient l'importance qu'ils accordent à l'assiduité à un ou plusieurs cours particuliers à leur préoccupation de ne pas perdre le fil des apprentissages en question. C'est ce dont témoigne par exemple Zocky lorsqu'elle revient sur la persistance de sa présence et de son accrochage dans le contexte des cours de français : « Non, il y a des cours que je sèche pas, que j'arrive pas à sécher même aujourd'hui, parce que je sais pas, pour moi, si je rate un cours, c'est comme si... Après, c'est dur à me rattraper... Y a des cours que, par exemple comme le français, j'suis très bonne en français, donc je préfère ne pas sécher ça... Je sèche plutôt les cours où je me sens mal à l'aise. Par exemple en maths ; j'suis nulle en maths, donc... Pour moi, j'aurais aucun intérêt à aller en maths. » À travers sa formule « j'arrive pas à sécher », Zocky exprime bien que la situation du cours de français (ou la perspective de cette situation) réveille ses dispositions les plus favorables à un accrochage, et la pousse à refouler ses habitudes absentéistes sur le mode du « c'est plus fort que moi ». Le fait de s'accrocher au cours de français semble être tout autant une habitude incorporée et routinisée que l'habitude qu'elle a par exemple de « sécher » le sport (« Le sport ! Pouahhhh ! Y a que les garçons qui sèchent pas »). « Même aujourd'hui », malgré plus de deux ans de pratique absentéiste soutenue, son habitude d'être présente en français persiste donc. Alors que le fait de « sécher » les mathématiques ne rime pas pour Zocky avec une quelconque perte, « puisqu'il n'y a plus rien à perdre », le fait de « sécher » un cours de français revient pour elle à « rater » quelque chose d'important et à s'exposer à des difficultés pour « rattraper » ce qu'elle ne veut précisément pas perdre.[1]

Un accrochage lié à une relation privilégiée avec l'enseignant

On l'a déjà souligné, pour les élèves enquêtés, l'accrochage dans certains apprentissages est dans la plupart des cas indissociable de ce qu'ils considèrent comme une « bonne » relation avec les enseignants qui les assurent. L'évidence de leur assiduité dans telle ou telle situation est ainsi très souvent corrélée à un jugement positif concernant l'enseignant et au rappel des valorisations ou encouragements que ce dernier peut leur témoigner. Ainsi, à la question de savoir ce qui lui plaît dans le cours de SVT où elle est régulièrement présente et obtient

1. L'étude du relevé d'absence de Zocky montre qu'elle s'est néanmoins absentée deux fois du cours de français au deuxième trimestre de sa troisième. Mais ces absences étaient associées à d'autres absences. Autrement dit, c'est toute la journée qu'elle s'est absentée, et non seulement du cours de français. Malgré son attachement à ce cours, il est probable que Zocky ait été happée par ses activités en dehors du collège, et ait pu éprouver des difficultés à les quitter pour revenir au collège. En outre, revenir dans l'établissement en pleine journée peut ne pas être évident, puisque cela suppose une éventuelle confrontation avec les enseignants dont on a séché les cours dans une première partie de journée (en les croisant par exemple dans les couloirs) et s'exposer à une demande de justification de la part du CPE ou d'un surveillant (posté à la grille d'entrée) difficile à assumer (pourquoi avoir été absent à certains cours et pas à d'autres ?). Paradoxalement, « faire le mur » pour rentrer dans l'établissement est à certains égards aussi, voire plus, difficile que « faire le mur » pour sortir de l'établissement.

de relativement bons résultats, Naïma souligne le rôle décisif (de son point de vue) de l'enseignante qui assure ce cours : « La biologie, en fait j'aimais pas en sixième, cinquième, parce que je crois que j'avais des profs que je pouvais pas voir, et là j'ai un professeur, qui... elle est trop bien dans son travail, elle nous aide, même après, après son cours, même à 5 heures, elle nous dit : "Oui, si vous voulez rester, je vous explique..." Moi, elle m'a expliqué, comme là, il n'y a pas longtemps, je suis restée, moi j'ai cru qu'elle allait nous prendre la tête, parce qu'elle a déjà pris la tête à certains, enfin qui voulaient... mais pour eux, ça a été une prise de tête, mais pas pour moi. Elle m'a gardée de 5 heures à 5 heures et demie, elle m'a réexpliqué et tout, et j'ai compris, et on a fait un contrôle, j'ai eu 16. C'est pour ça je trouve que cette prof, elle est super bien, donc je m'intéresse encore plus à son cours, elle est trop motivée dans son cours, et elle nous motive en même temps, c'est pour ça, j'aime bien ça, et c'est ça que je veux comme prof. J'aimerais bien que ce professeur y fasse toutes mes matières, comme ça dans toutes les matières je suis intéressée. » Naïma résume bien certaines attentes souvent formulées par les élèves rencontrés par rapport à leurs enseignants : une attention particulière et presque individualisée aux difficultés éprouvées dans les apprentissages.

D'une manière générale, les enseignants que les élèves « aiment bien » (cette catégorie revient souvent dans les entretiens) et dont ils fréquentent régulièrement les cours ne mobilisent guère avec eux (et souvent avec les autres élèves de la classe) la sanction consistant à les renvoyer de la classe : « J'ai jamais été renvoyée de ce cours », dit par exemple Zocky concernant son professeur de français ou d'histoire-géographie ; « elle exclut pas », souligne Becaye. En outre, à travers certains commentaires qu'ils écrivent sur les bulletins des élèves, ces enseignants semblent plutôt avoir tendance à mettre en évidence leurs efforts, à les encourager ou à souligner leurs capacités, plutôt qu'à relever leur déficit par rapport aux exigences scolaires, comme en témoignent les bulletins d'Anicette, de Becaye, etc.

Ainsi, pour ces élèves, un, deux, parfois trois cours constituent probablement des contextes relationnels plutôt valorisants qui les poussent à se mobiliser et à retravailler ce qui, dans leur trajectoire, est le plus favorable à un accrochage scolaire (par exemple certaines compétences en matière d'écriture chez Mehdi), et à refouler ce qui les éloigne le plus.

Néanmoins, si une telle description nous paraît utile pour spécifier les situations d'apprentissage auxquelles semblent davantage s'accrocher certains élèves (contrastant avec les cours où ils sont plutôt scolairement disqualifiés, découragés, régulièrement renvoyés ou parfois ignorés... et souvent absents), elle demeure très imparfaite. On peut faire l'hypothèse que, dans toute situation d'apprentissage, les élèves résistent toujours à ce que tente de leur transmettre (plus ou moins intentionnellement) l'éducateur, à ses exigences tacites ou explicites. Si nous n'avons pas le matériau, dans cette enquête, pour analyser des exemples de résistance des élèves aux savoirsqu'on tente de leur transmettre dans ces cours auxquels ils semblent pourtant particulièrement s'accrocher – ou, autrement dit, leur réappropriation plus ou moins légitime de ces savoirs –, on peut néanmoins souligner certaines résistances aux exigences scolaires en matière de posture corporelle. Ainsi, si Zocky ou Anicette semblent effectivement particulièrement s'accrocher en cours de français, elles y actualisent quand même des habitudes corporelles contraires aux attentes de leurs professeurs (« Souvent, il me reproche mes agitements ou mes bavardages », dit la première, ou « Même en français, j'arrive pas à me calmer », dit la seconde).

Un accrochage à l'univers scolaire

Le collège, comme espace de (tentative) de transmission de certains savoirs, de certaines manières de faire et d'agir ou de sentir, est indissociablement un espace de relations entre élèves, surveillants, conseillers principaux d'éducation, etc. Si, pour une partie minoritaire des élèves rencontrés, l'investissement d'autres relations extérieures au collège semble déterminant pour rendre compte de leur pratique absentéiste, pour une majorité des élèves rencontrés, l'investissement de certaines relations dans l'espace scolaire semble être déterminant pour rendre compte de la persistance de leur présence. Si ce ressort de l'accrochage peut parfois se combiner avec l'attachement à la discipline et/ou à l'enseignant, il semble parfois constituer le principal lien à l'école qui subsiste.

Les copains

Si certains élèves demeurent particulièrement présents dans l'espace scolaire malgré tout ce qui pourrait les pousser à s'en éloigner, c'est certainement parce que ceux qu'ils ont investis et considèrent comme leurs meilleurs copains y sont présents au quotidien: « Mes meilleurs copains, ils sont dans ma classe [...]. Quand je suis pas là, j'ai trop envie de les voir » (Ouafa); « Ce que j'aime ici, c'est retrouver mes copains » (Kévin); « Le collège, c'est... les copains et tout » (Leslie); « Ce que j'aime? Ben, j'ai tous mes copains ici » (Kamel). Pour certains élèves, c'est plus largement l'ambiance ou la forte interconnaissance qui semble les accrocher: « L'ambiance et tout, ici, ça me plaît... On n'arrête pas de délirer ici » (Fares); « Je connais tout le monde ici [...], je m'entends bien avec tout le monde, je parle avec tout le monde » (Ozan); « Je suis copain avec tout le monde moi » (Alexandra). Contrairement à ceux dont les relations affectives les plus importantes se jouent à l'extérieur du collège (par exemple Nadia en troisième) et qui peuvent vouloir s'éloigner de leurs pairs inscrits dans l'établissement, ces élèves semblent au contraire très attachés à cultiver la sociabilité entre pairs dans le collège.

Si le fait de cultiver des relations avec les copains du collège dans le quartier (où presque tous résident) pendant le temps péri et extrascolaire est parfois important pour eux en ce qu'il autorise certaines activités impossibles dans l'espace scolaire (par exemple Kévin et Fares), cela ne remplace cependant pas ce qui peut se jouer à l'intérieur de l'établissement avec ces mêmes copains (possibilité de drague, de chahuts, de rigolades, de défi, présence d'un « public »[2], etc.).

Pour les élèves issus des cités environnant leur établissement, l'espace scolaire de relations semble s'apparenter à un repaire, le centre du quartier où se situe l'activité, où il se passe toujours quelque chose. Au bout de quelques heures ou jours d'absence, les élèves peuvent être poussés à y revenir pour se replonger dans une ambiance extrêmement familière et certainement rassurante – à la différence de Hakim et Abdou, pour

2. Des élèves comme Fares, Alexandra ou Anicette, figures plutôt charismatiques de leur établissement, souvent reconnus comme *leaders* et « respectés », semblent à certains égards dépendants de leur public, du regard des autres élèves. C'est ce dont témoigne par exemple Alexandra lorsqu'elle dit venir en cours d'histoire-géographie uniquement pour « foutre le bordel » avec sa copine de classe, et souligne le fait que « tout le monde rigolait » à leur sketch (consistant à chanter en cours pour empêcher l'enseignante de faire cours).

qui le collège Mermoz ou ses environs ont pu être associés à l'hostilité ou à la menace, du fait de leur appartenance à un quartier ou une ville autres que celui ou celle du collège.

La fréquence de l'absentéisme interne

Ces élèves très attachés aux relations avec leurs pairs dans l'espace scolaire développent plus que les autres des pratiques d'absentéisme interne : ils sont parfois absents de cours, mais restent néanmoins souvent dans l'établissement. Contrairement aux élèves qui ont la majorité de leurs copains à l'extérieur de l'établissement et dont les absences correspondent à une présence à leurs côtés dans un autre lieu (parfois *dans* leur ancien établissement, comme Abdou, ou à proximité, comme Hakim), ceux-là peuvent souvent ne pas aller dans certains cours mais demeurer dans l'enceinte du collège (en permanence, au CDI, dans les couloirs, etc.) : « Quand je sèche, souvent, je vais au CDI, je vais avec les autres quand ils ont pas cours. S'il y a des potes à moi, je vais avec eux » (Alexandra).

Cet absentéisme interne, en principe plus « risqué » que l'absentéisme externe, est fréquent, notamment parce que certains acteurs de la vie scolaire ou de la direction du collège ferment souvent les yeux par rapport à cette pratique, la considérant plus ou moins explicitement comme un « moindre mal » pour tout le monde (l'enseignant est débarrassé d'un élève qu'il a du mal à supporter, et l'élève reste quand même dans le cadre institutionnel de surveillance plutôt que d'aller dans la rue). Dans les contextes où ils sont débordés, en réunion ou en sous-effectif (surveillants ou aides-éducateurs absents), il arrive que les membres de la vie scolaire ou la direction de l'établissement ignorent le fait que des élèves sont par exemple en salle de permanence ou dans les couloirs alors qu'ils devraient être en salle de classe. Le CDI semble particulièrement constituer une bonne « cachette » pour les absentéistes internes. Parce que la documentaliste ne contrôle pas toujours les emplois du temps des élèves, ils peuvent y aller alors qu'ils ont cours sans être repérés, comme en témoigne Becaye : « [C'est-à-dire que tu sèches dans l'établissement ?] Voilà, voilà ! [Et comment tu fais pour ne pas te faire voir ?] Comment ça ? Je vais au CDI ! »

En pratiquant l'absentéisme interne, tout se passe comme si les élèves conservaient ce qui les accrochait le plus au contexte scolaire (la possibilité de cultiver des relations entre pairs, la convivialité, certaines activités telles que la consultation d'internet ou la lecture de journaux, et parfois, peut-être, un certain réconfort) et évacuaient – pour un temps – ce qui leur semble alors le plus dur à supporter (la soumission à une situation scolaire d'apprentissage où ils se sentent« largués », la posture corporelle qui en est en principe solidaire et/ou une confrontation à un enseignant) : « Maths, SVT, truc... J'aime pas, voyez... En anglais, j'y vais, la prof, elle est gentille... Quand j'y vais pas, je vais en permanence, voyez. [Tu ne te fais pas repérer par le CPE ?] Je lui dis, je lui dis : j'ai pas envie d'aller en cours, elle m'énerve celle-là... Des fois, elle [la CPE] veut pas[3] et j'y vais pas quand même... Ou j'y vais et je me fais virer et je redescends ! » (Ozan). « Si le prof il m'énerve, je vais au CDI. [Qu'est-ce que tu fais là-bas ?] J'lis *Le Parisien*, je vais sur internet » (Ismaël). « Des fois, je fais exprès de traîner dans les couloirs pour pas aller en maths... Après, je monte, le prof, il me dit : "T'es en retard, tu vas en permanence" et après, voilà, je vais en permanence ! » (Ouafa). Parmi ces élèves régulièrement absents de cours et présents dans d'autres lieux de l'établissement, certains ne codent pas leur pratique comme de l'absentéisme : « J'ai pas séché, j'étais en permanence [alors qu'il y avait officiellement un cours] ! » (Ozan) ; « Aller en perm, c'est pas sécher » (Nicolas).

Venir au collège pour pouvoir (en) sortir avec des copains : le cas de Sirin

Lorsqu'elle est en troisième, Sirin vient régulièrement au collège le matin. Lorsqu'elle « sèche » les cours, c'est plutôt l'après-midi, ou du moins après un passage au collège d'au moins une heure ou deux. Pour comprendre les pratiques absentéistes de Sirin, il faut savoir que ses parents ne l'autorisent jamais à sortir de chez elle en dehors des heures de cours (contrairement à ses frères plus jeunes, en cohérence avec une certaine vision des possibilités et impossibilités en fonction du sexe). Le soir, après le collège, le mercredi après-midi, le week-end ou les vacances, Sirin doit donc être chez elle, et non dehors dans la cité : « Ils [les parents] disent, à cause de la famille, s'ils me voient dans la rue, après ils racontent n'importe quoi. Après ils vont trop parler, ils racontent

3. Il est effectivement arrivé que Mme O., une des CPE de Mermoz, accepte qu'Ozan ou Soraya, par exemple, n'aillent pas en cours, connaissant très bien la relation conflictuelle qu'ils avaient avec tel ou tel enseignant : « Ça leur fait un break », a-t-elle pu nous dire.

n'importent quoi. Sur les garçons.» Pour les parents de Sirin, la visibilité de leur fille dans l'espace public constituerait ainsi une atteinte à leur honneur ou à leur dignité. Le collège est donc pour cette élève le seul lieu où elle peut en principe nouer et développer des relations avec ses pairs (elle ne fréquente sinon que des cousins ou cousines, chez elle ou chez des membres de sa famille) : « Ce qui me plaît au collège, c'est de voir des gens. [...] Ce qui me motive, c'est de voir mes copains. » En difficulté dans la majorité des situations d'apprentissage (à l'exception de l'histoire-géographie et de la technologie), la sociabilité avec les autres élèves constitue pour elle une des dimensions centrales de son lien au collège. Si elle s'y présente donc de manière assez assidue le matin, elle ne tarde souvent pas à en repartir avec deux ou trois copines de sa classe, en fin de matinée ou dans la première partie de l'après-midi, pour investir des lieux relativement éloignés de son quartier, à l'abri des éventuels contrôles des membres de sa famille : « Je vais avec mes copines... On part en train, on va souvent à Enghien. [Qu'est-ce qu'il y a de bien là-bas ?] Ben, y a un lycée là-bas, on connaît des gens là-bas [...]. On était ensemble en quatrième. » Sirin rejoint ainsi d'anciens camarades de classe maintenant scolarisés en lycée professionnel avec qui elle était en classe jusqu'à son redoublement de quatrième.

La persistance de la présence de Sirin à Rousseau est donc paradoxale. Elle vient effectivement régulièrement au collège pour retrouver ses copines (tout en investissant de manière spécifique quelques apprentissages scolaires) pour en repartir ensuite, une, deux ou trois fois par semaine, avec eux. Elle s'approprie ainsi l'espace scolaire (et détourne la règle d'assiduité qui en est en principe solidaire) d'une manière particulièrement illégitime, puisqu'elle l'investit comme un lieu de rendez-vous pour ensuite en sortir selon un emploi du temps qu'elle définit avec ses copines.

Des relations particulièrement investies avec certains acteurs de la vie scolaire

Pour une minorité d'élèves, des relations particulières avec un conseiller principal d'éducation, un ou plusieurs aides-éducateurs ou surveillants, constituent manifestement un facteur d'accrochage, sinon central, du moins non négligeable, à l'espace scolaire. Les multiples moments d'observation dans les établissements nous ont effectivement permis d'apprécier l'importance des relations tissées entre quelques élèves et certains acteurs de la vie scolaire. Parce que les premiers transgressent souvent les règles que les seconds sont chargés de faire respecter, les conflits qui les opposent peuvent être nombreux. Mais ces derniers ne s'actualisent pas tout le temps et avec tous les acteurs, et ne sont de toute façon pas toujours contradictoires avec ce que les élèves peuvent eux-mêmes qualifier de « bonne relation ».

Soraya fait partie des élèves rencontrés les plus en difficulté dans les apprentissages scolaires. Elle est parallèlement en conflit ouvert avec de nombreux enseignants lors de sa quatrième. Renvoyée plusieurs fois par semaine de cours, elle est exclue définitivement de Mermoz à la fin de sa quatrième. Alors que, dans une première phase d'enquête à Mermoz, je passe beaucoup de temps dans les couloirs à attendre (des élèves, la conseillère principale d'éducation, des enseignants, etc.), je peux effectivement régulièrement la voir dans le bureau de la vie scolaire, ou à proximité, aux côtés de Mme O., la conseillère principale d'éducation en poste durant une partie de l'enquête. Si Soraya peut ainsi être dans ces lieux alors qu'elle a officiellement cours, c'est le plus souvent parce que la conseillère principale d'éducation accepte qu'elle reste avec elle sur un mode informel (à la différence des procédures courantes de convocation) pour simplement discuter, plutôt que d'aller en permanence, comme c'est normalement la règle après un renvoi de cours. Dans d'autres cas plus minoritaires, Soraya peut être aux côtés de la conseillère principale d'éducation après que cette dernière a finalement toléré qu'elle n'aille pas en cours (sur demande de Soraya, évoquant tel ou tel conflit avec un enseignant). Plutôt que de la convoquer symboliquement sur le registre de l'élève coupable, devant rendre des comptes sur ses transgressions, la conseillère principale d'éducation passe ainsi beaucoup de temps à simplement converser ou blaguer avec Soraya (sur une série regardée la veille à la télévision, son petit copain, ses aspirations, etc.), comme si elle voulait lui apporter une sorte de réconfort et de convivialité contrastant avec ses difficultés relationnelles fréquentes avec les enseignants. Lorsque nous l'interrogeons sur sa relation avec Mme O., Soraya souligne bien les différences qu'elle perçoit entre certains enseignants avec qui elle semble régulièrement en conflit et la conseillère principale d'éducation :

« Mme O., c'est ma confidente, à chaque fois je raconte ma vie, on rigole, tout ça... [Tu préfères Mme O. à certains profs ?]

Ah oui!... C'est pas pareil, on se comprend plus quoi. [C'est quoi la différence entre les profs et Mme O. ?] Les profs c'est les profs, et Mme O., c'est mon amie! [C'est parce qu'elle te juge moins ?] Si... elle doit juger, mais pas devant moi... Avec elle on peut rigoler... parce qu'on raconte n'importe quoi! [Avec les profs tu ne rigoles pas ?] Ah ben non.»

Il est possible que leur relation manifestement privilégiée s'explique en partie par la position de résistance de Mme O. par rapport aux enseignants qui renvoient presque quotidiennement Soraya. Alors que les enseignants attendent de la part de la conseillère principale d'éducation (qui «reçoit» Soraya après son renvoi) une prolongation de leur travail de répression, celle-ci le contrecarre assez souvent en ne donnant pas nécessairement suite aux rapports disciplinaires qu'ils établissent: «Ils exagèrent avec Soraya [...]. Non mais, attends, c'est dingue, c'est presque tous les jours qu'ils la renvoient, on va pas lui coller un rapport tous les jours!» (Mme O., extraits du journal de terrain)[4]. Tout se passe comme si la conseillère principale d'éducation et Soraya se rapprochaient à la faveur de leur opposition commune (quoique pour des raisons très différentes) à certains enseignants.

On a formulé l'hypothèse que Soraya trouvait dans sa relation privilégiée avec Mme O. un point d'accrochage à l'espace scolaire lorsque, à plusieurs reprises, on a eu l'occasion de la voir faire «des heures supplémentaires» le soir vers 17 h 30-18 heures dans le bureau de la vie scolaire. Alors que la plupart des acteurs étaient partis et que j'étais en compagnie de la conseillère principale d'éducation encore affairée à trier des documents, j'ai ainsi pu voir Soraya toujours présente, dans l'encablure de la porte de la vie scolaire ou dans le bureau, échangeant quelques mots anodins avec Mme O., ou attendant simplement la fermeture du bureau sans rien dire.

4. En salle des professeurs, nous avons pu observer la manière dont quasi quotidiennement certains enseignants ont constitué la (mauvaise) réputation de la CPE («elle casse notre boulot»; «elle est con»; «elle a aucune expérience»; «elle est naïve»; «c'est grave»). Percevant Mme O. comme inexpérimentée et «trop laxiste» (c'était alors sa première année et elle n'était pas titulaire), certains enseignants ont ainsi pris l'habitude de faire appel au principal adjoint réputé plus ferme, pour le traitement de questions disciplinaires, au lieu de mobiliser la CPE comme c'est l'usage.

Grande absentéiste, *a priori* « en conflit avec l'école » comme on peut le dire parfois un peu rapidement, Soraya ne semble pourtant pas la rejeter « en bloc », mais plus particulièrement dans certaines situations scolaires, tandis qu'elle semble particulièrement s'accrocher à cette relation avec la conseillère principale d'éducation.

Soraya n'est pas la seule à apprécier Mme O., qui jouit d'une bonne réputation chez beaucoup d'élèves par ailleurs codés « en difficulté ». Sa capacité d'écoute ou à « comprendre » les élèves, « sa gentillesse » ou son « ouverture » sont souvent évoquées par les élèves (par exemple Nadia). Cette dernière propriété positive du point de vue des élèves se matérialise d'ailleurs dans l'habitude de maintenir toute la journée son bureau ouvert, créant ainsi une impression de désordre permanent qui exaspère une partie des enseignants (lorsqu'ils viennent remettre la feuille d'appel par exemple et que le bureau est encombré), mais autorise un investissement régulier et informel des lieux par certains élèves comme Soraya.

Nous l'avons déjà souligné précédemment, les surveillants ou aides-éducateurs sont presque tous issus des mêmes villes, et souvent des mêmes quartiers, que les élèves dont ils ont la charge. Malgré les différences de parcours scolaires (les premiers sont généralement à l'université ou en BTS, tandis que les seconds n'accéderont probablement jamais à ces formations), ils partagent de nombreuses habitudes culturelles, langagières, corporelles (pratique et intérêt pour le sport, valorisation de la force physique, pratique de la tchatche ou de la vanne, fréquentation régulière des espaces publics, etc.). Cette (relative) proximité de socialisation entre élèves et surveillants ou aides-éducateurs, associée à la faible différence d'âge (sept ou huit ans en moyenne), facilite la construction de liens de connivence ou d'amitié (pouvant cohabiter avec une soumission à l'autorité du surveillant de la part des élèves, mais une autorité souvent négociée comme avec un grand frère).

Certains élèves absentéistes semblent s'investir dans des relations avec un ou plusieurs aides-éducateurs ou surveillants, au point que ces relations contribuent certainement à les raccrocher à l'espace scolaire. Ainsi, alors que Naïma évoque l'importance de ses copains dans ce qui la pousse à venir (ou revenir) au collège, elle poursuit spontanément son propos en soulignant le plaisir qu'elle éprouve à retrouver certains acteurs de la vie scolaire, et la relation privilégiée qu'elle entretient particulièrement avec une surveillante :

— Quand je sèche, des fois, mes copains de classe, ils me manquent... Je sais pas, ça fait plaisir de voir ma classe... parce que j'aime bien ma classe... c'est pour ça. Et puis y a les pions aussi. Je suis content de les voir, y en a, j'ai envie de les voir.
— Tu t'entends bien avec eux ?
— Certains ouais, certains non. Certains, j'peux pas les voir, parce que je trouve que même les pions, même les pions on dirait qu'ils se prennent pour le principal. Tu sais genre : « Ouais, tu me parles correctement ou t'emploies d'autres mots... » Ils sont trop à cheval sur leur... sur leur position, alors que c'est rien que des surveillants ! Je pense qu'un surveillant, j'sais pas, pour moi un surveillant, il doit être comme nous. Même tu vois, et ben, il y en a qui veulent qu'on les vouvoie, à ce point-là ! J'sais pas, je comprends pas, t'es jeune, ils sont à la fac ! Ils sont dans la fac, et encore ils veulent qu'on les vouvoie ! J'sais pas : « Rentre avec nous ! » Tu vois, moi, je pense que les surveillants, j'veux que les surveillants ils soient comme ça, tu vois, qu'il y ait un p'tit lien, même si on se connaît pas très très bien, enfin j'aime bien qu'ils soient comme ça.
— Et y en a comme ça ?
— Y en a une... Magali... c'est surtout elle, depuis des années que j'y suis, c'est la seule qui... elle parle avec nous... Quand on dit : « Ouais, j'ai pas envie d'aller dans son cours! », ben : « Reste avec moi, j'te ferai un petit billet !... » Ou soit on est retard, on était en retard, moi elle me fait un billet... Elle me donne même des sous pour acheter des petits trucs au distributeur, là... Des fois, le matin, j'ai pas envie de venir... Je viens exprès en retard, comme ça je sais, je reste avec Magali, au bureau des surveillants... J'aime bien parler avec elle... J'crois que c'est une complicité que j'aime bien. C'est ça... J'aimerais bien qu'ils soient tous comme ça les pions.

La relation affective que Naïma semble avoir investie depuis plusieurs années avec Magali constitue probablement un de ses points d'accroche avec l'espace scolaire, la poussant même parfois à s'y présenter, alors qu'elle pourrait rester chez elle ou être à l'extérieur dans les quartiers environnants, comme elle peut par ailleurs régulièrement le faire. Alors qu'elle reproche à une partie des surveillants, précisément, de se cantonner dans leur rôle statutaire de surveillants, Naïma apprécie particulièrement le fait que Magali ne se borne pas toujours à l'exercice de son activité officielle pour pouvoir se rapprocher d'elle, se montrer disponible pour l'écouter.

Les pratiques de « rôdage » autour des établissements

Les élèves peuvent témoigner de leur attachement à l'univers scolaire en demeurant souvent à proximité (voire à l'intérieur) de l'établissement qu'ils ont quitté après un passage au lycée (comme Nadia) ou un déménagement (comme Abdou) ou dont ils ont été exclus provisoirement ou définitivement. En découvrant ces pratiques à travers les récits ou l'observation directe, l'enquêteur peut avoir l'impression que les élèves rôdent autour d'un univers qui les attire et les travaille.

Ainsi Ismaël, exclu deux semaines en troisième de l'établissement, est-il presque tous les jours, durant plusieurs heures, visibles à la porte d'entrée de Mermoz. Si certains élèves peuvent avoir de telles pratiques pour retrouver leurs copains lorsque ceux-ci sortent de cours (parfois avant l'heure pour rejoindre plus tôt leurs copains exclus de l'établissement), Ismaël, lui, est souvent présent seul (assis sur un banc) ou avec des copains extérieurs au collège (c'est du moins ce que nous en a dit le conseiller principal d'éducation qui peut voir la scène depuis sa fenêtre).

Comme nous l'avons déjà évoqué, d'autres élèves tels qu'Abdou, Anicette ou Hakim peuvent passer une bonne partie de leur temps (alors qu'ils ont en principe cours, ou sur les temps péri et extrascolaires) à proximité de leur ancien établissement, voire à l'intérieur (cas d'Abdou, qui mange à la cantine de son ancien établissement ou se dissimule dans les cours suivis par ses copains). Alors qu'on pourrait s'attendre à retrouver ces élèves *a priori* distants de l'univers scolaire dans des lieux qui s'en différencient nettement, on réalise à travers la description de leurs activités régulières qu'ils sont au contraire très attirés par cet univers qui les a, semble-t-il, durablement marqués.

Des élèves toujours travaillés par l'école

Avec le processus de massification scolaire auquel on assiste ces quarante dernières années, l'école devient pour la quasi-totalité de la population issue des nouvelles générations la principale instance de socialisation des vingt premières années de la vie. Nous l'avons vu dans notre premier chapitre introductif : « le temps scolaire est [...] devenu de plus en plus constitutif du temps de l'enfance »[5]. À travers ce mouvement historique de « scolarisation de la France »[6], le rôle décisif du titre scolaire, qui a longtemps concerné une minorité de la population, affecte maintenant la quasi-totalité des familles. Si l'école ne fait assurément pas l'objet d'une même appropriation par tous les milieux sociaux, elle tend de plus en plus à apparaître à tous comme incontournable, au moins « pour s'en sortir ». Le parcours et la valeur scolaires sont de plus en plus mobilisés dans les interactions sociales, et souvent au centre des jugements qui circulent entre les individus. La sortie prématurée du système scolaire (par rapport aux nouvelles normes de scolarisation) est de plus en plus appréhendée comme un « problème », faisant l'objet d'une typification négative, ou pouvant être considérée comme un « stigmate » au sens de Goffman.

La prédominance du mode scolaire de socialisation dans notre société s'étend donc au-delà de l'institution scolaire. Elle se manifeste à travers les classements sociaux, hiérarchies, jugements sociaux qui circulent aujourd'hui dans une pluralité d'espaces, mais aussi dans de nombreuses actions de prise en charge péri et extrascolaires, fonctionnant souvent selon la forme scolaire d'apprentissage.[7] La place centrale de l'école comme socialisation ou repère incontournable se retrouve en même temps dans les médias, et en particulier à la télévision, dont les enfants et les adolescents sont aujourd'hui de gros consommateurs. À plusieurs égards, celle-ci fonctionne comme une instance de socialisation qui contribue à rendre évidente l'école. D'abord à travers le contenu de certains programmes ou publicités, où la fréquentation régulière et prolongée de cette institution apparaît comme centrale et naturelle, au cœur de la vie quotidienne de chacun. Ensuite à travers l'organisation temporelle des programmes pour les enfants et les adolescents : ceux-ci s'arrêtent le plus souvent le matin, à l'heure où les enfants doivent partir à l'école, pour reprendre au moment où ils sont susceptibles de rentrer.

5. *Cf.* Christian Baudelot et Roger Establet, « L'école et l'enfance », *in* Gabriel Langouët (sous la direction de), *L'État de l'enfance en France*, Hachette, Paris, 1997, p. 241.

6. *Cf.* Jean-Pierre Terrail, *La Scolarisation de la France*, *op. cit.*

7. *Cf.* Guy Vincent, Bernard Lahire et Daniel Thin, « Sur l'histoire et la théorie de la forme scolaire », article cité, et Daniel Thin, *Quartiers populaires...*, *op. cit.*

Les élèves rencontrés ont des pratiques de résistance aux exigences scolaires d'assiduité qui se constituent à travers des expériences socialisatrices dans la famille, le quartier et le collège. Mais ces pratiques sont très ambivalentes et peu stabilisées. En même temps qu'ils semblent parfois exprimer une forme de rejet de l'école, à travers leurs pratiques et parfois leurs discours, ils demeurent extrêmement *travaillés* par l'espace et la logique scolaires. Loin d'être en rupture, leurs pratiques demeurent en relation avec la logique scolaire à laquelle ils reconnaissent toujours une forme de légitimité.

La volonté de rester

« Quand je sèche le matin, j'y vais l'après-midi »

L'ambivalence des élèves par rapport à l'univers scolaire s'exprime chez tous les élèves rencontrés, y compris chez les absentéistes codés par les conseillers principaux d'éducation comme les plus « chroniques ». À la différence des « durs », les enfants d'ouvriers étudiés par Paul Willis[8], les élèves interrogés ne sont pas uniquement caractérisés par des pratiques « antiscolaires » ou des discours d'« opposition à l'école », mais semblent aussi parfois être en quelque sorte « en demande d'école », ou attester leur envie d'y rester. Ils peuvent ainsi parfois, au cours d'un même entretien, émettre une critique acerbe de leur collège (ou plus largement de l'école), et manifester leur attachement à leur établissement et leur préoccupation scolaire. C'est ce dont témoigne par exemple Ozan lorsqu'il dit : « On dirait une prison ici, je déteste », et (se) rappelle dans un autre entretien son attachement à l'établissement : « J'aime bien ce collège [...]. J'aime pas trop rester dehors [...]. Je sors pas du collège, je reste au collège... Voilà, je vais au CDI ou en perm. » Sa pratique de l'absentéisme interne révèle bien son ambivalence par rapport à l'univers scolaire. S'il peut vouloir fuir ou éviter certaines situations scolaires particulières (en allant d'ailleurs aussi parfois à l'extérieur de l'établissement, en cohérence avec ses difficultés à supporter la contrainte d'enfermement), il souhaite en même temps pouvoir être régulièrement dans l'espace scolaire, comme s'il oscillait toujours entre deux postures contradictoires : « Quand je sèche, souvent, je

8. Paul Willis, « L'école des ouvriers », article cité.

sèche le matin ou bien l'après-midi... Quand je sèche le matin, j'y vais l'après-midi, et quand j'y vais le matin, je sèche l'après-midi ! » Pour un élève considéré comme en « rupture scolaire » par la plupart des acteurs éducatifs de Mermoz, Ozan demeure en définitive encore très attaché à l'espace scolaire. S'il « sèche » effectivement beaucoup de cours (en allant en permanence, au CDI ou en dehors de l'établissement), et peine souvent à se conformer aux exigences scolaires en matière de posture corporelle, n'écoute pas toujours en cours, est en difficulté dans beaucoup de situations d'apprentissage, il demeure néanmoins profondément travaillé par l'univers scolaire.

« Pourquoi vous m'excluvez pas à l'intérieur ? »

Les élèves absentéistes peuvent également manifester leur attachement à l'univers scolaire à travers l'expression de leur préférence pour l'exclusion « interne » (par exemple être exclu trois jours, mais demeurer en salle de permanence) par rapport à l'exclusion classique :

— Maintenant, ils renvoient à l'extérieur du collège, maintenant, ils s'en foutent, ils nous mettent dehors. Avant on pouvait être renvoyé et quand même rester au collège.
— D'accord...
— On n'était pas en cours, mais on était au collège quand même...
— Et maintenant, c'est tout le temps dehors ?
— Ouais, c'est tout le temps comme ça, dehors le collège.
— Et toi, qu'est-ce que tu en penses ?
— Ben, ouais, à l'intérieur, c'est mieux, quoi, quand on est ici, ils nous font faire des trucs et tout, alors que, quand je suis chez moi, je fais rien du tout (Jonathan).

D'autres élèves lui font écho en exprimant également leur « préférence » pour les exclusions internes : « Quand je suis exclu, je m'énerve, je perds des points... Je préfère être exclu en interne et recopier mes cours » ; « Je leur ai dit, pourquoi vous m'excluvez *(sic)* pas à l'intérieur ? » (Ozan). Babacar, quant à lui, dévalorise radicalement toute forme d'exclusion de cours : « J'aime pas être exclu, je préfère être collé » ; « Moi, je voulais rester au collège », dit Kamel, en semblant quelque peu regretter son exclusion de Rousseau pendant une semaine lors de sa quatrième. Si la plupart des élèves peuvent parfois sourire lorsqu'ils évoquent certaines de leurs exclusions à l'issue d'un chahut collectif, d'un défi ludique ou d'une provocation dont ils peuvent retirer une certaine valorisation ou fierté par rapport à leurs pairs, ils livrent en même temps certains indices attestant leur volonté de ne pas subir ces sanctions au-delà de certaines limites (dans le temps et dans l'espace). Lorsque les exclusions se répètent et qu'elles dépassent le strict cadre d'un cours pour devenir une sortie contrainte de l'établissement pour une journée ou plus, les élèves peuvent finir par mal les vivre. D'une part, parce qu'elles les éloignent d'un espace familier auquel ils sont, d'une manière ou d'une autre, tous attachés (ne serait-ce que pour les relations qu'ils y ont nouées) et, d'autre part, parce qu'ils savent de manière plus ou moins réflexive qu'elles multiplient leurs chances de perdre le fil des apprentissages. Or, bien qu'ils se présentent parfois comme indifférents par rapport à une partie de ces apprentissages scolaires (« les maths, pffff... Je m'en fous, moi, de son cours de merde », dit par exemple Ozan), ils soulignent à travers certaines de leurs pratiques que cette indifférence est toute relative (c'est le cas, par exemple, d'Ozan qui veut pouvoir « recopier » ses cours dans le cadre de la permanence, ou de Jonathan qui préfère qu'on lui fasse « faire des trucs » dans le cadre scolaire plutôt que ne « rien faire du tout » chez lui).

Le redoublement ? « Très bien ! Les années collège, c'est les meilleures années ! »

D'autres élèves expriment cette volonté de rester au collège en paraissant, à certains moments, se réjouir de la perspective d'un redoublement. C'est le cas d'Alexandra à la fin de sa quatrième.

— Tu le prends comment qu'on te dise que tu vas redoubler ?
— Très bien ! J'ai jamais redoublé. Et puis, comme on dit, les années collège, c'est les meilleures années, hein ! J'en aurai plus.

Bien qu'Alexandra souligne par ailleurs dans un autre entretien sa hâte d'en finir avec l'école, et qu'elle s'absente très régulièrement de cours ou de l'établissement, elle montre ici son attachement au contexte scolaire. Alexandra est en fait très ambivalente. Elle est à la fois travaillée par le désir de fuir le collège (« Franchement, des fois j'en ai marre, je voudrais arrêter l'école »), et par le sentiment qu'elle vit peut-être ses meilleures années. En outre, souhaitant ensuite poursuivre dans la voie générale tout en sachant très bien que certains enseignants l'imaginent déjà en BEP (« Je veux aller au lycée. Moi, je veux toujours faire de longues études... Toujours, même quand je fais mes conneries, j'ai envie... Je veux pas aller en BEP, là... »), Alexandra considère le redoublement comme une chance pour « remonter » et pouvoir ainsi accéder à son projet d'étude et non se laisser « orienter » vers une voie professionnelle courte. Ainsi, en fin de quatrième, malgré certains discours de rejet de l'école et la fréquence de ses pratiques absentéistes, Alexandra ne souhaite pas quitter trop vite le collège, sachant très bien que cela se traduirait, en l'état actuel de ses mauvais résultats, par une inscription dans une perspective professionnelle à laquelle elle n'adhère pas.

Un retour régulier à Mermoz alors qu'elle n'y est plus inscrite : le cas de Nadia

En revenant régulièrement à Mermoz l'année qui suit son départ de cet établissement, Nadia témoigne également de son attachement au contexte du collège. Alors qu'elle insiste lors de sa troisième sur le fait qu'elle a hâte de quitter l'établissement (« Du moment que je pars d'ici, c'est ce qui compte, hein ! »), qu'elle souligne qu'elle n'est pas « une fille qui aime l'école », et qu'elle pratique un absentéisme soutenu en développant des relations extérieures à Mermoz, Nadia se (re)présente l'année suivante très fréquemment dans son ancien collège, alors qu'elle devrait être officiellement en cours dans son lycée professionnel (« Ouais, là, j'ai décroché », me dit-elle lorsque je la croise). On la retrouve ainsi plusieurs fois en train de discuter avec le conseiller principal d'éducation, l'assistante sociale, des enseignants, le concierge ou certains élèves, ou parfois encore simplement assise sur un banc dans le hall d'entrée. Ses pratiques de résistance à l'ordre scolaire à Mermoz, très manifestes en troisième, et les discours de rejet de l'établissement et des relations qu'elle pouvait alors tenir ne semblent pas l'avoir empêchée de contracter un attachement certain au lieu et à certaines relations. Revenant régulièrement à Mermoz, au détriment de son assiduité dans son lycée professionnel où elle rencontre de grandes difficultés dans les apprentissages et dans la mise en œuvre de son stage (« J'en avais marre de pas trouver de stage, alors j'y vais plus [au lycée] »), Nadia semble vouloir renouer avec un contexte scolaire (le collège) où elle pouvait encore se cantonner dans sa position d'« élève », se sentir élève : « Maintenant, je vois les autres [les élèves de Mermoz] avec leur sac, moi je traîne comme une galérienne à rien faire. » Alors qu'elle voulait fuir Mermoz en troisième, souhaitant vite travailler (quitte à faire un autre métier que celui dont elle rêvait), elle regrette maintenant le temps du collège (« Franchement, c'était bien, hein... Je regrette le collège, c'était le bon temps hein [rire] ») où, encore dans une forme de sursis, elle pouvait toujours se réfugier dans sa position et ses activités d'élève (« avec un sac ») et nourrir malgré tout certaines illusions pour l'avenir.

Honte, angoisse et sentiment d'illégitimité des absentéistes

« C'est pas bien de sécher parce qu'il faut aller à l'école. C'est tout. Je l'ai toujours su »

On l'a vu, en développant leurs habitudes absentéistes, les élèves rencontrés deviennent en quelque sorte familiers de la pratique, semblent la dédramatiser en en parlant parfois avec une certaine désinvolture, une apparente légèreté. Néanmoins, on a déjà pu le voir dans la présentation de certaines situations d'absentéisme, cette posture ne résume certainement pas entièrement ce que vivent les élèves. L'habitude absentéiste comme routine demeure en tension avec des sentiments d'angoisse, de honte ou d'illégitimité par rapport à cette habitude et les conséquences qu'elle est susceptible d'entraîner pour leur avenir.

D'un entretien à l'autre, ou parfois au cours d'un même entretien, certains élèves peuvent à la fois donner le sentiment d'être à l'aise par rapport à leur pratique de manquement à l'assiduité, et corriger en quelque sorte l'impression qu'ils peuvent ainsi donner en soulignant la « gravité » de leur comportement, ou en éprouvant une forme de regret sous la forme d'un « J'aimerais bien y arriver [c'est-à-dire au collège et professionnellement] » (Anicette). D'autres élèves (minoritaires) peuvent, dans un premier temps, ne pas mentionner leurs pratiques absentéistes ou les nier (« Moi, je sèche pas », dit par exemple Babacar au début du premier entretien, avant d'en parler au cours d'un autre), l'effet de légitimité typique de la relation d'entretien semblant alors beaucoup jouer.[9]

En tout état de cause, les élèves rencontrés témoignent toujours d'une manière ou d'une autre de leur absence d'indifférence par rapport à la norme dominante que constitue l'obligation scolaire. S'ils peuvent y résister à travers leurs pratiques et souvent leurs discours, ils semblent toujours travaillés ou marqués par cette norme qu'ils ne peuvent jamais complètement ignorer, parce qu'ils ont déjà longuement fréquenté l'école, parfois aussi des associations fonctionnant souvent sur le mode scolaire, et qu'ils ont été interpellés par leur famille et les médias dans le sens de la nécessité de s'y conformer : « De toute façon c'est pas possible d'arrêter, j'ai pas 16 ans, hein... » (Kamel) ; « Je reviens parce que j'ai pas le choix » (Soraya) ; « C'est grave de sécher » (Ozan) ; « Il faut pas de sèche abusive » (Amila) ; « C'est pas bien de sécher parce qu'il faut aller à l'école. C'est tout. Je l'ai toujours su. Même quand je séchais je le savais, mais j'sais pas, j'étais obligée [de sécher] » (Alexandra parlant de ses absences en quatrième) ; « Je faisais n'importe quoi, je séchais tout le temps » (Anicette) ; « En quatrième, j'ai commencé à vraiment sécher, à faire des conneries, quoi » (Mehdi) ; « C'est pas bien d'être absent » (Babacar). Les élèves peuvent ainsi dévaloriser leur pratique, la coder comme illégitime, ayant tous incorporé le caractère aujourd'hui incontournable de la scolarisation prolongée en France, pour tous les adolescents et les jeunes adultes. Si une partie de leurs expériences socialisatrices les pousse à vouloir en partir et

9. Il semble que certains élèves ont commencé à se sentir plus à l'aise et moins en situation d'« examen » ou d'« évaluation » face à moi en entretien (avec le relâchement relatif de l'effet de légitimité que cela peut permettre), dès lors qu'ils ont effectivement pu vérifier que leurs propos n'étaient pas parvenus aux oreilles des acteurs éducatifs ou des autres élèves. D'autre part, les plaisanteries que j'ai pu faire avec eux, les allusions à mes propres pratiques absentéistes au collège ou au lycée ont pu contribuer à ce qu'ils s'autorisent d'autres paroles que celles qu'ils pensaient recevables pour moi lors des premiers échanges. Néanmoins, le fait d'être introduit par le CPE, de réaliser les entretiens dans le cadre scolaire, mon *hexis* corporelle socialement située (plus proche de celle des enseignants et des CPE que de la leur), ma manière de parler et le type de questions que j'ai pu poser ont nécessairement toujours dû susciter une forme de méfiance de la part des élèves.

à effectivement s'absenter régulièrement, leur disposition à s'accrocher « malgré tout » à cette scolarisation semble ainsi régulièrement se réactualiser à travers leurs discours et leurs pratiques.

« Je me suis dit que ça serait plus possible de rattraper »

Les élèves peuvent parfois témoigner d'une forme d'angoisse qui peut les saisir dans certaines situations d'absence, notamment celles qui s'inscrivent sur plusieurs jours. Après une courte période où les élèves semblent parvenir à refouler un « souci » ou un « désir » d'école, socialement et familialement entretenu et valorisé, ils peuvent éprouver une sorte de panique par rapport au spectre d'une « rupture » avec leur scolarisation : « J'ai séché, j'ai séché plusieurs jours... mais après, j'étais pas bien, je me suis dit qu'il fallait que je revienne [...]. Je veux pas arrêter l'école » (Kamel). Chez les élèves, l'angoisse renvoie à plusieurs raisons. D'abord, comme on l'a déjà souligné plusieurs fois, elle semble liée à l'appréhension de perdre complètement le fil des apprentissages scolaires : « Je me suis dit que ça serait plus possible de rattraper » (Kamel) ; « Après je comprendrais plus rien » (Jonathan). L'envie et le fait de revenir au collège et/ou en cours sont souvent associés à l'idée qu'un « raccrochage » est toujours possible, qu'il est toujours envisageable de « remonter la pente », comme le disent par exemple des élèves comme Amila.

« J'aime pas l'école. J'suis quand même un élève »

Cette angoisse est aussi celle de ne plus être affilié à l'univers scolaire « des élèves », et de se retrouver « seul » ou inscrit dans un groupe de jeunes plus âgés (« des mecs chelou », comme dit Rony). Malgré leur résistance à l'école, ils tiennent à leur statut d'élève qu'ils savent difficilement dissociable de leur position d'enfant ou d'adolescent : « J'aime pas l'école [...], j'suis quand même un élève », dit par exemple Ismaël, tout en étant pourtant l'un de ceux qui s'absentent le plus parmi la population rencontrée. Revenir régulièrement dans l'univers scolaire, c'est (se) réaffirmer son appartenance à un groupe social (celui des élèves), renouer avec une position rassurante en dépit de toutes les difficultés qu'elle suppose pour eux, et (se) rappeler que le temps de l'enfance est aujourd'hui presque synonyme du temps scolaire. Enfin, et de manière souvent indissociable, cette angoisse est aussi celle de leur devenir professionnel. S'ils peuvent parfois avoir envie de *« travailler tout de suite »*, comme dit Anicette en troisième (sur le modèle de leurs parents qui ont parfois réussi à trouver un emploi sans qualification scolaire précise), ils savent en même temps très bien que le contexte actuel rend sinon impossible, du moins très improbable le fait de trouver un travail à l'issue d'une quatrième ou d'une troisième. La question « Qu'est-ce que je vais faire [si j'abandonne le collège] ? » (Mehdi) ne peut pas ne pas les travailler, alors que les jeunes sont de plus en plus diplômés et les perspectives d'emploi particulièrement réduites.

« Je veux pas que ma mère elle ait des problèmes après »

Certains élèves insistent enfin sur la « honte » susceptible de peser sur leurs parents (notamment par rapport aux autres membres de la famille) s'ils s'absentent trop durablement ou décrochent radicalement du collège. Honte pour leurs parents d'autant plus forte si ce décrochage se traduit par le développement d'un ancrage dans une sociabilité de quartier, la construction d'une habitude de « traîner » dehors. Pour des élèves comme Sirin ou Nadia par exemple, le fait de ne plus aller à l'école et d'investir quotidiennement l'espace public est présenté comme un stigmate pour toute la famille (« Si je me fais voir… Hou là !… », dit par exemple Nadia en suggérant la force du regard familial sur ses pratiques absentéistes). Tout se passe comme si elles avaient bien intériorisé le fait que l'obligation scolaire est d'abord une obligation pour les parents d'envoyer régulièrement leurs enfants à l'école : « Si je viens pas, je sais, après, mes parents, ils vont avoir des problèmes […], c'est trop la honte franchement » (Nadia) ; « J'peux pas arrêter, y a mes parents » (Leslie) ; « Je veux pas que ma mère elle ait des problèmes après » (Nicolas). La persistance d'une présence physique au collège (et non dans la rue) et d'un accrochage minimum à leur scolarité renvoie aussi certainement au souci ne pas (trop) exposer leurs parents à une forme d'étiquette négative de « mauvais parents », aujourd'hui très répandue (ainsi qu'à l'éventuelle sanction financière ou pénale) indissociable de la préoccupation de se sous-exposer au renforcement d'un conflit trop dur avec leurs parents sur les questions scolaires (ces derniers pouvant en quelque sorte leur reprocher de les « déshonorer »).

CONCLUSION

> « Toute science empirique ne saurait enseigner à qui que ce soit ce qu'il doit faire, mais seulement ce qu'il peut faire et le cas échéant ce qu'il veut faire. »[1]

Arrivés au terme de cet ouvrage, nous proposons de revenir de manière synthétique sur les conditions dans lesquelles se construisent les parcours des élèves absentéistes rencontrés et, partant, d'en tirer quelques pistes susceptibles d'inspirer une action collective réflexive en matière de décrochage scolaire.

Dans un espace familial marqué par une précarité des conditions socio-économiques d'existence, des parcours scolaires abrégés, des perspectives instables (éventualité d'un retour dans le pays d'émigration, problèmes d'emploi, etc.), les élèves sont pris dans des modes de socialisation culturellement dominés qui s'avèrent, à bien des égards, contradictoires avec les logiques scolaires solidaires du mode dominant de socialisation. Ils y vivent des expériences qui ne facilitent ni leur soumission aux obligations de l'école ni l'appropriation des savoirs savants qu'elle propose.

1. Max Weber, *Essai sur la théorie de la science*, cité par Jean-Claude Passeron, *in* « Entretien avec Jean-Claude Passeron », revue *Tracée*, nº 4, automne 2003, p. 139.

Par exemple, un rapport distant à une culture de l'écrit ne favorise pas la maîtrise d'un langage scolairement rentable. Des logements exigus peu propices à la réalisation des « devoirs », encourageant des formes de dispersion et le développement d'habitudes d'extérieur, à l'encontre d'une posture scolaire de « concentration » dans un lieu clos[2]. Des horaires de travail atypiques, une instabilité professionnelle ou l'expérience du chômage déterminent des rythmes familiaux « décalés » ne facilitant pas non plus l'incorporation d'un certain « emploi du corps » selon un « certain emploi du temps » (régulier et planifié) que réclame l'institution. Des situations administratives compliquées et chronophages, des problèmes de santé ou de garde d'une partie de la fratrie contribuent aussi à déstabiliser l'organisation domestique, et à mobiliser de manière impromptue – physiquement et psychiquement – les aînés pour aider leurs parents, au détriment des tâches scolaires et d'une soumission à l'assiduité. Une inclination à profiter de l'existence au gré des bonnes occasions, parfois tard le soir, contrevient à une logique d'« usage des plaisirs » selon une temporalité en grande partie scolairement déterminée. Ces conditions de vie ne favorisent guère l'incorporation d'une disposition scolastique permettant un détachement des préoccupations immédiates, et notamment matérielles, pour entrer et se concentrer durablement dans le monde scolaire du « loisir studieux ».

Néanmoins, nous avons souligné à quel point la socialisation familiale n'est pas homogène et réductible à une culture antiscolaire, mais se caractérise plutôt par une ambivalence entre un fort investissement de la scolarité des enfants (pas toujours visible du point de vue de l'institution) et un sentiment de découragement à son égard, qui a pu se former à la faveur de la disqualification scolaire d'un aîné de la fratrie par exemple, ou du constat que son diplôme est sans valeur sur le marché du travail. *A priori*, les parents concernés nourrissent en fait beaucoup d'attentes par rapport à l'école. Ce n'est qu'*a posteriori* que leur investissement peut perdre une partie de sa

2. Dans un rapport récent intitulé « Précarité et protection des droits de l'enfant », la Défenseure des enfants rappelle combien le lien entre décrochage scolaire et mauvaises conditions de logement est aujourd'hui d'actualité. Le rapport est consultable sur le site de la Documentation française : http://www.ladocumentationfrancaise.fr/rapports-publics/104000603/index.shtml

force, lorsque leurs enfants, mis en échec, subissent une série de verdicts institutionnels négatifs.

La prise en compte de ces éléments de la vie familiale, en grande partie partagés par les élèves rencontrés, pourrait conduire les responsables concernés par le phénomène à renoncer à l'approche morale et déficitaire, aujourd'hui dominante, de ces familles, perçues comme « démissionnaires », « en opposition à l'école » ou « incapables d'éduquer », et qu'il s'agirait en conséquence d'interpeller, de convoquer, de sanctionner et de redresser. En ignorant leur investissement, en disqualifiant leur mode de socialisation et en les pénalisant, cette approche a des effets largement contre-productifs, suscitant de l'appréhension dans les relations avec les agents de l'institution scolaire, un durcissement des résistances à son égard, un renforcement des tensions au sein de la famille autour de la question de l'école, etc.

Changer de perspective impliquerait d'interroger la forme de socialisation scolaire elle-même, aujourd'hui dominante, et trop souvent considérée comme *la* socialisation. On pourrait du même coup réexaminer la logique de coupure, voire l'opposition historique entre le monde de l'école et celui des familles populaires, toujours un peu suspectes s'agissant d'éducation, et réduites à ne participer à la vie scolaire de leurs enfants que lorsqu'elles y sont convoquées. Désanctuariser l'école, créer les conditions d'un échange régulier avec des parents non plus convoqués dans l'urgence, mais régulièrement invités, mettre en travail des conflits inévitables en matière de valeurs, repères, pratiques éducatives, contribuerait à mettre à distance la logique d'assujettissement des familles populaires à l'ordre scolaire. Pour le plus grand bénéfice de tous, tant cette logique de pouvoir finit par épuiser l'essentiel des énergies (celles des acteurs éducatifs, des parents et des élèves concernés) dans la gestion des effets délétères croisés, au détriment d'une mobilisation centrée sur les difficultés dans les apprentissages scolaires.

Une telle modification du rapport aux familles populaires supposerait indissociablement une prise en compte de leurs (mauvaises) conditions d'existence socio-économiques, qui pèsent d'autant plus sur les processus de décrochage que l'institution scolaire mise toujours largement sur l'apport des familles pour aider leurs enfants à surmonter leurs difficultés scolaires, et ignore de ce fait l'inégale possibilité d'effectuer un tel travail. Aux acteurs politiques, rappelons à cet égard qu'il est difficile d'imaginer une action significative sur les processus de décrochage qui se désintéresserait d'une lutte contre les facteurs de « précarisation des familles »[3], qui tendent à s'aggraver ces dernières années.

Parallèlement, en rupture avec une approche dominante considérant que c'est uniquement du côté des familles qu'il y a quelque chose à dire et à faire, « déscolarisant » ainsi la question de l'école buissonnière, nous avons particulièrement insisté sur le caractère décisif des expériences vécues dans le cadre scolaire.

Première expérience, presque toujours éludée dans les approches médiatiques et politiques du phénomène : celle de la difficulté ou du malentendu dans les apprentissages, et ce, dès le primaire. L'échec et les malentendus dans les premiers exercices scolaires, difficilement dissociables d'une résistance à certaines règles scolaires de comportement, constituent bien le terreau sur lequel vont progressivement se construire les habitudes absentéistes des élèves rencontrés. Se révélant parfois précocement en primaire, ou souvent plus tardivement au collège où les intervenants se multiplient et les exigences s'élèvent, les difficultés à donner du sens et à s'approprier les apprentissages rendent de plus en plus improbable la soumission à bon nombre de règles scolaires de comportement, lesquelles tendent d'ailleurs à se durcir dans les établissements qui accueillent et concentrent les élèves de classes populaires. À travers leur attitude scolairement inadéquate, les élèves rencontrés ont subi la répétition de verdicts négatifs, de redoublements (parfois dès le primaire), ou de formes plus ou moins euphémisées de disqualifications qui peuvent les interpeller comme n'étant pas vraiment dignes d'être au collège, et contribuer ainsi à former chez eux une inclination à s'en extraire.

Les établissements enquêtés se caractérisent par un degré élevé de conflictualité entre des élèves très majoritairement issus des fractions les plus dominées des classes populaires et des éducateurs généralement issus des classes moyennes supérieures, résidant à distance des quartiers concernés ; les tensions se nouent indissociablement sur les registres des relations culturelles et de l'usage des corps. Marqués par cette conflictualité, associés à la difficulté d'enseigner, à un quartier

3. *Cf.* Mathias Millet et Daniel Thin, *Ruptures scolaires…*, *op. cit.*, p. 298.

stigmatisé et stigmatisant, ces espaces scolaires peuvent, à certains égards, devenir indésirables pour beaucoup d'enseignants, parfois lassés, semble-t-il, des affrontements réguliers avec un public qui ne correspond guère à l'idéal de l'élève qu'ils ont pu imaginer ou côtoyer. Comme en miroir, bien des élèves éprouvent de leur côté l'envie de fuir certaines situations scolaires. Les difficultés sont croisées, de manière spéculaire, et s'alimentent mutuellement : celles qu'affrontent les élèves dans leurs rapports aux savoirs et aux règles de comportement étant largement interdépendantes de celles que rencontrent les enseignants dans leur activité professionnelle quotidienne.

Au fil de leur parcours scolaire, les élèves vivent donc des expériences paradoxales qui, parce qu'elles s'accumulent et s'inscrivent dans la durée, peuvent produire de puissants effets de socialisation. D'un côté, ils peuvent intérioriser l'évidence de leur inscription au sein du système scolaire et l'importance de s'investir dans les apprentissages proposés, en cohérence avec le discours institutionnel et politique porté par les différents acteurs éducatifs valorisant, au moins officiellement, l'accrochage scolaire du plus grand nombre. La majorité d'entre eux bénéficie à un moment donné de l'opiniâtreté et du soutien que leur apportent nombre d'enseignants déterminés à ne pas abdiquer face aux difficultés scolaires que connaît leur public. Mais de l'autre côté, et c'est compréhensible si l'on songe au découragement et à la fatigue qui gagnent parfois ces mêmes enseignants, ils peuvent progressivement « apprendre » que leur absence n'est finalement pas qu'une modalité négative de leur comportement, mais appartient aussi au registre du souhaitable, du moins dans certaines situations de conflits ou de malentendus exacerbés. En difficulté scolaire persistante, les collégiens enquêtés sont plus ou moins rapidement convoqués dans une position pour le moins paradoxale : ils doivent à la fois continuer à venir au collège... mais se voient régulièrement interpellés comme n'y étant pas à leur place, ingérables, voire irrécupérables par des acteurs éducatifs tentés par le renoncement, en proie au doute quant aux « aptitudes intellectuelles » de leurs élèves. Leur renvoi quasi systématique de certains cours par des enseignants qui espèrent « souffler » un peu ou « soulager la classe », les exclusions de l'établissement qui peuvent venir sanctionner l'une de leurs transgressions à l'ordre scolaire (telles que les manquements répétés à l'assiduité !), leur inscription dans des dispositifs de remédiation (et indissociablement d'isolement) contribuent ainsi indéniablement à les éloigner physiquement des situations de cours, parfois de l'établissement, et à les familiariser avec l'idée qu'ils sont « indésirables », à leur faire perdre finalement encore un peu plus le fil des apprentissages.

À côté de la famille et de l'école, nous avons montré le rôle important que pouvait jouer la socialisation juvénile de quartier dans la construction des parcours d'absentéistes. Pour une bonne partie des élèves rencontrés, cette socialisation de cité s'intensifie dès le début de leur adolescence, à leur arrivée au collège, alors qu'ils cessent de participer à des activités péri ou extrascolaires qu'ils pratiquaient souvent en primaire. Cette rupture est présentée par les collégiens de manière ambivalente, à la fois comme un éloignement souhaité d'activités pour « les petits », et comme la fin d'une époque qu'ils regrettent parfois. Elle peut aussi s'interpréter comme une autoexclusion de structures où ils ne sont pas toujours les bienvenus en tant qu'adolescents, et, plus généralement, comme la conséquence d'un déficit d'offre d'activités pour les plus de 12 ans. Cette disparition de cadres associatifs fonctionnant largement suivant le mode de socialisation scolaire renforce les conditions d'une pleine inscription dans l'univers de sociabilité juvénile de cité. Les élèves peuvent y développer des manières de faire qui ne les inclinent guère à la soumission aux règles scolaires : logiques temporelles moins planifiées, renforcement des habitudes d'extérieur, quête d'hédonisme et habitude de la négociation, etc. L'investissement de ces relations de quartier semble augmenter alors que se confirment les verdicts scolaires négatifs. Comme si la disqualification symbolique de ces élèves sur le front scolaire favorisait leur recherche d'une reconnaissance à travers des relations entre pairs, où certaines de leurs ressources corporelles et langagières, notamment, se trouvent valorisées et encouragées, à travers l'exercice de la drague, du jeu, du sport informel, de la bagarre ou encore de l'exercice de leur langue maternelle étrangère. Autant de ressources dont les conditions de scolarisation actuelles ne permettent pas, ou très peu, sinon une validation positive, du moins l'expression[4].

4. Rappelons à cet égard la situation d'Ozan évoquée dans les chapitres précédents. Sa maîtrise du turc, qui pourrait idéalement être reconnue comme un atout, travaillée et valorisée comme une ressource dans un collège qui le propose en option, est, dans le contexte de scolarisation où nous l'avons suivi, complètement ignorée.

Néanmoins, contre une vision fortement relayée médiatiquement qui tend à associer la vie de quartier avec des conduites à risque et une logique antiscolaire, notre enquête a permis de brosser à cet égard un tableau plus nuancé. Le groupe de pairs ne fonctionne pas, pas plus que l'école et la famille, comme un univers de socialisation lisse et homogène, en opposition systématique à la culture scolaire. Culture de rue et groupe de pairs ne riment pas exclusivement avec le développement de « mauvaises habitudes », scolairement parlant. La reconstitution des transactions au sein des groupes d'adolescents rencontrés permet de mettre en évidence des formes d'interpellation croisées signalant la force d'un attachement à l'univers scolaire, qui fait partie intégrante de leur cité : attachement aux relations interpersonnelles avec des copains de classe et des éducateurs, à certaines situations d'apprentissage, mais également à la pérennité de leur statut d'élève. Contre une approche dominante considérant la délinquance juvénile ou les incivilités comme le principal horizon des élèves absentéistes des quartiers populaires, rappelons ici que la plupart des groupes d'élèves suivis semblent surtout préoccupés par le fait de revenir dans leur établissement (opération qui n'est d'ailleurs pas toujours facile eu égard au rituel de justification auquel on les soumet alors, du renforcement des clôtures et des dispositifs de surveillance qui caractérisent leur établissement, ou encore des différentes interpellations qu'ils devront parfois subir en termes de « tu aurais mieux fait de rester chez toi »). En observant leurs pratiques, on découvre davantage des groupes de jeunes travaillés ou attirés par le collège (et pas seulement pour les copains : aussi parce que l'on peut y apprendre des choses, y discuter avec des éducateurs, etc.) que des « bandes » qui auraient définitivement tourné le dos à l'univers des relations scolaires.

Les parcours des élèves absentéistes que nous avons suivis pendant près de trois ans se construisent donc progressivement à la faveur d'une série d'expériences interdépendantes, scolairement défavorables, vécues dans leurs principaux univers de socialisation. Et, paradoxalement, l'école y tient une place centrale. Les dispositions qui poussent les élèves à s'autoexclure, d'abord dans les classes, de situations d'échec dans les apprentissages, puis plus tard physiquement, ne s'intériorisent pas, tant s'en faut, seulement à l'extérieur du système scolaire, mais s'y nouent souvent précocement, et se renforcent en son sein. Jugements scolaires classants et cassants, solidaires de pratiques régulières d'exclusion ou de relégation venant sanctionner les malentendus et les difficultés accumulés, constituent bien des dimensions majeures d'un apprentissage scolaire à s'extraire du collège. Si certains traits de la vie familiale et juvénile jouent assurément un rôle dans le décrochage (selon une économie variable en fonction des élèves), c'est toujours dans leur entrelacement avec l'expérience scolaire. En ce sens, nos résultats convergent avec ceux déjà évoqués de Mathias Millet et de Daniel Thin.

Dans cette recherche, nous avons été particulièrement sensibles à la variation des pratiques des élèves rencontrés, oscillant durablement entre absence et présence. Parce qu'ils sont porteurs de dispositions hétérogènes par rapport au monde scolaire, à la hauteur des contradictions des univers de socialisation au sein desquels ils évoluent, leur comportement se caractérise davantage par l'ambivalence que par une logique antiscolaire. En rupture avec une habitude pratique souvent mobilisée par les acteurs éducatifs, qui retiennent essentiellement ce qui tendrait à illustrer le décrochage ou l'« inéluctable » déscolarisation de ces élèves (prophétie qui pourrait bien, pour certains, s'autoréaliser), nous nous sommes efforcé de recontextualiser autant que possible les pratiques de ces élèves, en étudiant les moments de présence dans l'établissement, les situations d'accrochage à certains cours, ou au contraire les absences de l'espace scolaire et les moments de décrochage cognitif. Cette démarche théorique, associée à une observation dans la durée, permet de ne pas réifier le comportement absentéiste, comme s'il était propre à l'élève, et conduit à le référer aux relations et aux contextes qui le rendent possible et compréhensible.

En adoptant ce type de perspective, les acteurs éducatifs de terrain désireux de rompre avec une logique essentiellement gestionnaire des absences pourraient s'ouvrir les pistes d'un réexamen d'une partie de leurs propres pratiques. À l'opposé d'un diagnostic erroné de déficit abyssal ou de désintérêt total, une réelle prise en compte de ce qui accroche encore leurs élèves, de ce qui, malgré tout, fait encore sens pour eux, constituerait un point d'appui dans un processus de raccrochage. En identifiant les situations de maintien d'un investissement scolaire ou, plus largement, les ressources intellectuelles et créatives que ces élèves doivent parfois inhiber dans l'espace scolaire, en engageant un échange impliquant ces élèves sur la consistance de leurs ressources et de leurs investissements, les acteurs éducatifs pourraient découvrir des leviers souvent négligés sur lesquels s'appuyer pour favoriser le redéploiement de ces investissements et ressources dans les situations scolaires qui suscitent les plus fortes résistances chez les élèves concernés.

À cette fin, il leur faudrait également engager un travail réflexif sur leur participation – rarement intentionnelle, bien sûr – au processus d'auto-exclusion d'une partie de leurs élèves, qu'il s'agisse de leurs manières d'appréhender et de sanctionner les comportements indociles (en revisitant leurs habitudes en matière de disqualification, d'exclusion et de relégation de leurs élèves), ou de leur manque de confiance dans les aptitudes de ces derniers, supposées inégales (en interrogeant la « culture de l'échec » ou du renoncement qui s'exprime sur le mode du « il n'y a plus rien à faire », « ce n'est plus de notre ressort »). Il y aurait également à s'interroger conjointement sur la « nécessaire baisse des attentes », et l'accentuation des difficultés scolaires que contribuent à générer certains dispositifs pédagogiques adoptés avec les élèves jugés les plus faibles, qui sous prétexte de leur offrir des situations scolaires moins exigeantes, plus attractives, en un mot « adaptées », ignorent et inhibent leurs capacités d'abstraction et de raisonnement[5], et les maintiennent dans un malentendu sur ce que requiert tout travail de confrontation avec des apprentissages : une mise en activité intellectuelle critique capable de dépasser la stricte consigne scolaire, une disposition à transcender la succession des exercices soumis au profit d'une appropriation des savoirs proposés dans leur globalité, susceptibles d'être réinvestis en dehors du contexte de leur acquisition, croisés avec des savoirs autres que scolaires dont ils sont porteurs, et ainsi participer de leur construction comme sujet[6].

5. *Cf.* sur ces questions Jean-Pierre Terrail, *École, l'enjeu démocratique*, *op. cit.*, Jean-Pierre Terrail (sous la direction de), *L'École en France. Crise, pratiques, perspectives*, La Dispute, Paris, 2005, et Jean-Pierre Terrail, *De l'oralité. Essai sur l'égalité des intelligences*, La Dispute, Paris, 2009.

6. Pour plus de développements sur ces questions, on pourra notamment se reporter aux travaux d'Élisabeth Bautier et Jean-Yves Rochex, « Apprendre : des malentendus qui font la différence », *in* Jérôme Deauvieau et Jean-Pierre Terrail, *Les Sociologues, l'école et la transmission des savoirs*, *op. cit.*, p. 227-241.

L'adoption d'une telle posture transformerait en problème collectif ce que l'on a coutume aujourd'hui de considérer comme un problème personnel de l'élève et de ses parents. Toutefois, ce changement de perspective et de pratique, nécessairement impliquant pour les acteurs éducatifs, pourrait être perçu comme à la fois trop exposant, exigeant et chronophage par ces derniers, alors qu'ils peuvent aujourd'hui se sentir souvent menacés, malmenés ou surmenés. On pourrait tout aussi bien soutenir qu'ils auraient en réalité beaucoup à gagner à la mise en œuvre des pistes évoquées ici, dont nous ne doutons d'ailleurs pas qu'elles travaillent déjà bon nombre d'entre eux.

En mettant au cœur de leur activité une analyse de la fabrique collective de l'échec scolaire, une prise en compte des ressources intellectuelles dont sont porteurs les élèves, y compris les plus faibles scolairement, un échange régulier avec ces derniers, et avec leurs collègues, sur les difficultés rencontrées, et, plus largement, une mise en travail des incontournables conflits et résistances qui s'actualisent nécessairement dans l'espace scolaire, ils se donneraient certainement des moyens nouveaux de contribuer à faire sortir l'école massifiée d'une logique ségrégative, qu'ils peuvent déplorer par ailleurs. Ce qu'ils perdraient alors dans l'ordre d'un certain pouvoir sur les élèves et leur famille (le pouvoir de celui qui seul détient le savoir, et, partant, évalue, classe, sanctionne, oriente, exclut, etc.), ils le retrouveraient largement en termes de gratifications symboliques (de la part d'élèves considérés sous un autre angle que celui du déficit et de l'indignité culturelle), et de satisfactions professionnelles à travers le constat qu'ils parviennent à faire advenir autre chose que le plus probable statistiquement en matière d'inégalités scolaires. Le fait d'accepter le caractère collectivement construit du décrochage les exposerait nécessairement, mais leur permettrait aussi de sortir d'un isolement potentiellement anxiogène, où chacun doit faire face à sa classe, ses élèves ingérables et ses propres ratés. En transformant leurs difficultés professionnelles propres en problèmes à résoudre de manière collective[7], ils pourraient rompre avec la logique ambiante de responsabilisation-culpabilisation individuelle dont les effets sont tout aussi délétères pour les enseignants que pour les familles.

7. *Cf.* les réflexions développées par Jean-Pierre Terrail à ce sujet dans *École, l'enjeu démocratique, op. cit.*

L'argument assez répandu selon lequel de telles perspectives de travail sont irréalistes car trop chronophages perd de sa force si l'on songe au temps et à l'énergie que l'on pourrait redonner aux équipes éducatives (enseignants, conseillers principaux d'éducation, assistants d'éducation, etc.) si elles étaient libérées de l'entreprise de « traitement » des manquements à l'ordre scolaire, qui, en partie inspirée par le principe de tolérance zéro (principe absurde d'un point de vue éducatif), accorde une priorité certaine à la surveillance, au comptage, au contrôle des corps, à l'enregistrement informatique des manquements, aux signalements « en temps réel », aux avertissements, aux rapports, aux négociations, aux convocations, aux « contrats » en tout genre passés avec les élèves et/ou leurs parents, etc. Exemples de tâches et d'objectifs d'ailleurs inatteignables, s'agissant par exemple du traitement immédiat ou du contrôle total, qui se sont développés dans le contexte sécuritaire des dix dernières années associant absentéisme et délinquance, et qui ont contribué à épuiser nombre d'acteurs de l'école, avec les résultats que l'on sait. En prenant leur distance par rapport à ce type de missions, ces derniers gagneraient ainsi un temps non négligeable pour engager sérieusement cette réflexion collective autour de la question de la résistance des élèves et agir autrement, forts d'un dialogue renforcé avec les chercheurs travaillant les questions d'éducation et de socialisation, et d'une autonomisation par rapport aux acteurs du champ de la délinquance.

BIBLIOGRAPHIE SÉLECTIVE

OUVRAGES ET RAPPORTS

BAUTIER Élisabeth, TERRAIL Jean-Pierre et BRANCA-ROSOFF Sonia, *Décrochage scolaire : genèse et logique des parcours*, rapport de recherche pour la DPD/MEN, 2002.

BLAYA Catherine, *Décrochages scolaires. L'école en difficulté*, De Boeck, Bruxelles, 2010.

BLOCH Marie-Cécile et GERDE Bernard (sous la direction de), *Les Lycéens décrocheurs. De l'impasse aux chemins de traverse*, Chronique sociale, Lyon, 1998.

BONNÉRY Stéphane, *Comprendre l'échec scolaire*, La Dispute, Paris, 2007.

CHAPOULIE Jean-Michel, *L'École d'État conquiert la France. Deux siècles de politiques scolaires*, PUR, Rennes, 2010.

DEAUVIEAU Jérôme, *Enseigner dans le secondaire*, La Dispute, Paris, 2009.

ESTERLE-HEDIBEL Maryse, *Les Élèves transparents. Les arrêts de scolarité avant 16 ans*, Presses universitaires du Septentrion, Villeneuve-d'Ascq, 2007.

GLASMAN Dominique et ŒUVRARD Françoise (sous la direction de), *La Déscolarisation*, La Dispute, Paris, 2004.

GUIBERT Nathalie et LONGHI Gilbert, *Décrocheurs d'école. Redonner l'envie d'apprendre aux adolescents qui craquent*, La Martinière, Paris, 2003.

LAHIRE Bernard, *Culture écrite et inégalités scolaires. Sociologie de « l'échec scolaire » à l'école primaire*, PUL, Lyon, 1993.

LAHIRE Bernard, *Tableaux de familles. Heurs et malheurs scolaires en milieux populaires*, Gallimard-Le Seuil, « Hautes Études », Paris, 1995.

MACHARD Luc, *Les Manquements à l'obligation scolaire*, rapport au ministre délégué à la Famille, janvier 2003.

MARTIN Élisabeth et BONNÉRY Stéphane, *Les Classes relais. Un dispositif pour les jeunes en rupture*, ESF, Paris, 2002.

MILLET Mathias et THIN Daniel, *Ruptures scolaires. L'école à l'épreuve de la question sociale*, PUF, « Le Lien social », Paris, 2005.

PENEFF Jean, *Écoles publiques, écoles privées dans l'Ouest, 1880-1950*, L'Harmattan, Paris, 1987.

POULLAOUEC Tristan, *Le Diplôme, arme des faibles*, La Dispute, Paris, 2010.

TERRAIL Jean-Pierre, *De l'inégalité scolaire*, La Dispute, Paris 2002.

TERRAIL Jean-Pierre, *École, l'enjeu démocratique*, La Dispute, Paris, 2004.

TERRAIL Jean-Pierre, *De l'oralité. Essai sur l'égalité des intelligences*, La Dispute, Paris, 2009.

THIN Daniel, *Quartiers populaires. L'école et les familles*, PUL, Lyon, 1998.

TOULEMONDE Bernard, *L'Absentéisme des lycéens*, rapport de l'inspection générale de l'Éducation nationale, CNDP, Hachette Éducation, Paris, 1998.

VAN ZANTEN Agnès, *L'École de la périphérie. Scolarité et ségrégation en banlieue*, PUF, Paris, 2001.

VINCENT Guy (sous la direction de), *L'Éducation prisonnière de la forme scolaire ?*, PUL, Lyon, 1994 (forme tirée de *La Déscolarisation*).

WOOD Peter, *L'Ethnographie de l'école*, Armand Colin, Paris, 1990.

REVUES ET ARTICLES

BOURDIEU Pierre et CHAMPAGNE Patrick, « Les exclus de l'intérieur », *in* Pierre Bourdieu (sous la direction de), *La Misère du monde*, Le Seuil, Paris, 1993.

BROCCOLICHI Sylvain et LAZERGES Christine, « Les sorties sans qualification moins de cinq ans après l'entrée au collège », *Éducation & formations*, n° 48, décembre 1996.

BRUCY Guy, « Désertion scolaire et absentéisme dans l'école de Jules Ferry », *Cahiers de la recherche sur l'éducation et les savoirs*, n° 2, 2003.

CAILLE Jean-Paul, « Qui sort sans qualification du système éducatif ? », *Éducation & formations*, n° 57, juillet-septembre 2000.

DOUAT Étienne, « La construction de l'absentéisme dans la France des années 2000 », *Déviance et société*, n° 2, 2007.

DOUAT Étienne, « Au nom de la lutte contre l'absentéisme, l'extension du domaine du contrôle des corps », *Mouvements*, juin 2010.

DOUAT Étienne et ESTERLE-HEDIBEL Maryse, « La prévention de l'absentéisme et du décrochage : l'école en tension », *Questions pénales*, vol. XXXII, n° 2, mars 2010.

DUBET François, « Le travail comme équivalent démocratique du jugement scolaire », *in* Jacques Ion et Michel Peroni (sous la direction de), *Engagement public et exposition de la personne*, Éditions de l'Aube, Paris, 1997.

ESTERLE-HEDIBEL Maryse, « Absentéisme, déscolarisation, décrochage scolaire : les apports des recherches récentes », *Déviance et société*, vol. 30, n° 1, 2006.

ESTERLE-HEDIBEL Maryse et DOUAT Étienne, « Recherche action autour de la lutte contre l'absentéisme et le décrochage scolaire et pour le renforcement de l'assiduité des élèves. Synthèse », *Études et données pénales*, CESDIP, CNRS, n° 108, 2010.

GEAY Bertrand, « Du "cancre" au "sauvageon" », *Actes de la recherche en sciences sociales*, n° 149, septembre 2003.

MILLET Mathias et THIN Daniel, « Une déscolarisation encadrée. Le traitement institutionnel du désordre scolaire dans les dispositifs relais », *Actes de la recherche en sciences sociales*, n° 149, septembre 2003.

MUEL-DREYFUS Francine, « L'école obligatoire et l'invention de l'enfance anormale », *Actes de la recherche en sciences sociales*, n° 1, 1975.

WILLIS Paul, « L'école des ouvriers », *Actes de la recherche en sciences sociales*, n° 24, 1978.

Les Sciences de l'éducation pour l'ère nouvelle, vol. 36, n° 1 : *Le décrochage scolaire*, 2003.

Ville-École-Intégration, n° 122 : *Le décrochage scolaire : une fatalité ?*, septembre 2000.

Ville-Ecole-Intégration, n° 132 : *Prévenir les ruptures scolaires*, avril 2003.

Table des matières

La Dispute
Derniers titres parus

Michel Arliaud
Pour une sociologie des rapports sociaux
Texte établi sous la responsabilité
de Jacques Bouteiller
224 p., 14 €, 2009

Sophie Béroud et Paul Bouffartigue
Quand le travail se précarise,
quelles résistances collectives ?
360 p., 24 €, 2009

Josiane Boutet
Le Pouvoir des mots
200 p., 14 €, 2010

Philippe Cardon, Danièle Kergoat
et Roland Pfefferkorn
Chemins de l'émancipation
et rapports sociaux de sexe
« Le genre du monde », 252 p., 23 €, 2009

Nicolas Castel
La retraite des syndicats
« Travail et salariat », 304 p., 24 €, 2009

Martine Court
Corps de filles, corps de garçons :
une construction sociale
« Corps, santé, société », 252 p., 21 €, 2010

Jérôme Deauvieau
Enseigner dans le secondaire.
Les nouveaux professeurs face
aux difficultés du métier
« L'enjeu scolaire », 252 p., 22 €, 2009

Forum Réfugiés
L'Asile en France et en Europe.
État des lieux 2010
384 p., 15 €, 2010

Bernard Friot
L'enjeu des retraites
« Travail et salariat », 176 p., 12 €, 2010

Séverine Gojard
Le Métier de mère
« Corps, santé, société », 228 p., 21 €, 2010

Milton Guran
Agoudas. Les « Brésiliens » du Bénin
321 p., 25 €, 2010

Isabelle Harlé
La fabrique des savoirs scolaires
« L'enjeu scolaire », 160 p., 13 €, 2010

Gaële Henri-Panabière
Des « héritiers » en échec scolaire
« L'enjeu scolaire », 192 p., 18 €, 2010

Liêm Hoang Ngoc
Sous la crise, la répartition des revenus
144 p., 12 €, 2009

Smaïn Laacher
De la violence à la persécution,
femmes sur la route de l'exil
176 p., 12 €, 2010

Jean-Marc Leveratto
Cinéma, spaghettis, classe ouvrière et immigration
224 p., 15 €, 2010

Ismaël Sory Maïga
(sous la direction de)
Djoliba, le grand fleuve Niger
« Tout autour de l'eau », 208 p., 11 €, 2010

Sylvie Monchatre
Êtes-vous qualifié pour servir ?
« Le genre du monde », 224 p., 21 €, 2010

Richard Poulin
Sexualisation précoce et pornographie
« Le genre du monde », 280 p., 24 €, 2009

Tristan Poullaouec
Le diplôme, arme des faibles
« L'enjeu scolaire », 156 p., 12 €, 2010

Lucien Sève
Penser avec Marx aujourd'hui. Tome II : « L'Homme ? »
592 p., 35 €, 2008

Maud Simonet
Le Travail bénévole. Engagement citoyen ou travail gratuit ?
« Travail et salariat », 224 p., 20 €, 2010

Jean-Pierre Terrail
De l'oralité. Essai sur l'égalité des intelligences
« L'enjeu scolaire », 288 p., 21 €, 2009

Lev S. Vygotski
La signification historique de la crise en psychologie
Traduction de Colette Barras et Jacques Barberis.
Édition préparée et présentée par Jean-Paul Bronckart et Janette Friedrich
320 p., 26 €, 2010

Achevé d'imprimer en février 2011
pour le compte de La Dispute
sur les presses de la Nouvelle Imprimerie Laballery,
58500 Clamecy

Imprimé en France

Dépot légal : février 2011
Numéro d'imprimeur : 102110

La Dispute
109, rue Orfila, Paris (20e)